# विद्युत लाइन

## ELECTRICAL LINES

रनवीर सिंह

समर्पण

यह पुस्तक लेख उन लेखकों एवं संस्थानों के प्रति हार्दिक आभार व्यक्त करता है जिनके योगदान/लेखन को पूर्ण या आंशिक रूप से इस लेखन सामग्री में संयोजित किया गया है । विद्युत विभाग के सेवाकाल अनुभव और सेवा निवृति उपरान्त प्रशिक्षुकों के अनुरोध पर यह लेखन सामग्री संकलित की है, जिसका एकमात्र उद्देश्य केवल पूर्णत प्रशिक्षण तथा वास्तविक ज्ञान के सदुपयोग के लिए समर्पण है ।

# क्रम-सूची

# क्रम-सूची

# प्रस्तावना

## प्रस्तावना विद्युत लाइन

विद्युत (बिजली) धारा (इलेक्ट्रिक करेंट) दो प्रकार की होती है - एसी (अल्टरनेटिंग करेंट – प्रत्यावर्ती धारा) और डीसी (डायरेक्ट करेंट – एकदिश धारा) तथा सिंगल फेज (एकल फेज) और थ्री फेज (तीन फेज) विद्युत (बिजली) आपूर्ति (सप्लाई) की जाती है ।

एसी परिपथ (सर्किट) में आर (R), एल (L), सी (C) (आर – रजिस्टेंस, एल – इन्डकटेन्स, सी – कैपेसिटेंस), अवयव (एलीमेन्ट) होते हैं । इन्हें इम्पीडेंस (Z = R+L+C) कहते हैं । इम्पीडेंस को हिन्दी में प्रतिबाधा कहते है । प्रतिबाधा की इकाई ओम है । सूत्र – इम्पीडेंस (Z = R+L+C) = इम्पीडेंस (Z) = (वोल्ट/करेंट) = (V/I).

विद्युत का इतिहास ज्यादा पुराना नहीं है । इस क्षेत्र की शुरुआत 18 वी शताब्दी से तथा शुरुआती विकास 19 वी शताब्दी से है । सन 1752 में बैंजामिन फ्रैंकलिन, सन 1800 में कुलम्बस नियम और अलेक्सजेंडर वोल्टाज़ – बैटरी, सन 1819-1820 में आंद्रे मेरे एम्पीयर, सन 1821 माइकल फैराडे, इलेक्ट्रिक मोटर, सन 1831 माइकल फैराडे - जेनरेटर, सन 1827 जॉर्ज ओहम – इलेक्ट्रिक सर्किट, सन 1834 में मोरिट्ज़ वॉन जलोबी - इलेक्ट्रिक मोटर, सन 1861-1862 जेम्स क्लार्क मेक्सवैल - इलेक्ट्रो मेग्नेटिक फील्ड, सन 1879-1880 में थॉमस एडीसन – बल्व, सन 1879 वाल्टर बैली - इंडकसन मोटर, सन 1885 में जार्ज वेस्टिंग हाउस, सन 1887 निकोला टेसला में एसी ट्रान्सफार्मर आदि आए ।

भारत में विद्युत से संबन्धित रूपरेखा निम्नानुसार रही है जिसकी शुरुआत 19 वीं शताब्दी के आखिरी से होती है और 20 वीं शताब्दी में विकास शुरू हुआ है -

- 24-07-1879 – कलकत्ता (कोलकाता) में प्रकाश व्यवस्था हेतू लाइट
- 1882 – बॉम्बे इलेक्ट्रिक सप्लाई ट्रांस वे (बीएसटी)
- 07-01-1897 – कलकत्ता इलेक्ट्रिक सप्लाई कम्पनी
- 1897 हायडिल जेनरेशन दार्जलिंग 130 किलोवाट
- 1905 – बीईएसटी (बेस्ट – बोम्बे इलेक्ट्रिक सप्लाई एंड ट्रामवेज कम्पनी) ने जेनरेशन (उत्पादन) स्टेशन स्थापित किया ट्रामवे के लिए ।
- 05-08-1905 – स्ट्रीट लाइट (सड़क बत्ती) बंगलोर में, एशिया की पहली स्ट्रीट लाइट (सड़क बत्ती)
- 1920 – हुसैन सागर (हैदराबाद) 22.5 मेगावाट
- 18-08-1925 – इलेक्ट्रिक ट्रांम बॉम्बे
- 1962 तारापुर बॉम्बे (शुरुआत) उत्पादन 1969 में 2x160 मेगावाट
- 18-08-2015 – कोचीन एयर पोर्ट –सोलर पेनल सिस्टम

## विद्युत आपूर्ति व्यवस्था -

- विद्युत भारत सरकार की समवर्ती (कोनकरेंट लिस्ट) सूची में सम्मलित है ।
- अत: भारत सरकार और प्रदेश सरकार दोनों के नियमों का पालन करना होता है ।
- विद्युत का उत्पादन भारत सरकार, प्रदेश सरकार और निजी क्षेत्रों द्वारा किया जाता है ।
- नाभिकीय (न्यूक्लीयर) उत्पादन (परमाणु - ऊर्जा) केवल भारत सरकार करती है ।
- थर्मल (तापीय), हायडिल (जल), उत्पादन सभी के द्वारा किया जाता है ।
- अक्षय ऊर्जा (सोलर/सौर, विंड/पवन, टायडल/ज्वारभाटा, भूगर्भीय/जिओथर्मल, बायोमास/अपशिष्ट) से भी ऊर्जा उत्पादन होता है ।

विद्युत उत्पादन - विद्युत का उत्पादन औसतन केंद्र 25 प्रतिशत, प्रदेश सरकार 32 प्रतिशत और निजी (प्राइवेट) क्षेत्र की 43 प्रतिशत की हिस्सेदारी है ।

विद्युत उत्पादन विभिन्न श्रेणियों अनुसार निम्नांकित है –

कोयला (58 प्रतिशत), जल (हायडिल) (15 प्रतिशत), नाभिकीय (न्यूक्लीयिर) (2.5 प्रतिशत), वायु (विंड) (10 प्रतिशत), सौर ऊर्जा (सोलर) (5 प्रतिशत), गैस (7.5 प्रतिशत) तथा जैविक (बायोमास) (2 प्रतिशत) (टिप्पणी – ये उपरोक्त आकड़े समयानुसार बदलते रहते हैं)

भारत में विद्युत उत्पादन की प्रगति की एक झलक –

दिसम्बर 1947 तक 1362 मेगावाट,

दिसम्बर 1950 तक 1713 मेगावाट,

सन 1956 तक 2886 मेगावाट,

सन 1966 तक 9027मेगावाट,

सन 1974 तक 16664 मेगावाट,

सन 1979 तक 26040 मेगावाट,

सन 1985 तक 41470 मेगावाट,

सन 1990 तक 62071 मेगावाट,

सन 1997 तक 83570 मेगावाट,

सन 2002 तक 102326 मेगावाट,

सन 2012 तक 135096 मेगावाट,

सन 2017 तक 326848 मेगावाट,

सन 2020 तक 363327 मेगावाट तथा निरन्तर द्रुतगामी प्रगति पर है ।

विद्युत् उत्पादन (जेनरेशन - पावर हाउस) से पारेषण (ट्रांसमीशन) (अति उच्च दाब पारेषण लाइन व उपकेंद्रों) के द्वारा विद्युत वितरण कम्पनी (बोर्ड) के माध्यम से

उपभोक्ताओं को विद्युत वितरण की व्यवस्था की जाती है ।

विद्युत वितरण व्यवस्था –

डिस्कोम वितरण कम्पनी के अन्तर्गत 33 केवी लाइन, 33/11 केवी उपकेन्द्रों में भेजकर पावर ट्रान्सफार्मर से 11 केवी लाइन निकाली जाती है। जो शहरों, गांवों, खेतों, कारखानों अथवा अन्य उपभोग में वितरण ट्रान्सफार्मर से एलटी लाइन व सर्विस लाइन के माध्यम से एलटी उपभोक्ताओं को मीटर के द्वारा विद्युत आपूर्ति की जाती है । उच्च दाब उपभोक्ताओं को सीधे उच्च दाब एवं अति उच्च दाब लाइन (11 केवी, 33 केवी, 132 केवी व 220 केवी आदि लाइन) से कनेक्शन दिया जाता है ।

उपभोक्ता (कंज्यूमर) - सिंगल फेज मीटर (सिंगल फेज उपभोक्ता), थ्री फेज मीटर (थ्री फेज उपभोक्ता)

उच्च दाब उपभोक्ता – 11 केवी, 33 केवी, 132 केवी, 220 केवी अथवा अधिक दाब के उपभोक्ता

एलटी लाइन – 400 वोल्ट फेज टू फेज, 230 वोल्ट फेज टू फेज । (सामान्यत: सभी लाइन वोल्टेज फेज टू फेज ही होते हैं, एलटी लाइन को छोड़कर) ।

विद्युत ऊर्जा के उत्पादन (जेनरेशन), पारेषण (ट्रांसमीशन) और वितरण (डिस्ट्रीब्यूशन) हेतु सुरक्षा मानकों को ध्यान में रखकर अधोसंरचना (इंफ्रास्ट्रक्चर) का निर्माण किया गया । आरंभ में उच्च दाब, निम्न दाब लाइने एवं उपकेंद्र कुछ चुनिन्दा शहरों तक सीमित थे । किन्तु धीरे - धीरे विद्युतीकरण का विस्तार होता गया और बहुत तेजी से विकास होता गया । आज लगभग शतप्रतिशत ग्रामों में विद्युत अधोसंरचना पहुँच चुकी है एवं अभी भी विस्तार कार्य जारी है । इतनी बृहत प्रणाली की संरचना एवं उससे अनवरत विद्युत प्रवाह लेने के लिए व्यवधान (ब्रेकडाउन/ट्रिपिंग) आने पर उसे कम से कम समय में संधारित (मेंटीनेन्स) करके पुन: परिपथ (सर्किट) में लाना अत्यंत जटिल एवं जोखिम भरा कार्य है । यद्यपि हमारे तकनीकी कर्मचारी पूरी लगन और समर्पण भाव से दिन रात व्यवधान की स्थिति में तत्काल संधारण हेतु तत्पर रहते है । किन्तु फिर भी कभी - कभी स्वयं की या अन्य की भूल के कारण दुर्घटना घटित हो जाती है, परिणाम स्वरूप विद्युत प्रवाह में व्यवधान, अधोसंरचना को क्षति तो होती ही है मानव व अन्य प्राणियों के लिए भी गंभीर चोट यहां तक कि मृत्यु का कारण भी बन जाती है ।

दुर्घटनाएं अनिष्ट, विध्वंस, विनाश, चोट, मौत का कारण बन सकती है । दुर्घटनाओं से बचाव के लिए सावधानी, सुरक्षा उपाय तथा सुरक्षा प्रबंधन अवश्य होना चाहिए । दुर्घटना को उसके कारण एवं परिणाम की गंभीरता के आधार में वर्गीकृत किया जा सकता है, जैसे विद्युतीय (इलेक्ट्रिकल) अथवा अविद्युतीय (नॉन इलेक्ट्रिकल), घातक (फेटल) अथवा अघातक (नॉन फेटल), मानव (मेन) अथवा पशु (एनिमल) की तथा यदि प्रभावित मानव है तो विभागीय कर्मचारी है अथवा बाह्य व्यक्ति है । वर्गीकरण से विस्तृत विवेचना में संबन्धित बिन्दुओं पर जांच करने में सरलता होती है । साथ ही दुर्घटना उपरांत की जाने

वाली वैधानिक एवं विभागीय कार्यवाही को नियमानुसार पृथक किया जा सकता है ।

विद्युत लाइन (फीडर)

विद्युत लाइनों को विभिन्न प्रकार से वर्गीकृत किया जाता है, जिनमें मुख्य हैं – कंडक्टर लाइन व केबिल लाइन, जमीन के ऊपर लाइन (ओवर हेड लाइन), भूमिगत (अंडरग्राउंड) लाइन, निम्न दाब (एलटी - लो टेंशन) लाइन, उच्च दाब (एचटी – हाई टेंशन) लाइन तथा अतिउच्चदाब (ईएचटी – एक्स्ट्रा हाई टेंशन) लाइन, निम्नदाब लाइन को पुन: सिंगल फेज व थ्री फेज लाइनों में वर्गीकृत किया जाता है । सिंगल फेज लाइन को - सिंगल फेज टू वायर (फेज व न्यूट्रल) लाइन, सिंगल फेज थ्री वायर (फेज, न्यूट्रल और स्ट्रीट लाइट फेज) लाइन में वर्गीकृत किया गया है।, उसी प्रकार से थ्री फेज लाइन को - थ्री फेज फोर वायर (तीन फेज व न्यूट्रल) लाइन, थ्री फेज फाइव वायर (तीन फेज, एक न्यूट्रल और एक स्ट्रीट लाइट फेज) लाइन में वर्गीकृत किया गया है । केबिल को भी सिंगल कोर केबिल, टू कोर, थ्री कोर केबिल, थ्री एंड हाफ कोर केबिल, फोर कोर केबिल, आर्मर्ड केबिल, अनार्मर्ड केबिल, गैस फिल्ड, आयल फिल्ड, एक्सएलपी, एबी (एयर बन्च) केबिल, एलटी केबिल और एचटी केबिल आदि । आयल फिल्ड, गैस फिल्ड केबिल ईएचवी (अति उच्चदाब) नेटवर्क के लिए होती हैं । कंट्रोल केबिल उप - केन्द्रों पर मीटरिंग, सिगनल, नियंत्रण (कंट्रोल) सर्किटों में प्रयोग होती है।

जब लाइन पर केवल एक ही वोल्टेज की सप्लाई दी जाती है तब उसे सिंगल सर्किट लाइन बोलते हैं तथा जब उसी लाइन पर दो सर्किट हों तब उसे डबल सर्किट लाइन कहते हैं ।

एक ही लाइन पर अलग – अलग वोल्टेज की सप्लाई होने पर यदि दो या उससे अधिक सर्किट हैं तब उसे डबल सर्किट लाइन न बोलते हुए मिश्रित (कम्पोजिट) लाइन कहते है । जब लाइन एक रेखीय (सीधी लाइन) हो तो उसे रेडियल लाइन/फीडर बोलते हैं । और उस मुख्य लाइन से कोई अन्य लाइन निकालते हैं तो उसे टेप/टेपिंग लाइन बोलते हैं । जब लाइन का कोई अंत न हो और पूरी लाइन आपस में जुड़ी हो उसे रिंग मेन लाइन बोलते हैं परन्तु ध्यान रहे कहीं भी एक स्थान पर लाइन के जमफर खुलें होने आवश्यक होते हैं अन्यथा की स्थिति लाइन ही नहीं चलेगी और फाल्टी हो जाएगी । अक्सर शहरों में रिंग मेन सर्किट होते हैं वहां विशेष सावधानी की जरूरत होती है । जहां जमफर खुले होते हैं वहां डबल सप्लाई की स्थिति होती हैं । अत: सावधानी पूर्वक कार्य करना आवश्यक होता है ।

- विद्युत लाइन (फीडर) – विद्युत लाइन (फीडर) की पहचान लाइन के वोल्टेज से की जाती है । 765, 400, 220, 132, 66, 33, 11 और 0.4 केवी लाइन (फीडर)
- ट्रांसफार्मर की पहचान भी वोल्टेज से होती है, परंतु कितने वोल्टेज से कितने वोल्टेज निकलते (बदलते) हैं, कहने का अर्थ यह हुआ कि इनपुट और आउटपुट वोल्टेज एक नहीं होते, जबकि लाइन के एक ही वोल्टेज रहते हैं । 33/11 केवी पावर ट्रांसफार्मर, 11/ 0.4 केवी वितरण ट्रांसफार्मिर । अपवाद स्वरूप सीटी (करेंट ट्रांसफार्मर) भी एक प्रकार

का ट्रांसफार्मर है परंतु इसमे वोल्टेज परिवर्तन नहीं होता है बल्कि करेंट परिवर्तन होता है ।

- ट्रांसफार्मर की क्षमता केवीए या एमवीए में होती है, लाइन की क्षमता वोल्टेज में होती है ।
- लाइन में निरंतर करेंट तथा ट्रांसफार्मर में करेंट चुम्बकीय गुण के कारण बहता है जबकि ट्रांसफार्मर में एलटी से एचटी में कोई कनेक्शन नहीं होता ।
- विद्युत लाइनों का निर्माण, सञ्चालन और संधारण निर्धारित नियमों के अनुसार ही होता है ।
- विभिन्न वोल्टेज की लाइन विद्युत आपूर्ति के लोड (भार) क्षमता तथा दूरी के मापदंडों के अनुसार होती है ।
- एक ही पावर की आपूर्ति के लिए अधिक वोल्टेज की लाइन में कम लॉस (हानि) तथा कम वोल्टेज की लाइन में अधिक लॉस (हानि) होते हैं । लाइन लॉस (हानि) करेंट (धारा) के वर्ग (स्क्वायर) समानुपाती होते हैं ।
- लाइन में होने वाले व्यवधान (ब्रेक डाउन) मुख्यतः फेज के अर्थ (भू-संपर्क) से संपर्क (अर्थ फाल्ट), फेज से फेज के संपर्क (ओवर करेंट फाल्ट), अथवा दोनों (अर्थ फाल्ट और ओवर करेंट फाल्ट) ही के कारण होते हैं । इन फाल्ट की जानकारी विद्युत उपकेन्द्र पर लगे फीडर के पेनल पर रिले के संकेत द्वारा मालुम होती है । एक फाल्ट ओपन सर्किट भी होता है जब किसी फेज के लाइन के जम्फर जल जाते हैं, उस समय रिले पर कोई संकेत (इंडीकेशन) नहीं आयेगा । उस समय फीडर के तीनों फेजों में से ओपन सर्किट वाले फेज पर लोड (भार - करेंट) कम होगा ।
- विद्युत लाइन मौसम (वर्षा, आंधी, तूफान, चक्रवात, बाढ़, आगजनी, घटना, आन्दोलन) के कारण भी विशेषतः प्रभावित होती हैं ।

विद्युत व्यवस्था सुधार की दृष्टि से तीन प्रकार के संधारण किए जाते है –

- 1- पीरिओडिकमेंटीनेंस/समय बद्ध संधारण – आमतौर पर एक वर्ष में दो बार (मानसून के बाद या दिवाली से पहले और दूसरा प्री मानसून/मानसून से पहले)
- 2 – करेक्टिव मेंटीनेंस/सुधारात्माक संधारण – जब कभी विद्युत व्यवस्था में ऐसी कमियाँ आ जाती हैं और समय रहते उनको सुधारा नहीं गया तो आगे आने वाले समय में व्यवधान होगा अतः ऐसे व्यध्यानों को पूर्व से ही सुधार लिया जाता है - जैसे पेड़ की डालियाँ, लूज जम्पर, ढीले तार और वे सभी कार्य जो पीरिओडिक मेंटीनेंस में किए जाते हैं ।
- 3 - ब्रेक डाउन मेंटीनेंस/व्यवधान संधारण – जब विद्युत व्यवस्था फाल्ट के कारण बाधित (बंद) हो गई तब फाल्ट को दूर कर/निकालकर ही व्यवस्था नियमित होती है ।

पहले दोनों सुधार कार्यों में विद्युत व्यवस्था ब्रैक डाउन नहीं होती अपितु शट्डाउन लेकर सुधार कार्य किया जाता है ।

उपरोक्त सभी बिन्दुओं पर विचार करते हुए देखा गया है कि विद्युत लाइन (फीडर) विद्युत आपूर्ति व्यवस्था का एक बहुत महत्वपूर्ण अंग है । यह कार्य जितना संवेदनशील, सुरक्षात्मक विधियों, नियमों से करना होता है कि विद्युत आपूर्ति व्यवस्था नियमित बनी रहे और कम से कम व्यवधान हों। विद्युत आपूर्ति व्यवस्था नियमित रखने का दायित्व विभाग के अधिकारी और कर्मचारियों का होता है और इस कर्तव्य को सभी निष्ठापूर्वक निभा रहे हैं । यह कार्य अनावृत रूप से दिन-रात (24 घंटे सातों दिन), सभी प्रकार के मौसम और परिस्थितियों में जोखिम के साथ किया जा रहा है । हम सब को इनके प्रति कृतज्ञ होना चाहिए ।

पुस्तक लेखन के उद्देश्य यह भी हैं कि –

विद्युत उपकरणों एवं लाइनों का गुणवत्ता पूर्वक रखरखाव कर निर्बाध निरन्तर एवं गुणवत्ता पूर्ण विद्युत प्रदाय सुनिश्चित चलता रहे । विद्युत अवरोध न्यूनतम रहे ।

प्रभावी मेंटीनेन्स (संधारण/अनुरक्षण) द्वारा ट्रान्सफार्मर व अन्य उपकरण की असफलता/विफलता (फेल्यौर) दर को कम से कम रखना ।

लाइन कर्मचारियों और अन्य स्टाफ को स्थानीय स्तर पर विद्युत वितरण प्रणाली के सुधार एवं रखरखाव के प्रति अधिक जागरूक एवं विश्वसनीय बनाना ।

लाइन कर्मचारियों में विद्युत सुरक्षा के प्रति जागरूकता लाना एवं विद्युत संबन्धित दुर्घटनाओं में कमी हो ।

मेंटीनेन्स का कार्य इस तरह किया जावे कि ट्रिपिंग परफारमेन्स स्टैंडर्ड अनुसार न्यूनतम रहे ।

विद्युत वितरण हानियों में कमी आवे ।

# विद्युत - शब्दावली

विद्युत - शब्दावली

विद्युत (बिजली) धारा (इलेक्ट्रिक करेंट) दो प्रकार की होती है - एसी (अल्टर्नेटिंग करेंट – प्रत्यावर्ती धारा) और डीसी (डायरेक्ट करेंट – एकदिश धारा) तथा सिंगल फेज (एकल फेज) और थ्री फेज (तीन फेज) विद्युत (बिजली) आपूर्ति (सप्लाई) की जाती है ।

एसी परिपथ (सर्किट) में आर (R), एल (L), सी (C) (आर – रजिस्टेंस, एल – इन्डकटेन्स, सी – कैपेसिटेंस), अवयव (एलीमेन्ट) होते हैं । इन्हें इम्पीडेंस (Z = R+L+C) कहते हैं । इम्पीडेंस को हिन्दी में प्रतिबाधा कहते है । प्रतिबाधा की इकाई ओम है । सूत्र – इम्पीडेंस (Z = R+L+C) = इम्पीडेंस (Z) = (वोल्ट/करेंट) = (V/I).

डीसी परिपथ (सर्किट) में रजिस्टेंस आर (R) अवयव (एलीमेन्ट) होता है । इसे रजिस्टेंस कहते हैं । रजिस्टेंस को हिन्दी में प्रतिरोध कहते हैं । प्रतिरोध की इकाई ओम है । सूत्र – रजिस्टेंस = प्रतिरोध = आर (R) = (वोल्ट/करेंट) = (V/I).

कहने का आशय यह है कि एल – इन्डकटेन्स, और सी – कैपेसिटेंस अवयव (एलीमेन्ट) डीसी आपूर्ति (सप्लाई) में नहीं होते हैं ।

कैपेसिटर (कंडेंसर) सिंगल फेज व्यवस्था में इलेक्ट्रिक पंखा (फैन) और सिगल फेज इलेक्ट्रिक मोटर को घुमाने के लिए टार्क (घूर्णन) का काम करता है । यदि कैपेसिटर नहीं हो तो इलेक्ट्रिक पंखा (फैन) व सिंगल फेज इलेक्ट्रिक मोटर दोनों नहीं घूमेंगे । इनको (फैन, मोटर) घुमाने का काम कैपेसिटर (एक फेज को दो में विभाजित कर) करता है ।

थ्री फेज व्यवस्था में इन्डकटेन्स लोड (भार) को संतुलित करने के लिए कैपेसिटेंस लोड (भार) अर्थात कैपेसिटर का उपयोग किया जाता है । इससे पावर फेक्टर (शक्ति गुणांक) (पी ऍफ़ – PF) में सुधार तथा वोल्टेज में सुधार होता है । सूत्र - पावर फेक्टर (शक्ति गुणांक) (पी ऍफ़ – PF) = (KW/KVA = किलोवाट/केवीए).

पावर फेक्टर में सुधार से उपभोक्ता का बिल कम आता है तथा विद्युत आपूर्ति कम्पनी को वोल्टेज सुधार के साथ हानि कम होती है ।

पावर (शक्ति) और एनर्जी (ऊर्जा) -

पावर (शक्ति) -

1. - जिस दर पर कार्य किया जाता है उसे शक्ति (पावर) कहते हैं ।
2. - शक्ति (पावर) की माप की इकाई को वाट कहा जाता है । वाट = जूल प्रति सेकेंड
3. - कार्य करने की गति - जिस दर पर किसी वस्तु पर काम किया जाता है, उस दर के लिए शक्ति । एक वस्तु से दूसरी वस्तु में ऊर्जा संचारण की दर है ।
4. - कितनी जल्दी काम हो सकता है । काम करने की क्षमता, शक्ति प्रति घंटा
5. - शक्ति (पावर) का परिवर्तन नहीं होता (शक्ति को एक रूप से दूसरे रूप में परिवर्तित

नहीं किया जा सकता), भंडारण किया जा सकता है ।

एनर्जी (ऊर्जा) -
1 - ऊर्जा – कार्य करने के लिए आवश्यक शक्ति है । समय के साथ
2 - ऊर्जा (एनर्जी) की माप की इकाई को जूल (वाट सेकेंड), न्यूटन मीटर, वाट हावर कहा जाता हैं

1.   - ऊर्जा को कार्य करने की वस्तु की क्षमता के रूप में वर्णित किया जाता है ।

ऊर्जा बल द्वारा किए गए कार्य की मात्रा

4 - कोई व्यक्ति कितना काम कर सकता है । काम करने की दर प्रति घंटा

5 - ऊर्जा का परिवर्तन होता है (ऊर्जा न तो उत्पन्न होती है और न ही नष्ट होती है यह केवल एक रूप से दूसरे रूप में बदल जाती है), भंडारण नहीं किया जा सकता ।

क्रमांक, - पावर (शक्ति), - एनर्जी (ऊर्जा), -

1, - पावर (शक्ति), - जिस दर पर कार्य किया जाता है उसे शक्ति (पावर) कहते हैं ।

एनर्जी (ऊर्जा), -- ऊर्जा कार्य करने के लिए आवश्यक शक्ति है । समय के साथ

2 - पावर (शक्ति), - -शक्ति (पावर) की माप की इकाई को वाट कहा जाता है । वाट = जूल प्रति सेकेंड

एनर्जी (ऊर्जा), - ऊर्जा (एनर्जी) की माप की इकाई को जूल (वाट सेकेंड), न्यूटन मीटर, वाट हावर कहा जाता हैं

3 - पावर (शक्ति), - कार्य करने की गति - जिस दर पर किसी वस्तु पर काम किया जाता है, उस दर के लिए शक्ति

एक वस्तु से दूसरी वस्तु में ऊर्जा संचारण की दर है

एनर्जी (ऊर्जा), - ऊर्जा को कार्य करने की वस्तु की क्षमता के रूप में वर्णित किया जाता है ।

ऊर्जा बल द्वारा किए गए कार्य की मात्रा

4 - पावर (शक्ति), - कितनी जल्दी काम हो सकता है । काम करने की क्षमता, शक्ति प्रति घंटा

एनर्जी (ऊर्जा), - कोई व्यक्ति कितना काम कर सकता है । काम करने की दर प्रति घंटा

5 - पावर (शक्ति), - शक्ति (पावर) का परिवर्तन नहीं होता (शक्ति को एक रूप से दूसरे रूप में परिवर्तित नहीं किया जा सकता) , भंडारण किया जा सकता है ।

एनर्जी (ऊर्जा), - ऊर्जा का परिवर्तन होता है (ऊर्जा न तो उत्पन्न होती है और न ही नष्ट होती है यह केवल एक रूप से दूसरे रूप में बदल जाती है), भंडारण नहीं किया जा सकता ।

केपेसिटर एवं इंडक्टर के सामान्य अन्तर –

इंडक्टर –

1 - करेंट के बदलाब का विरोध करता है ।, 2.- स्वयं के आसपास चुम्बकीय क्षेत्र उत्पन्न करता है ।

3 - परिपथ में एसी करेंट के बहाव को सीमित करने की कोशिश करता है ।, 4 - डीसी सप्लाई को गुजरने/पास देता है ।

5 - एसी सप्लाई में करेंट, वोल्टेज से 90 डिग्री पीछे रहता है ।

कैपेसिटर –

1 - वोल्टेज के बदलाव का विरोध करता है ।, 2 - प्लेट्स के बीच विद्युतीय क्षेत्र उत्पन्न करता है ।

3 - परिपथ में एसी करेंट के बहाव को सीमित करने की कोशिश करता है ।, 4 - डीसी सप्लाई को रोकता है ।

5 - एसी सप्लाई में करेंट, वोल्टेज से 90 डिग्री आगे रहता है ।

क्रमांक, - इंडक्टर, - कैपेसिटर.

1 - इंडक्टर, - करेंट के बदलाब का विरोध करता है, - कैपेसिटर, - वोल्टेज के बदलाव का विरोध करता है

2 - इंडक्टर, - स्वयं के आसपास चुम्बकीय क्षेत्र उत्पन्न करता है , कैपेसिटर, - प्लेट्स के बीच विद्युतीय क्षेत्र उत्पन्न करता है

3 - इंडक्टर, - परिपथ में एसी करेंट के बहाव को सीमित करने की कोशिश करता है
कैपेसिटर, - परिपथ में एसी करेंट के बहाव को सीमित करने की कोशिश करता है

4. - इंडक्टर, - डीसी सप्लाई को गुजरने/पास देता है, - कैपेसिटर, - डीसी सप्लाई को रोकता है

5 - इंडक्टर, - एसी सप्लाई में करेंट, वोल्टेज से 90 डिग्री पीछे रहता है, - कैपेसिटर, - एसी सप्लाई में करेंट, वोल्टेज से 90 डिग्री आगे रहता है

ऊर्जा –

स्थितज ऊर्जा - पोटेन्शियल एनर्जी, गतिज ऊर्जा - कायनाइटिक एनर्जी, यांत्रिक ऊर्जा - मेकेनिकल एनर्जी

तापीय ऊर्जा - थर्मल एनर्जी, जलीय ऊर्जा - हायडिल एनर्जी, गैस ऊर्जा - गैस एनर्जी, रासायनिक ऊर्जा - केमीकल एनर्जी

प्रकाशीय ऊर्जा - लाइट एनर्जी, विद्युतीय ऊर्जा - इलेक्ट्रीकल एनर्जी, ध्वनिक ऊर्जा - साउण्ड एनर्जी

आणविक ऊर्जा - एटोमिक एनर्जी, नाभिकीय ऊर्जा - न्यूक्लीयर एनर्जी, राजनीतिक ऊर्जा - पोलिटीकल एनर्जी

विद्युत व्यवस्था – अक्षय ऊर्जा स्रोत

• सौर ऊर्जा – सोलर एनर्जी, पवन ऊर्जा – विंड एनर्जी, - ज्वारीय ऊर्जा – टायडिल एनर्जी,

- भू – गर्भीय ऊर्जा – जियो थर्मल एनर्जी, - अपशिष्ट ऊर्जा – बायो – मास एनर्जी, - गोबर गैस ऊर्जा – गोबर गैस एनर्जी, - हाइड्रोजन ऊर्जा –हाइड्रोजन एनर्जी, सामाजिक ऊर्जा – सोसियल एनर्जी

## 1. करेंट (इलेक्ट्रिक करेंट/विद्युत धारा) -

सभी पदार्थ एक या एक से अधिक तत्वों (एलिमेंट्स) से बने होते हैं जो एक प्रकार परमाणु (एटम) से बने होते है । अक्सर पदार्थों को प्रोटोन्स और इलेक्ट्रोन्स की संख्या से पहचाना जाता है जो किसी परमाणु के तत्व में होते हैं । जिस किसी परमाणु में इलेक्ट्रोन और प्रोटोन की संख्या बराबर होती है वह विद्युत की दृष्टि से न्यूट्रल होता है । किसी परमाणु की बाहरी पट्टी (कक्षा/ओरबिट) में स्थित इलेक्ट्रोनों को बाहरी ताकत का इस्तेमाल करके आसानी से हटाया जा सकता है ।

किसी पदार्थ में फ्री इलेक्ट्रोन्स का प्रवाह एक एटम से अगले एटम तक उसी दिशा तक होता है और इसको करेंट कहते हैं । इसके लिए अंग्रेजी अक्षर आई (I) प्रतीक होता है । इसे एम्पीयर में नापते हैं । एक एम्पीयर करेंट का मतलब है कि एक कुलम्ब चार्ज किसी कंडक्टर के एक पॉइंट से प्रत्येक सेकेंड में पास (गुजरता) होता है । एक एम्पीयर को कुलम्ब प्रति सेकेंड भी कहते हैं । एक एम्पीयर करेंट का मतलब होता है कि किसी कंडक्टर के क्रॉस सेक्शन से 6.24x10की पावर18 इलेक्ट्रॉन मूव करते हैं ।

करेंट एम्पीयर में नापने वाले उपकरण को एम्पीयर मीटर कहते हैं ,यद्यपि टोंगटेस्टर से भी करेंट नापा जाता है । एम्पीयर मीटर से करेंट नापने के लिए एम्पीयर मीटर को परिपथ (सर्किट) के श्रेणी क्रम (सीरीज) में लगाते हैं । टोंगटेस्टर से करेंट नापते समय टोंगटेस्टर के क्लैम्प (जौ)को खोलकर उस कंडक्टर/केबिल को क्लैम्प के अंदर कर लेते हैं और कलैंप बंद रखते हैं यह सीटी के सिद्धांत पर कार्य कर करेंट नापता है । उच्च वोल्टेज की लाइनों का करेंट सीटी (करेंट ट्रांसफार्मर) की मदद से नापते हैं इन्हें श्रेणी (सीरीज) क्रम में लगाते हैं । सीटी के 33 केवी वोल्टेज तक अनुपात (रेशों) 500 – 400 - 300 - 200 - 100/5 एम्पीयर, तथा 33 केवी से अधिक वोल्टेज पर अनुपात (रेशों) 500 – 400 - 300 - 200 - 100/1 एम्पीयर रहते हैं ।

### 2 - वोल्टेज –

जितनी ताकत बिजली के प्रवाह को किसी कंडक्टर से होकर मूव (चलायमान) करने में जरूरी होती है उसको पोटेन्शियल डिफरेंस वोल्टेज या इलेक्ट्रोमोटिव फोर्स (ईएमएफ) कहा जाता है । वोल्टेज की माप की यूनिट है वोल्ट जिसे अक्सर अंग्रेजी अक्षर वी (V) से लिखते हैं । वोल्टेज को कई प्रकार से पैदा कर सकते हैं । किसी बैटरी में इलेक्ट्रो - कैमिकल प्रोसेस इस्तेमाल किया जाता है लेकिन किसी तार के अलटेनेटर अथवा बिजलीघर के जेनरेटर में मैग्नेटिक इंडकशन प्रोसेस का प्रयोग किया जाता है । सभी वोल्टेज स्रोत में इलेक्ट्रॉन

एक सिरे से और दूसरे सिरे अधिक और दूसरे सिरे पर कम होते हैं । दो टर्मिनलों के बीच परिणामस्वरूप डिफरेंस ऑफ पोटेंशियल आता है । वोल्टेज सोर्स के डायरेक्ट करेंट (डीसी) में टर्मिनलों की पोलरिटी चेंज नहीं होती । परिणाम ये होता है कि करेंट एक ही दिशा में निरंतर बहता रहता है ।

वोल्ट नापने वाले उपकरण को वोल्टमीटर कहतें है । वोल्टेज हमेशा दो लाइनों (फेज टू न्यूट्रल, या फेज टू फेज) के बीच नापा जाता हैं, इसलिए वोल्टमीटर को समानान्तर (पैरेलल) क्रम में लगाते हैं । उच्च दाब लाइनों के वोल्टेज नापने के लिए पीटी (पोटेंशियल ट्रांसफार्मर) के द्वारा नापते हैं, पीटी के अनुपात (रेशों) 11केवी/110 वोल्ट, 33केवी/110 वोल्ट रहते हैं और इन्हें समानान्तर (पेरेलल) क्रम में ही लगाते हैं ।

3 - प्रतिरोध (रजिसटेन्स) – यह सभी पदार्थों में होता है और विद्युत प्रवाह (इलेक्ट्रिसिटी फलो) का विरोधी होता है । कुछ पदार्थों में अन्य के मुक़ाबले ज्यादा रजिसटेन्स होता है । चांदी, तांबा, एल्यूमिनियम और लोहे जैसी कुछ धातुओं में कम रजिसटेन्स होता है और इनको बिजली का अच्छा सुचालक (अच्छा कंडक्टर) कहा जाता है । प्लास्टिक, कांच, अभ्रक, रबड़ और लकड़ी में रजिसटेन्स ज्यादा होता हैं और इन्हे विद्युत का कुचालक (बेड कंडक्टर) माना जाता है । इसलिए इनको इंसुलेटर (बचाव करने वाले) के तौर पर इस्तेमाल किया जाता है । किसी पदार्थ में कितना रसिसटेन्स होगा यह उसके गठन, लंबाई, क्रॉस सेक्शन और रेजिस्टिव मैटेरियलके तापमान (टेम्परेचर) पर निर्भर करेगा । एक नियम के रूप में किसी कंडक्टर का रजिसटेन्स तब बढ़ जाता है जब उसकी लंबाई बढ़ती है अथवा क्रॉस सेक्शन घट जाता है । रेजिस्टेंस के लिए प्रतीक के रूप में आर (R) लिखा जाता है । रेसिस्टेंस के नापने की यूनिट (इकाई) को ओहम कहते हैं और इसे नापने वाले उपकरण को ओहममीटर कहा जाता है ।

ओहम का नियम -

डीसी सर्किट के लिए -

V= I x R, I = V/ R, R = V /I or E = I X R, I = E / R, R = E / I

एसी सर्किट के लिए –

V = I x Z, (Z = R + L + C), I = V/Z , Z = V/I or E = I x Z, (Z = R + L + C ), I = E/Z, Z = V/I

टिप्पणी – वोल्टेज को V और E दोनों से प्रदर्शित (प्रतीक) करते हैं ।

KVA Cos (fai) = KW, Cos (fai) = KW/KVA,

1 H.P. = 0.746 KW, KVA = H.P. (At PF 0.746)

1 KWH = 1KW x 1 Hour = 1 Unit =1000w x60x60 second =3.6 x 10*6 joule (watt second)

Loss = IxIxR, Capacitance - Q = C x V

श्रेणी क्रम - R = R1+R2+R3 + -,

L = L1 +L2 +L3 + -,

1/C = 1/C1 +1/C2 +1/C3 + -

समानान्तर क्रम – 1/R =1/R1 +1/R2 +1/R3 + -,

1/L=1/L1 +1/L2 +1/L3 + - ,

C =C1+C2+C3 + -

## 4 - विद्युत परिपथ (इलेक्ट्रिक सर्किट) -

एक साधारण विद्युत परिपथ(सिम्पल इलेक्ट्रिक सर्किट) में वोल्टेज सोर्स , कुछ तरह का लोड और कंडक्टर होते हैं, जिनसे होकर इलेक्ट्रॉन वोल्टेज सोर्स और लोड की तरह फलो करते हैं ।

उत्पादन (जेनरेशन), पारेषण (ट्रान्समीशन), वितरण (डिस्ट्रीब्यूशन) और उपभोक्ता (कंज़्यूमर)

## 5 – ओहम का नियम –

ओहम का नियम ये दर्शाता है कि करंट वोल्टेज के बढ़ने से बढ़ता है और घटने से घटता है । और रेजिस्टेंस का उल्टा होता है । करंट (आई - I) को एम्पीयर्स में मापा जाता है । वोल्टेज को वी (V) या ई (E) वोल्ट में और रेसिस्टेंस (आर - R) को ओहम में मापा जाता है ।

ओहम के नियम के अनुसार इसे प्रकट करने लिए तीन तरीके हैं –

1 - वोल्ट (वी या ई) = करंट (आई) रसिस्टेंस (आर), V = I x R, E = I x R

2 – करंट (आई) = वोल्ट (वी) / रेसिस्टेंस (आर), I = V/ R , I = E/ R

3.   – रेजिस्टेंस (आर) = वोल्ट (वी) / करंट (आई) , R = V/I , R = E/I

डीसी सर्किट के लिए ,

V= I x R, I = V/ R, R = V /I or E = I X R, I = E / R, R = E / I

एसी सर्किट के लिए –

V = I x Z, (Z = R + L + C), I = V/Z, Z = V/I or E = I x Z, (Z = R + L + C), I = E/Z, Z = V/I

टिप्पणी – वोल्टेज को V और E दोनों से प्रदर्शित (प्रतीक) करते हैं ।

श्रेणी क्रम - R = R1+R2+R3 + -,

समानान्तर क्रम – 1/R =1/R1 +1/R2 +1/R3 + -,

उपभोक्ता को कैपेसिटर, मोटर की क्षमता के अनुसार लगाना होता है। विद्युत आपूर्ति संस्थाओं को कैपेसिटर, ट्रांसफार्मर के पास (नजदीक/समीप), ट्रांसफार्मर की क्षमता अनुरूप लगाने होते हैं।

साधारण नियम से एचपी (हॉर्स पावर) अथवा ट्रांसफार्मर की केवीए क्षमता की चौथाई क्षमता का कैपेसिटर (क्षमता केवीएआर) उपयोग करते हैं ।

एक 10 हॉर्स पावर मोटर के लिए 2.5 केवीएआर क्षमता का कैपेसिटर लगाना होता है । कैपेसिटर की कीमत लगभग एक से दो माह के विद्युत बिल के बचत के समतुल्य होती है ।

कैपेसिटर ट्रांसफार्मर के एलटी साइड में लगाते हैं। जैसे 100 केवीए के वितरण ट्रांसफार्मर के लिए 25 केवीएआर तथा 5000 केवीए के पावर ट्रांसफार्मर के 1250 केवीएआर के स्थान पर 1200 केवीएआर (तीनों फेजों पर बराबर 400 केवीएआर) उपयोग करते है अथवा ट्रांसफार्मर पर रहने वाले लोड (भार) के अनुरूप भी उपयोग करते है ।

साधारणत: 11 केवी साइड में 1 एम्पीयर करेंट 20 केवीए के समतुल्य तथा पावर फेक्टर 0.8 मानकर 16 किलोवाट का लोड 1 घंटे में 16 यूनिट बनते हैं जिसकी लगभग कीमत रूपए 100 होती है । यदि कैपेसिटर एक 11 केवी फीडर पर 10 एम्पीयर की बचत से 1 घन्टे में रूपए 1000 (एक हजार) की बचत होती है और 20 एम्पीयर बचत से रूपए 2000 (दो हजार) की बचत होती है ।

### 6 - पावर (शक्ति) -

जब भी किसी फोर्स के कारण मोशन (गति) पैदा होता है काम पूरा होता है । अगर बिना मोशन के फोर्स लगाया जाता है तो कोई काम नहीं होता है । किसी इलेक्ट्रिक सर्किट में जब भी किसी कंडक्टर पर वोल्टेज अप्लाई किया जाता है तो उसके कारण इलेक्ट्रोन्स प्रवाहित होने लगते हैं । वोल्टेज फोर्स है और इलेक्ट्रॉन का प्रवाह मोशन है । पावर वो रेट है जिससे काम हो जाता है और इसके लिए प्रतीक पी (P) लिखा जाता है । पावर की माप वाट है और इसके लिए प्रतीक के रूप में डब्ल्यू (W) लिखा जाता है । किसी डायरेक्ट करेंट (डीसी -DC) सर्किट में एक वाट वो दर है जिससे काम तब हो जाता है जब एक वोल्ट के कारण एक एम्पीयर करेंट का प्रवाह होता है ।

पावर का सूत्र (फार्मूला) है – पावर (पी) = वोल्टेज (वी) x करेंट (आई), $P = V \times I$

जबकि आल्टरनेटिंग करेंट (एसी -AC) और वोल्टेज निरंतर भिन्न होते हैं । इनको साइन वेव से प्रस्तुत करते हैं इसकी दो डायरेकशन पोजिटिव और नेगेटिव होती हैं । एक साइन वेव 360 डिग्री में चक्राकार प्रवाहित होती है, इसे एक साइकिल/चक्र कहा जाता है । आल्टरनेट करेंट इन्हीं अनेक साइकिलों/चक्रों से हर सेकेंड गुजरता है ।

तब पावर का सूत्र (फोरमूला) निम्नानुसार होता है –

पावर (पी) = वोल्टेज (वी) x करेंट (आई) x कोस फ़ाई, $P = V \times I \times COS\ Faee$

यहाँ यह स्पष्ट करना आवश्यक है कि कोस फ़ाई का मान एक या एक से कम होता है । डी सी सर्किट में कोस फ़ाई का मान 1 होता है क्योंकि वोल्टेज और करेंट एक ही दिशा में होते हैं अर्थात 0 डिग्री ।

रियल पावर की बेसिक यूनिट होती है वाट (डब्ल्यू- W), इंटरनेशनल सिस्टम ऑफ यूनिटस (एस आई) में इसका इस्तेमाल होता है । परिभाषा के रूप में एक वाट बराबर होता है प्रति सेकेंड एक जूल ऑफ एनर्जी । बिजली की शब्दावली में इसे उस पावर के रूप में दिखाया जाता है जो एक वाट की दर से तब खपत की जाती है जब एक वॉल्ट के पोटेंशियल डिफरेंस

से एक एम्पीयर प्रवाहित होता है । यानि एक वाट = एक वॉल्ट x एक एम्पीयर (W = V x I)

पावर को मापने की कई विभिन्न यूनिट (इकाई) हैं । इलेक्ट्रिक मोटर की पावर अश्व - शक्ति (हॉर्स पावर = एचपी - HP) और किलोवाट (केडब्ल्यू - KW) में मापते हैं । जबकि ट्रांसफार्मर को केवीए (KVA) और एमवीए (MVA) में मापते हैं । एक अश्व शक्ति (हॉर्स पावर = HP = एचपी), 746 वाट(डब्ल्यू - W) या 0.746 किलोवाट (केडब्ल्यू - KW) के बराबर होता है ।

पीएफ (पावर फेक्टर) = शक्ति गुणांक = PF = COS Faee = (KW)/(KVA) = किलोवाट/केवीए = (Active Power)/(Apparent Power) = एक्टिव पावर/एप्परेंट पावर = वास्तविक शक्ति/आभासी शक्ति

पावर फेक्टर का मान 1 से कम तथा 0 से अधिक रहता है, कहने का आशय है कि पावर फेक्टर 0 और 1 के बीच होता है ।

**लैगिंग पावर फेक्टर** - जब करेंट (धारा) वोल्टता से पीछे (Current Lags Voltage) होता है इसे लैगिंग पवार फेक्टर कहते हैं ।

**लीडिंग पावर फेक्टर** – जब करेंट (धारा) वोल्टता से आगे होता है (Current Leeds Voltage) तो इसे लीडिंग पावर फेक्टर कहते हैं ।

उद्योगों में इंडक्शन मोटर एवं अन्य प्रेरकत्व – युक्त भारों (लोडों) के कारण पीएफ (पावर फेक्टर) प्राय: पिछड़ा हुआ (Lagging – लैगिंग) ही रहता है ।

**एक्टिव पावर (Active Power)** को ही True, Real, Useful, वास्तविक, सक्रिय पावर कहते हैं, यह वह पावर है जो इंडक्शन मोटर द्वारा उपयोग की जाती है । इसको किलोवाट (KW) में लिखते हैं । एसी करेंट और वोल्टेज जब पावर फेक्टर के साथ गुणा करते हैं तब उसे वाट कहते हैं । 1000 वाट को ही 1 किलोवाट (KW) कहते हैं ।

**एप्परेंट पावर (Apparent Power)** को ही आभासी, प्रत्यक्ष शक्ति कहते हैं । यह केवी और करेंट (एम्पीयर) के गुणनफल के बराबर केवीए (KVA) होती है ।

**रिएक्टिव पावर (Reactive Power)** को प्रतिक्रिया, प्रतिघाती शक्ति कहते हैं । यह केवीएआर (KVAR) में मापी जाती है ।

**कुछ सामान्य उपकरण जिनके पीएफ (पावर फेक्टर) सामन्यतः इस प्रकार रहते हैं –**
इनकेंडेसेंट लेम्प्स – 1.0, फ़्लोरोसेंट लेम्प्स – 0.6 से 0.8, इंडक्शन मोटर – 0.8, निओन साइन – 0.4 से 0.5, आर्क लेम्प (सिनेमा) 0.3 से 0.7, आर्क फरनेस – 0.85, आर्क वैल्डिंग – 0.3 से 0.4, रजिसटेन्स वैल्डिंग – 0.65, इंडक्शन फरनेस – 0.6, इंडक्शन हीटिंग – 0.85 आदि ।

उदाहरण – विद्युत से हटकर जब हम एक दूध दुकानदार के पास जाकर उससे कहते हैं कि एक गिलास दूध तैयार करो । तब दुकानदार अपनी कढ़ाई से दूध निकालकर दो चार बार उलट – पुलटकर दूध तैयार कर दूध देता है । तब हम देखते हैं कि दूध के गिलास में कुछ

झाग हैं, शेष में दूध है । झाग रिएक्टिव (KVAR) पावर हैं, पूरा एक गिलास दूध आभासी (एप्परेंट- KVA) पावर है, वास्तविक दूध (झाग रहित) एक्टिव (KW) पावर है । पीएफ (पावर फेक्टर) एक्टिव पावर (KW)/एप्परेंट पावर (KVA) कहलाता है ।

## 7 - ऊर्जा : - (यूनिट -किलोवाट आवर - केडब्ल्यूएच – KWH)

ऊर्जा की एस आई यूनिट होती है जूल (जे - J)। जूल का इस्तेमाल मुख्य रूप से विज्ञान में होता है । ये ऊर्जा की वह मात्रा है जो एक न्यूटन (एक एन – 1N) ऊर्जा के स्रोत की तरफ किसी वस्तु को एक मीटर खिसकाने में लगती है । जूल अपेक्षाकृत एक छोटी यूनिट होती है लेकिन बिजली की खपत के मामले में आमतौर पर इस्तेमाल की जाने वाली यूनिट जो खासतौर से यूटिलिटी (बिजली) के बिलों में दिखाई जाती है वो है किलोवाट आवर (केडब्ल्यूएच KWH) । जो उस बिजली का माप है जो विनिर्दिष्ट समय के अंतर्गत, जैसे एक महीने तक बिजली के प्रवाह को दर्शाती है । एक किलोवाटआवर ऊर्जा की वह मात्रा है जो एक घंटे तक एक किलोवाट की दर से प्रवाहित होती है । उदाहरण के लिए एक 100 वाट का बल्व 10 घंटे में 1000 वाट आवर (एक किलोवाट आवर = 1 यूनिट) एनर्जी खपत करता है । एक किलोवाट का मतलब 3,600,000 जे (जूल) एनर्जी ।

## 8 - इंडक्टेंसः - (प्रतिबाधा)

इस पॉइंट पर जिन सर्किटों का अध्ययन किया गया वे रेजिस्टिव हैं । रेजिस्टेंस और वोल्टेज सिर्फ सर्किट की प्रॉपर्टीज़ (गुण) ही नहीं बल्कि इफेक्टिव करंट फ्लो भी हैं लेकिन इंडक्टेंस किसी इलेक्ट्रिक सर्किट की प्रॉपर्टी होती है जो इलेक्ट्रिक करंट में किसी चेंज का विरोध करती है । रेजिस्टेंस करंट फ्लो का विरोध करता है जबकि इंडक्टेंस करंट फ्लो में चेंज का विरोधी होता है । इंडक्टेंस को अंग्रेजी के एल(L) अक्षर के रूप में दर्शाया जाता है । इंडक्टेंस का यूनिट हेनरी (H) होता है लेकिन हेनरी सापेक्ष रूप में एक बड़ी यूनिट है जबकि इंडक्टेंस मिलीहेनरी अथवा माइक्रोहेनरी के रूप में दर्शाया जाता है ।

किसी कंडक्टर में करंट मैगनेटिक फील्ड पैदा करता है । करंट की मात्रा मैगनेटिक फील्ड की स्ट्रेंथ तय करती है । जैसे - जैसे करंट फलो बढ़ता है फील्ड स्ट्रेंथ भी बढ़ती है । इसी तरह से जैसे - जैसे करंट फलो घटता है, फील्ड स्ट्रेंथ भी घटती है । किसी करंट में अगर कोई चेंज आता है तो कंडक्टर के आस - पास के मैगनेटिक फील्ड में भी करंट में उतना ही परिवर्तन आ जाता है । किसी रेगुलेटिड डीसी सोर्स के लिए करंट कॉन्स्टेंट (स्थिर) होता है । लेकिन अपवाद स्वरूप जब सर्किट ऑन या ऑफ कर दिया जाता है तो अथवा जब लोड में चेंज आ जाता है तो ऐसा नहीं होता । लेकिन अल्टरनेट करंट निरंतर बदलता रहता है और इंडक्टेंस लगातार चेंज का विरोधी होता है । किसी कंडक्टर के आस-पास के मैगनेटिक फील्ड में होने वाला परिवर्तन कंडक्टर के वोल्टेज में भी परिवर्तन लाता है । सेल्फ इनड्यूस्ड वोल्टेज करंट में चेंज को अपोज (विरोध) करता है । इसको काउंटर ईएमएफ (EMF) कहते हैं । सभी कंडक्टरों में और बिजली के यंत्रों में पर्याप्त मात्रा में इंडक्टेंस होता है लेकिन इंडक्टर्स क्वाइल या तारों के रूप में स्पेसिफिक इंडक्शन के लिए बंधे होते हैं । कुछ

एप्लिकेशन के लिए इंडक्टर्स किसी मेटल कोर के चारों ओर बांधे जाते हैं जिससे इंडक्टेंस और कोन्सेंट्रेट हो जाता है । किसी क्वाइल का इंडक्टेंस क्वाइल में मौजूद घेरों (नंबर ऑफ टन्र्स) के जरिये तय होता है । क्वाइल डाइमीटर तथा लंबाई और कोर मेटेरियल भी इसके अवयव होते हैं । इंडक्टर संकेत रूप में किसी इलेक्ट्रिकल ड्राइंग में घुमावदार लाइन के रूप में दिखाया जाता है ।

श्रेणी क्रम - L = L1 +L2 +L3 + - ,

समानान्तर क्रम – 1/L=1/L1 +1/L2 +1/L3 + - ,

## 9 - कैपेसिटेन्स और कैपेसिटर्स – (संधारित्र)

कैपेसिटेन्स वह माप होती है जो किसी सर्किट में इलेक्ट्रिकल चार्ज स्टोर करने की क्षमता दिखाती है । कोई ऐसा उपकरण जिसे विनिर्दिष्ट मात्रा में कैपेसिटेन्स स्टोर करने के लिए बनाया जाता है, उसे कैपेसिटर कहते हैं । कैपेसिटर को हिन्दी में संधारित्र कहते हैं । कोई कैपेसिटर कंडक्टिव प्लेट की एक जोड़ी से बना होता है और इसके बीच में इंसुलेटिड मेटेरियल की एक बारीक पर्त डाली जाती है । इसी इंसुलेटिड मेटेरियल का दूसरा नाम डाईलेक्ट्रिक मेटेरियल है । कैपेसिटर को आमतौर पर और इलेक्ट्रिकल ड्राइंग में सीधी लाइन और घुमावदार लाइन के कंबीनेशन से अथवा दो सीधी लाइनों के रूप में दिखाया जाता है ।

जब किसी कैपेसिटर की प्लेट पर वोल्टेज एप्लाई किया जाता है, एक प्लेट पर इलेक्ट्रोन्स डाले जाते हैं और दूसरी प्लेट से निकाले जाते हैं । इससे कैपेसिटर चार्ज हो जाता है । डायरेक्ट करंट किसी डाईइलेक्ट्रिक मेटेरियल के आर - पार प्रवाहित नही हो सकता है क्योंकि उसमें इंसुलेटर होता है लेकिन जब भी कैपेसिटर चार्ज हो जाता है डाई इलेक्ट्रिक के जरिये इलेक्ट्रिक फील्ड पैदा हो जाता है । कैपेसिटर की रेटिंग उस चार्ज की मात्रा से की जाती है जितना चार्ज वह होल्ड कर सकते हैं ।

किसी कैपेसिटर की कैपेसिटेन्स प्लेट के एरिया और दोनों प्लेटों के बीच दूरी तथा डायलेक्ट्रिक मेटेरियल के रूप में इस्तेमाल किए गए पदार्थ के प्रकार पर निर्भर करता है । कैपेसेटेन्स का प्रतीक चिहन अंग्रेजी का अक्षर सी (C) है ,और इसे फेराड एफ (F) के रूप में मापा जाता है । लेकिन फेराड एक बड़ी यूनिट होती है और अक्सर कैपेसिटर्स की रेटिंग माइक्रोफेराड अथवा पीकोफेराड के रूप में की जाती है ।

श्रेणी क्रम - 1/C = 1/C1 +1/C2 +1/C3 + -

समानान्तर क्रम – C =C1+C2+C3 + -

कैपेसिटेंस (Capacitance) - Q = C x V

इंडक्टिव मोटर लोड के लिए कैपेसिटर लगाने से डिस्कोम और उपभोक्ता दोनों को लाभ होता है -

क्रमांक, - डिस्कोम लाभ , - उपभोक्ता लाभ

1 - डिस्कोम लाभ - कैपेसिटर लगाने से सिस्टम (प्रणाली) का पावर फेक्टर बढ़ता है

उपभोक्ता लाभ - उपभोक्ता मोटर का पावर फेक्टर बढ़ता है

2 - डिस्कोम लाभ - यदि फीडर का लोड 100 से अधिक 120 -150 एम्पीयरलोड है तो कैसिटर उपयोग से लगभग 20 से 30 एम्पीयरलोड कम हो जाता है

उपभोक्ता लाभ - एक 10 अश्व शक्ति मोटर जो लगभग 15 – 16 एम्पीयर करेंट ले रही थी कैपेसिटर के उपयोग होने पर लगभग 12 – 13 एम्पीयर करेंट लेगी

3 - डिस्कोम को राजस्व हानि कम होती है

उपभोक्ता लाभ - उपभोक्ता का कम बिल आता है

4 - डिस्कोम लाभ - कैपेसिटर उपयोग से लाइनों पर लगे उपकरण कम करेंट लेने से कम गरम होंगे और पूर्ण दक्षता से कार्य करेंगे

उपभोक्ता लाभ - कैपेसिटर उपयोग से मोटर अन्य उपकरण कम गरम होंगे व पूर्ण दक्षता से कार्य करेगे

5 - डिस्कोम लाभ - उसी केबिल क्षमता/ट्रांसफार्मर क्षमता से अधिक कनेकशन दिये जा सकते हैं

उपभोक्ता लाभ - मोटर कम करेंट लेने के कारण कम बिजली खर्च करेगी

6 - डिस्कोम लाभ - अच्छे वोल्टेज मिलने से उपभोक्ता/विभाग संतुष्टि होगी

उपभोक्ता लाभ - अच्छे वोल्टेज मिलने से कम यूनिट और बिल कम होगा, उपभोक्ता को लाभ होगा

**10 - विद्युत लाइन** – लाइनों को विभिन्न प्रकार से वर्गीकृत किया जाता है, जिनमें मुख्य हैं – कंडक्टर लाइन व केबिल लाइन, जमीन के ऊपर लाइन (ओवर हेड लाइन), भूमिगत (अंडरग्राउंड) लाइन, निम्न दाब (एलटी - लो टेंशन) लाइन, उच्च दाब (एचटी – हाई टेंशन) लाइन तथा अतिउच्चदाब (ईएचटी – एक्स्ट्रा हाई टेंशन) लाइन, निम्नदाब लाइन को पुनः सिंगल फेज व थ्री फेज लाइनों में वर्गीकृत किया जाता है । सिंगल फेज लाइन को - सिंगल फेज टू वायर (फेज व न्यूट्रल) लाइन, सिंगल फेज थ्री वायर (फेज, न्यूट्रल और स्ट्रीट लाइट फेज) लाइन में वर्गीकृत किया गया है, उसी प्रकार से थ्री फेज लाइन को - थ्री फेज फोर वायर (तीन फेज व न्यूट्रल) लाइन, थ्री फेज फाइव वायर (तीन फेज, एक न्यूट्रल और एक स्ट्रीट लाइट फेज) लाइन में वर्गीकृत किया गया है । केबिल को भी सिंगल कोर केबिल, टू कोर, थ्री कोर केबिल, थ्री एंड हाफ कोर केबिल, फोर कोर केबिल, आर्मर्ड केबिल, अनार्मर्ड केबिल, गैस फिल्ड, आयल फिल्ड, एक्सएलपी, एबी (एयर बन्च) केबिल, एलटी केबिल और एचटी केबिल आदि । आइल फिल्ड, गैस फिल्ड केबिल ईएचवी (अति उच्चदाब) नेटवर्क के लिए होती हैं । कंट्रोल केबिल उप - केन्द्रों पर मीटरिंग, सिगनल, नियंत्रण (कंट्रोल) सर्किटों में प्रयोग होती है।

लाइन को पहचानने के लिए हमेशा उपरोक्त वर्गिकरण के अलावा यह भी बोला जाता है कि लाइन का वोल्टेज क्या है, या लाइन किस वोल्ट की है, जैसे 220 - 230 वोल्ट (फेज टू न्यूट्रल) 400/440 वोल्ट (फेज टू फेज) लाइन एलटी लाइन कहलाती हैं । एचटी लाइन -11 केवी, 33 केवी और 66 केवी लाइन कहलाती हैं । तथा ईएचटी लाइन – 132 के वी, 220

केवी, 400 केवी, 765 केवी और इससे अधिक वोल्ट की लाइन कहलाती हैं । वोल्ट और केवी (किलोवोल्ट) में 1000 (एक हजार) वोल्ट को ही एक केवी कहते हैं । लाइन में वोल्ट के साथ करेंट बहता (चलता) है उसे एम्पीयर में नापते हैं । जब भी लाइन की चर्चा होगी तब लाइन का वोल्टेज और उसमे कितना लोड (भार - करेंट) चल रहा (प्रवाहित) है, बोला जाता है ।

जब लाइन पर केवल एक ही वोल्टेज की सप्लाई दी जाती है तब उसे सिंगल सर्किट लाइन बोलते हैं तथा जब उसी लाइन पर दो सर्किट हों तब उसे डबल सर्किट लाइन कहते हैं ।

एक ही लाइन पर अलग – अलग वोल्टेज की सप्लाई होने पर यदि दो या उससे अधिक सर्किट हैं तब उसे डबल सर्किट लाइन न बोलते हुए मिश्रित (कम्पोजिट) लाइन कहते है । जब लाइन एक रेखीय (सीधी लाइन) हो तो उसे रेडियल लाइन/फीडर बोलते हैं । और उस मुख्य लाइन से कोई अन्य लाइन निकालते हैं तो उसे टेप/टेपिंग लाइन बोलते हैं । जब लाइन का कोई अंत न हो और पूरी लाइन आपस में जुड़ी हो उसे रिंग मेंन लाइन बोलते हैं परन्तु ध्यान रहे कहीं भी एक स्थान पर लाइन के जमफर खुलें होने आवश्यक होते हैं अन्यथा की स्थिति लाइन ही नहीं चलेगी और फाल्टी हो जाएगी । अक्सर शहरों में रिंग मेन सर्किट होते हैं वहां विशेष सावधानी की जरूरत होती है । जहां जमफर खुले होते हैं वहां डबल सप्लाई की स्थिति होती हैं । अत: सावधानी पूर्वक कार्य करना आवश्यक होता है ।

**11 - पोल** - लाइन जिस सपोर्ट पर खींची जाती है उसे पोल कहते हैं । पोल विभिन्न प्रकार की लंबाई, आकार के अनुसार होते हैं, मुख्यत: पोल लकड़ी, सीमेंट (140 केजी/ 8मीटर वजन –360किग्रा, 280केजी/9.1 मीटर वजन 680 किग्रा और 350 केजी/9.1 मीटर वजन 750 केजी), लोहे (गर्डर - आरएस जोइस्ट/रिइंफोर्सड स्टील जोइस् - (127 वाय 75 एमएम, 175 वाय 85 एमएम), एच बीम - (152 वाय 152 एमएम), रेल - (45 केजी व 52.5 केजी प्रति मीटर), लेटिस टावर - (फेब्रीकेटिड पोल इसे गेंट्री के उपयोग में भी लाते हैं), एंगिल टावर (ईएचटी टावर लाइन), ट्यूबुलर तथा मोनो ब्लॉक) के होते हैं जिनका उपयोग आवश्यकतानुसार किया जाता है ।

**12- कंडक्टर (तार)** – जिसमें होकर विद्युत प्रवाहित होती हैं उसे कंडक्टर कहते हैं । कंडक्टर एसीएसआर (एल्यूमिनियम कंडक्टर स्टील रि-इंफोर्सड) और एएएसी (ऑल एलोय एल्युमीनियम कंडक्टर) होते हैं । एएएसी कंडक्टर चोरी या खराव होने के बाद बिकता नहीं हैं, थोड़ा हार्ड (कठोर) होता है एसीएसआर की तुलना में ।

**13 - केबिल** - केबिल का विभिन्न प्रकार से वर्गीकरण किया जाता है यथा -पावर, कंट्रोल केबिल, सिंगल कोर (सिंगल कोर अनसक्रीण्ड अनआर्मड, सिंगल कोर स्क्रीड अनआर्मड) व मल्टी कोर केबिल (थ्री कोर आर्मड, स्कींडया अनस्क्रींड), ओवरहेड, अंडर- ग्राउंड केबिल, तथा वोल्टेज के अनुसार एलटी, एचटी, ईएचटी केबिल आदि ।

केबिल संबंधी निर्माण में खास बाते ये होती हैं – कंडक्टर साइज, कंडक्टर स्क्रीन, इंश्यूलेशन, इंश्युलेशन स्क्रीन, मेटेलिक स्क्रीन, फिलर्स, बेलटिंग पेपर, मेटेलिक शीट, आर्मरिंग, आउटर सर्विसिंग/शीट आदि । केबिल की साइज इन बातों पर निर्भर करती है –

करंट ले जाने की क्षमता, शॉर्ट सर्किट करंट, वोल्टेज ड्रॉप, बिजली की क्षतियाँ आदि ।

14 – मीटर – मीटर ऊर्जा माप का एक उपकरण है इसे एनर्जी मीटर भी कहते है । इनका वर्गीकरण - - सिंगल फेज, थ्री फेज मीटर (थ्री फेज थ्री वायर, थ्री फेज फोर वायर, थ्री फेज फोर वायर सीटी ओपरेटिड एम - डी रिकॉर्डिंग के साथ), मेकेनीकल (मूविंग पार्ट -चकरी), इलेक्ट्रोनिक (स्टेटिक) मीटर, एलटी मीटर, एचटी मीटर (सीटी पीटी /एमई - मीटरिंग उपकरण के साथ) । एचटी इलेक्ट्रोनिक ट्राई वेक्टर मीटर में ये सभी वाचन की सुविधा होती है – एक्टिव एनर्जी - केडब्ल्यूएच, रिएक्टिव एनर्जी - केवीएआरएच, अपरेंट एनर्जी - केवीएएच, पीक मेक्सीमम डिमांड - केवीए, केडब्ल्यू (लेगिंग पावर फेक्टर के साथ), क्यूमूलेटिव डिमांड और पिछले महीने के लिए एम डी बिलिंग - केवीए, रीसेट काउंटर, पावर फेक्टर, फ्रीक्वेंसी, सप्लाई वोल्टेज में मिसिंग पीटी का होना, मीटरिंग का टाइम, मीटरिंग के टाइम में अंतराल, ऊर्जा - आयात/निर्यात (इम्पोर्ट/एक्सपोर्ट), टेम्पर की जानकारी, बीते समय के साथ मांग प्रस्तुत करना ।

आधुनिक मीटर - इनके अलावा एएमआर (ओटोमेटिक मीटर रीडिंगमीटर तथा स्मार्टमीटर (रेडियो फ्रीक्वैंसी मीटर), नेट मीटरिंग, प्रीपेड मीटरिंग व्यवस्था भी आधुनिक है । एएमआर मीटर में प्रत्येक मीटर पर एएमआर के लिए सिम लगानी पड़ती है, जब कि स्मार्ट मीटर के लिए एक समूह (100 से 200 उपभोक्ता) या क्षेत्र (50 से 100 मीटर) के लिए केवल एक मॉडम लगाया जाता है जो रेडियो फ्रीक्वैंसी के द्वारा सभी मीटरों की रीडिंग कर लेता है । प्रीपेड मीटर एडवांस्ड भुगतान के हिसाब से उपयोग किया जाता है इसमें बिलों का भुगतान न करने पर कनेकशन काटने की कार्यवाही नहीं करनी पड़ती है ।

15 - ट्रांसफार्मर (परिणामित्र) – ट्रांसफार्मर वह उपकरण है जो एक वोल्टेज को दूसरे वोल्टेज में बदलता है । यहा भी करंट होता है, परंतु विशेष बात यह है कि एक ही कोर पर पहले एलटी वाईंडिंग तथा उसके ऊपर एचटी वाईंडिंग होती है किन्तु एचटी से एलटी वाईंडिंग का कोई किसी प्रकार का कनेक्शन नहीं होता है, यहाँ चुम्बकत्व (मेगनेटिज्म), इंडकशन (प्रेरणा/प्रभाव) के कारण एक वाईंडिंग से दूसरी वाईंडिंग में करंट प्रवाहित होता है । यदि ट्रांसफारमर एक वाईंडिंग में करंट है तो दूसरी वाईंडिंग में भी करंट प्रवाहित होगा । जबकि एलटी लाइन का किसी स्थान पर जाइंट/जमफर खुलने/जलने से उस लाइन में आगे करंट नही होगा, परंतु अन्य 11 केवी या उससे अधिक वोल्ट की लाइन कि किसी स्थान पर जाइंट/जमफर खुलने/जलने से उस स्थान पर दोनों तरफ से करंट होगा, यह करंट ट्रांसफार्मर के डेल्टा कनेक्शन होने के कारण वापस करंट पहुचेगा वहाँ तक जहां पर जाइंट/जमफर खुला/जला है । ऐसे में बहुत सावधानी बरतने की आवश्यकता है ।


- विद्युत – ट्रान्सफार्मर क्षमता केवीए/एमवीए में क्यों ?
- प्रत्येक ट्रान्सफार्मर में कोर लॉस और कॉपर लॉस होते हैं ।
- कोर लॉस इनपुट वोल्टेज पर निर्भर करते हैं ।

- कॉपर लॉस करेंट के वाईंडिंग में प्रवाह पर निर्भर करते हैं ।
- इस प्रकार कुल लॉस वोल्टेज और करेंट पर निर्भर करते हैं, परन्तु पावर फैक्टर पर नहीं ।
- इसलिए ट्रान्सफार्मर क्षमता केवीए/एमवीए में होती है किलोवाट/मेगावाट में नहीं होती है ।

ट्रांसफार्मर को दो श्रेणी में वर्गीकृत किया जाता है – एक वितरण ट्रांसफार्मर, दूसरा पावर ट्रांसफार्मर । वितरण ट्रांसफार्मर 11 केवी (एचटी) से 440 वोल्ट (एलटी - फेज टू फेज) और 220/230 फेज टू न्यूट्रल बनाता है, जबकि पावर ट्रांसफार्मर एचटी (33 केवी या और अधिक) से एलटी (11 केवी या और अधिक) बनाता है अथवा इसके विपरीत भी कार्य करता है, जब वोल्टेज अधिक से कम होते हैं उसे स्टेप डाउन ट्रांसफार्मर, और जब वोल्टेज कम से अधिक होते हैं उसे स्टेप अप ट्रांसफार्मर कहते हैं । अन्य वर्गीकरण कोर के अनुसार (कोर टाइप और शेल टाइप), फेज के अनुसार (सिंगल फेज, थ्री फेज), वाईंडिंग के अनुसार (सिंगल वाईंडिंग, टू वाईंडिंग) भी होता है ।

पावर ट्रांसफार्मर के बाहरी मुख्य अवयव होते है – मैन टैंक, रेडिएटर्स, कंजरवेटर टैंक, सिलीकाजेल ब्रीदर, पोर्सलीन बुशिंग स्टड, बुकोल्ज़ रिले, नेम प्लेट, आयल एंड वाईंडिंग टेम्प्रेचर इंडीकेटर मीटर, टेप चेंजर आदि, तथा भीतरी अवयवों में मुख्य होते है – लेमीनेशन, एचटी, एलटी वाईंडिंग कोइल, ट्रांसफार्मर आयल (तेल) टेप चेंजर मेकेनिज़्म आदि ।

उपरोक्त के अतिरिक्त भी अन्य ट्रांसफार्मर होते हैं - जैसे - बेल्डिंग ट्रांसफार्मर, सीटी (करेंट ट्रांसफार्मर), पीटी (पोटेन्शियल ट्रांसफार्मर), सीटी पीटी यूनिट (एमई – मीटरिंग/मेजरींग यूनिट) होते हैं । सीटी का अनुपात (रेशो - प्राइमरी/सेकेन्डरी) प्राय: 100-50/5, 200-100/5, 300–150/5, 400–200/5, 500–250/5,- - - आदि तथा ईएचटी (अति उच्च दाब उपकेन्द्रों) 100–50/1, 200–100/1, 300–150/1, 400–200/1, 500-250/1 - - आदि रहता है । पीटी का अनुपात (रेशो - प्राइमरी/सेकेन्डरी) 11केवी/110 वोल्ट, 33केवी/110 वोल्ट - -- आदि रहता है ।

ट्रांसफार्मर की क्षमता केवीए (किलो वोल्ट एम्पीयर) या एमवीए (मेगा वोल्ट एम्पीयर) में नापते/कहते/बोलते हैं ।

16 - उपकेंद्र/सब - स्टेशन/पावर हाउस – यह स्थान वह स्थान कहलाता है जहां पर सप्लाई का वोल्टेज बदला जाता है पावर ट्रांसफार्मर के द्वारा तथा 33 केवी फीडरों का आना/जाना (इंकमिंग/आउट गोइंग) के साथ 11 केवी फीडरों का निकलना/जाना (आउट गोइंग) और इन सब का नियंत्रण/कंट्रोल का कार्य । अक्सर 33 केवी से 11 केवी में वोल्टेज बदलने से इसे 33/11 केवी विद्युत उप - केंद्र/सब - स्टेशन/पावर हाउस कहते हैं । सब स्टेशन को दो हिस्सों में बांटा जाता है –

आउट डोर एरिया –

यह एरिया यार्ड फेंसिंग या चार दीवारी के अंदर का एरिया होता है जहां खंभे/पोल, बसबार, पावर ट्रांसफार्मर, वीसीबी (ब्रेकर), आइसोलेटर, एबी स्विच, लाइटिंग अरेस्टर (33 केवी व 11 केवी) सब - स्टेशन यार्ड स्टेशन ट्रांसफार्मर (11/0.4 के वी), अर्थिंग सिस्टम, कंट्रोल केबिल, यार्ड लाइटिंग आदि होते हैं ।

**इंडोर उपकरण (कंट्रोल रूम - नियंत्रण कक्ष)** - कंट्रोल रूम के अंदर कन्ट्रोल पैनल (33 केवी, 11 केवी ट्रांसफार्मर/फीडर पैनल रिले सहित), बैटरी एवं चार्जर (30 वोल्ट डीसी), एसी डिस्ट्रीब्यूशन बोर्ड, डीसी डिस्ट्रीब्यूशन बोर्ड, कंट्रोल केबिल, टी एंड पी व सुरक्षा उपकरण, ओथराइजेशन चार्ट, फ़र्स्ट ऐड बॉक्स तथा उपकेंद्र से संबन्धित रिकॉर्ड (अभिलेख) आदि ।

17 – **वीसीबी**– इसका पूरा नाम वेक्यूम सर्किट ब्रेकर है इसमें लाइन का सर्किट वैक्यूम (हवा रहित) चेम्बर में काटा जाता है । वीसीबी का उपयोग फीडर सप्लाई को चालू/बंद करने के लिए उपयोग होता है ।

18 – **कंट्रोल पैनल** – वीसीबी को संचालित करने के लिए कंट्रोल पैनल लगाए जाते हैं जिसमें से दो ओवर करेंट की रिले, एवं एक अर्थ फाल्ट की रिले लगी होती है । साथ ही उसमें वोल्टेज एवं करेंट नापने हेतु वोल्ट मीटर एवं एम्पीयर मीटर लगे होते हैं । बिजली की खपत नापने के लिए के डब्ल्यू एच मीटर लगा होता हैं ।

19 – **रिले** – एक विशेष प्रकार का उपकरण होता है जो कि वीसीबी में लगा होता है । लाइनों में जब निर्धारित मात्रा से ज्यादा करेंट बहने लगता है या कंडक्टर टूटता या लाइन के तार आपस में टकराने पर सीटी के द्वारा असामान्य करेंट रिले को मिलता है, तब रिले के कॉंटेक्ट आपस में मिल जाते हैं एवं बैटरी की डीसी सप्लाई ही वीसीबी की ट्रिप क्वाइल को चार्ज कर देती है, तब उसमें लगी घुंडी मेकेनिज़म बॉक्स में लगे लीवर को धक्का मार देती है, जिसके फलस्वरूप वीसीबी ट्रिप हो जाती है । वीसीबी में लगने वाली रिले दो प्रकार की होती हैं – 1- ओवर करेंट और 2- अर्थ फाल्ट

**ओवर करेंट रिले** – जब लाइन में निर्धारित मात्रा से अधिक करेंट बहता है, अर्थात लोड अधिक हो जाता है या फेज आपस में टकरा जाएं, तब ओवर करेंट रिले स्वत: (ओटोमेटिक) उपरोक्त अनुसार कार्य करती है । यह वीसीबी में आर एवं बी फेज पर स्थापित होती है । इसमें लाइन में बहने वाले करेंट की मात्रा निर्धारित करने की व्यवस्था होती है ।

**अर्थ फाल्ट रिले** – जब लाइन के फेज किसी तरह से अर्थ हो जाएं जोकि कंडक्टर के टूटने या इंसुलेटर के फूटने इत्यादि से होते हैं, पर अर्थ फाल्ट रिले स्वत: (ओटोमेटिक) संचालित होकर लाइन की वीसीबी को ट्रिप कर देती है ।

**विशेष**– जब कभी लाइन का जमफर जल/टूट जाय तब लाइन में अर्थ फाल्ट अथवा ओवर करेंट का कारण नहीं बनता उस समय कोई ट्रिपिंग नहीं होगी, और न ही पैनल पर कोई इंडीकेशन आयेगा । ऐसी स्थिति में केवल इयूटी ऑपरेटर तीनों फेजों पर लोड और वोल्टेज नापने/देखने से पता चलता है अथवा क्षेत्र (फील्ड) से कम वोल्टेज मिलने की शिकायत पर पता चलेगा ।

20 - आइसोलेटर/एबी स्विच – ये उपकरण अधिकतर बंद लाइन को खोलने या चालू करने के लिए उपयोग होते हैं, एबी स्विच को एयर ब्रेकर स्विच कहते है क्योंकि यह खुली हवा में खोलना/लगाना होता है । इसमें एक मेल तथा दूसरा फ़ीमेल पार्ट होते हैं, एबी स्विच खुले होने की स्थिति में मेल फेमेल पार्ट एक दूसरे से अलग होते हैं या इसी को एबी स्विच का खुला होना कहते हैं । जब मेल और फ़ीमेल पार्ट्स एक दूसरे के संपर्क में होते हैं उस स्थिति को एबी स्विच का चालू रहना या लगा होना कहते हैं । आइसोलेटर एबी स्विच इस प्रकार भिन्न होता है कि वह दो तरफ से खुलता और लगता है कहने का आशय यह है कि इसमें दो मेल और दो फ़ीमेल पार्ट्स होते हैं अर्थात यह दो स्थान पर खुलता है और दो ही स्थान पर लगता है ।

11केवी एबी स्विच एवं आइसोलेटर

21- बुकोहल्ज़ रिले – यह ट्रांसफार्मर के ऊपर कंजरवेटर टैंक के नीचे लगी रहती है । जब ट्रांसफार्मर में अंदरूनी खराबी के कारण अनचाही गैस बनती है तब यह रिले कार्य करती है एवं कंट्रोल रूम में लगी बुकोहल्ज़ रिले वाली घंटी बजने लगती है एवं ट्रांसफार्मर की सुरक्षा हेतु वीसीबी को ट्रिप कर देती है ।

22 – एक्सप्लोजन वेंट –

ट्रांसफार्मर टैंक के टॉप पर काफी परिधि वाला एक संकरा पाइप लगाया जाता है । इसके दोनों तरफ डाइफ्रेम फिट कर दिए जाते हैं । एक डाइफ्रेम आयल टैंक के बीच और दूसरा डाइफ्रेम पाइप के आखिर में कॉपर का लगा होता है ।

जब भी ट्रांसफार्मर के अंदर कोई बड़ा फाल्ट आता है अथवा बड़ी मात्रा में ट्रांसफार्मर टैंक के अंदर गैसें बन जाती हैं तो इन गैसों के प्रेशर के कारण नीचे वाला डाइफ्रेम फट जाता है और ऊपर वाले डाइफ्रेम से गैस व तेल का दबाव पड़ने पर वह टूट जाता है जिससे ट्रांसफार्मर के अंदर फाल्ट होने की हालत का पता चलता है । इस बचाव के कारण ट्रांसफार्मर टैंक से तेल बाहर निकल जाता है और ट्रांसफार्मर फटने से बच जाता है । कभी -कभी नीचे वाला डाइफ्रेम बिना किसी फाल्ट के भी तेल का दबाव पड़ने से फट जाता है और ऐसे मामले में तेल ग्लास विंडो से दिखाई देने लगता है ऐसी हालत में फटे हुए डाइफ्रेम को बदल देने की कार्यवाही तुरंत की जाती है ।

23 – कंजरवेटर टैंक – ट्रांसफार्मर के अंदर तेल का प्रसारण अथवा संकुचन (बढ़ना या सिकुड़ना) के कारण कंजरवेटर टैंक लगाया जाता है । कंजरवेटर टैंक को एक्सपेंशन

टैंक भी कहते हैं । यह टैंक एक पाइप के जरिए वाल्वों से होकर मेन टैंक से जुड़ा होता है । कंजरवेटर टैंक में तेल का स्तर जितनी मात्रा आ सकती है उसके आधे पर बनाये रखी जाती है । कंजरवेटर टैंक के बाहर दिखाई देने के लिए एक आई लेवल इंडीकेटर भी लगाया जाता है । जब भी ट्रांसफार्मरर का लोड बढ़ जाता है ,ट्रांसफार्मर के अंदर का तेल गर्मी के कारण फैलता है और आयल लेवल बढ़ जाता है । ऐसी हालत में अगर काफी जगह उपलब्ध न हुई , तो ट्रांसफार्मर टैंक का ऊपरी कवर अत्यधिक दबाव के चलते फट जाता है । लेकिन कंजरवेटर टैंक लगा होने के चलते यह बढ़ा हुआ तेल कंजरवेटर टैंक में चला जाता है और मेन टैंक में तेल का लेवल ज्यों का त्यों बना रहता है ,इस कारण से वाईंडिंग और रेडिएटर्स को एक्सपोजर के चलते होने वाला नुकसान बच जाता है क्योंकि आंशिक रूप से वैक्यूम नहीं बन पाता ।

**इक्वेलाइजर पाइप** – कंजरवेटर टैंक और एकसप्लोजन वेंट को जोड़ने वाली पाइप को इक्वेलाइजर पाइप कहा जाता है । अगर कम मात्रा में गैस ट्रांसफार्मर टैंक में बनती भी है ,तो वह कनजरवेटर टैंक में इकट्ठी हो जाती है । ये गैसें एक्सप्लोजन वेंट और कंजरवेटर टैंक पर बराबर दबाव बनाये रखती हैं और इक्वेलाइजर पाइप इस काम में उनकी सहायता करता है ।

24 – ब्रीदर- ट्रांसफार्मरर में लोड कम ज्यादा होने से ट्रांसफार्मर का तेल फैलता या संकुचित होता है । जब भी तेल फैलता है ,कंजरवेटर टैंक की हवा बाहर निकाल जाती है और जब कंजरवेटर के अंदर हवा घुसती है तो तेल में संकुचन होता है । इस एक्शन को ब्रीडिंग एक्शन कहा जाता है । इस काम के लिए कंजरवेटर टैंक के नीचे एक ब्रीदर कनेक्ट कर दिया जाता है । यह एक पाइप होता है जो अंदर की ओर निकलता है । ब्रीदर में सिलीका जेल क्रिस्टल भरे होते हैं और इसके नीचे एक छोटा कप लगाया जाता है जिसमें छेद होता हैं । इसमें बहुत कम मात्रा में तेल भरा होता है । सिलिका जेल क्रिस्टल हवा से नमी सोख लेते हैं और कंजरवेटर टैंक में हवा को जाने देते हैं जबकि ब्रीदर के नीचे के कप में स्थित तेल ब्रीदर में जाने से पहले ही धूल के कणों को खींच लेता है ।

हवा जाने के लिए रास्ता – नमी सोखने के कारण, सिलिका जेल क्रिस्टल का नीला रंग गुलाबी हो जाता है । इस प्रकार के रंग के (गुलाबी रंग) सिलिका जेल के क्रिस्टल गरम करके अथवा किसी कागज पर बिछा कर धूप में सुखाने से फिर से एक्टीवेट (पुन: नीला रंग हो जाना) कर दिए जाते हैं । इन्हें एक धातु के बर्तन में धीरे -धीरे गरम करने से एक्टीवेट हो जाते हैं । जब भी ये क्रिस्टल सफ़ेद हो जाते हैं , ये बेकार हो जाते हैं और इनकी जगह दूसरे सिलिका जेल क्रिस्टल लगाने/भरने पड़ते हैं । नीचे के कप में तेल भी गंदा हो जाने पर बदलने की जरूरत पड़ती है ।

जब भी नए ब्रीदर के कप में आयल भरे तब कप के नीचे सांस लेने के लिए बने छेद से लगे टेप को अवश्य हटा दें अन्यथा कि स्थिति में ब्रीदर ब्रीडिंग का कार्य नहीं करेगा ।

25 - टेप चेंजर –

पावर ट्रांसफार्मर में टेप चेंजर दो कारणों से वोल्टेज कंट्रोल करने के लिए जरूरी होता है –

क - जेनरेटिंग स्टेशनों को जोड़ने वाली लाइनों में के डब्ल्यू और केवीए ओवर फ्लोपर नियंत्रण के लिए ।

ख – भारतीय विद्युत नियमों के अनुसार एलटी उपभोक्ता के लिए वोल्टेज स्तर (+ 6% या – 6 %) बनाये रखने के लिए ।

टैंक के बाहर लगे टेप चेंजर स्विच और टेपिंग्सकी मदद से एचवी वाईंडिंग पर मोड़ों (टर्न्स) की संख्या बदलकर वोल्टेज नियन्त्रण किया जाता है । किसी तीन फेज वाले ट्रांसफार्मर में स्विच इस तरह से लगाए जाते हैं कि तीनों बाइण्डिनग्सका संपर्क एक साथ ही बदला जा सके इस टेप चेंजिंग एसेम्बली को टेप चेंजर कहा जाता है । टेप चेंजर दो प्रकार के होते हैं –1-ऑफ लोड टेप चेंजर और 2- ऑन लोड टेप चेंजर

26- **रेडियेटर्स** - इनका इस्तेमाल ट्रांसफार्मरों में सुरक्षित सीमा तक तापमान नियंत्रण करने के लिए होता है । रेडियेटर्स में फिन लगे होते हैं जिसके जरिए तेल की गर्मी बेहतर ढंग से निकल जाती है । तेल गरम होकर रेडियेटर्स ट्यूब/फिन में जाता है और इस तरह से गर्मी वायुमंडल में चली जाती है । यहाँ पर कंडकशनऔर रेडियेशन का सिद्धांत काम करता है । रेडियेटर्स तेल को नीचे की ओर सरकुलेट करता है क्योंकि मेन टैंक में गरम तेल ऊपर की ओर जाता है और बाद में रेडियेटर्स में पहुंचता है । वायुमण्डल में गर्मी निकल जाने के बाद तेल ठंडा हो जाता है और मेन टैंक में चला जाता है ।

आखों से निरीक्षण करने पर ट्रांसफार्मर आइल की तुलना निम्नलिखित प्रकार से की जा सकती है - तेल का रंग, - तेल की क्वालिटी - पीला/पारदर्शी/चमकदार, - बहुत अच्छा, पीला/भद्दा, - अच्छा, भूरा, - अच्छा नहीं, काला/भूरा, - मिलावटी, - काला, - फेकने लायक

27- **लाइटिनिंग अरेस्टर** – उपकेंद्र पर 33 केवी एवं 11 केवी के लाइटिनिंग अरेस्टर पावर ट्रांसफार्मर की सुरक्षा के लिए लगाए जाते हैं । ये ट्रांसफार्मर के पास 33 केवी एवं 11 केवी दोनों तरफ निकट लगाए जाते हैं । उपकेंद्र में जोड़ने वाली मीलों लंबी 33 केवी एवं 11 केवी मीलों लंबी लाइनों पर बादलों द्वारा आकाशीय विद्युत का चार्ज पैदा होता है जिसकी तीव्रता विद्युत लाइन के वोल्टेज से कई हजार गुना अधिक होती है जिससे ट्रांसफार्मर को नुकसान पहुँच सकता है । 33 केवी एवं 11 केवी के तरफ क्रमशः 30 केवी (आरएमएस) एवं 9 केवी (आरएमएस) क्षमता के लाइटिनिंग अरेस्टर लगाने से आकाशीय विद्युत का चार्ज लाइटिनिंग अरेस्टर के माध्यम से अर्थ हो जाता है, जिससे ट्रांसफार्मर को नुकसान से बचाव होता है । इनकी डबल अर्थिंग अलग से अर्थ पिट बनाकर करना चाहिए ।

लाइटिनिंग अरेस्टर की पोर्सलीन इंसुलेटर को मेंटेनेंस के समय सफाई कर क्रेक चेक करना चाहिए । तथा अर्थ भी टाइट करना चाहिए । अर्थ की आईआर वैल्यू नियमानुसार करना चाहिए । इसका रजिसटेंट (प्रतिरोध) जीरो (शून्य) ओहम रखा जाना चाहिए।

# विद्युत शब्दावली – सूक्ष्म

विद्युत शब्दावली – सूक्ष्म

1 - पी एफ सी - पावर फाइनेन्स कॉरपरेशन (ऊर्जा वित्त निगम)

2 - पी एफ सी लिमिटेड – पावर फाइनेन्स कॉरपरेशन लिमिटेड (ऊर्जा वित्त निगम मर्यादित)

3 - गी औ आई - गवरमेंट आफ इंडिया (भारत सरकार)

4 - ए पी डी आर पी - एक्सीलरेटिड पावर डिवलपमेंट रिफॉर्म प्रोग्राम (त्वरित ऊर्जा विकास सुधार कार्यक्रम)

5 - आर ए पी डी आर पी - रिस्ट्रक्चरड एक्सीलरेटिड पावर डिवलपमेंट रिफॉर्म प्रोग्राम (पुर्ननिर्माण त्वरित ऊर्जा विकास सुधार कार्यक्रम)

6 - आर ई सी – रुरल इलेक्ट्रीफिकेशन कॉरपरेशन (ग्रामीण विद्युतीकरण निगम)

7 - जेनको – जेनरेशन कंपनी

8 - ट्रांसको - ट्रांसमीशन कंपनी

9 – डिस्कोम - डिस्ट्रीव्युशन कम्पनी (वितरण कम्पनी)

10 - डिमांड – बिल की गई विद्युत की राजस्व मांग (रुपयों में)

11 - कलेक्शन – बिल की गई विद्युत की राजस्व मांग से वसूली गई राजस्व राशि (रुपयों में)

12 – एरीयर - विद्युत बिल की वकाया राजस्व राशि जो उपभोक्ता को देना शेष है

13 - यूनिट – एक किलोवाट लोड को एक घंटे उपयोग करने में हुई विद्युत की खपत = एक यूनिट

14 - लोड – वह भार जो उपभोक्ता अपने परिसर में प्रयोग करता है, किलो वाट या हार्स पावर (अश्व शक्ति) तथा केवीए और एम्पीयर में भी नापते हैं

15 – वोल्टेज - वी – लाईन का फेस से फेस वोल्टेज (वोल्ट)

16 – करैंट - आई - लाईन में प्रवाहित करैंट (विद्युत धारा) (एम्पीयर)

17 - फ्रीकुएंसी - एफ - हर्टज़ में (50 साइकिल प्रति सेकेंड)

18 - पावर फैक्टर – पी एफ - ऊर्जा गुर्णांक (कॉस फाई)

19 - एन एस सी – न्यू सर्विस कनेक्सन (नवीन कनेक्सन)

20 - आर सी डी सी – रिकनेक्सन - डिस्कनेक्सन

21 - एफ ओ सी – फ्यूज ऑफ कॉल

22 - लॉस – हानि (नुकसान) वितरण कम्पनी द्वारा खरीदी गई और बेची गई ऊर्जा का अन्तर

23 - टेकनीकल लॉस - वितरण कम्पनी द्वारा व्यवस्था में विद्युत प्रवाह में होने वाली हानि

24 - कोमर्शियल लॉस – वितरण कम्पनी द्वारा बेची गई ऊर्जा एवं बिल की गई ऊर्जा में होने वाली हानि

25 - आर पी यू – रूपीज़/रिकवरी(वसूली) पर यूनिट (रुपये प्रति यूनिट), क्रय तथा विक्रय दोनों अलग - अलग

26 - आर एम एस – रेवेन्यू मेनेजमेंट सिस्टम

27 - बी आर आर – बिलिंग रेवेन्यू रेट (बिलिंग राजस्व दर) = कुल बिल की गई राशि/कुल क्रय यूनिट

28 - सी आर आर - कलेक्शन रिकवरी रेट (भुगतान संग्रहण दर) = संग्रहित (वसूली गई) राशि/क्रय यूनिट

29 – बी. ई - बिलिंग एफीसीयेन्सी (बिलिंग दक्षता) = विक्रित यूनिट/क्रय यूनिट

30 - सी ई – कलेक्शन एफीसीयेन्सी (संग्रहण/वसूली गई - राशि -दक्षता) = संग्रहित (वसूली गई) राशि/बिल की गई राशि

31 - टेक्नीकल लॉस – (तकनीकी हानि) - (1 - बिलिंग दक्षता) = {1 - (विक्रित यूनिट/क्रय यूनिट )}

32 - कोमर्सीयल लॉस – (वाणिज्यक हानि) – (1 - संग्रहण दक्षता) = {1 - (संग्रहित राशि/बिल की गई राशि )}

33 - ए टी एण्ड सी लॉस = एग्रीगेट टेकनीकल एण्ड कोमर्सीयल लॉस (समग्र तकनीकी और वाणिज्यक हानि)

= {1 - (बी ई) X (सी ई) } = {1 – (बिलिंग दक्षता) X (संग्रहण दक्षता)}

34 - एस ए आई डी आई (सेडी) - सिस्टम एवरेज इंटरप्शन ड्रूरेशन इंडेक्स (मिनिट में)

35 - एस ए आई एफ आई (सैफी) - सिस्टम एवरेज इंटरप्शन फ्रीकयूएनसी इंडेक्स (संख्या में)

36 - एम ए आए एफ आई (मैफी) - मोमेंट्री एवरेज इंटरप्शन फ्रीकुएंक्सी इंडेक्स (संख्या में)

37 - एस आर आई – सप्लाई रिलायबिलिटी इंडेक्स = [1 - {सेडी/(365 X 24 X 60 )] X 100

38 - पी एम ए – प्रोजेक्ट मेंजमेंट एजेंसी

39 - आर पी एम - रिव्यू प्लानिंग मीटिंग

40 - डी आर सी - डिस्ट्रीब्यूशन रिव्यू कमेटी

41 - डी ई सी (दिसा) - डिस्ट्रिक्ट इलेक्ट्रीसिटी कमेटी

42 - एन पी पी - नेशनल पावर पोरटल

43 - यू डी ए वाय (उदय) - उज्ज्वल डिस्कोम एसोरेन्स योजना

44 - आई टी – (इन्फोर्मेशन टेक्नोलोजी) = सूचना प्रौद्यौगिकी

45 - सिम - सब्सक्राइवर आईडेन्टी मॉड्यूल

46 - एस एम एस - शॉर्ट मेसेज सर्विस

47 - एम एम एस – मल्टीमीडिया मेसेज सर्विस

48 - आई एम एस आई – इन्टरनेशनल मोबाइल सब्सक्राइबर आईडेन्टी

49 - सी डी एम ए – कोड डिवीजन मल्टीपल एसेस

50 - जी एस एम - ग्लोबल सिस्टम ऑफ मोबाइल

51 - जी पी आर एस – जनरल पेकट रेडियो सर्विस, 2 जी. 3 जी. 4 जी,

52 - आर एफ - रेडियो फ्रीकुएनसी

53 - जी आई एस – जियोग्राफिकल इन्फोर्मेशन सिस्टम/गैस इंसुलेटिड सब स्टेशन

54 - जी पी एस - जियोग्राफिकल पोसीसनिंग सिस्टम

55 - सी आई – कंज़्यूमर इंडेक्सिंग

56 - सी सी सी – कस्टमर केयर सेंटर

57 - एल ए एन – लेन - लोकल एरिया नेटवर्क

58 - इव्लु ए एन – वान - वाइड एरिया नेटवर्क

59 - एस इव्लु ए एन – स्वान – स्टेट वाइड एरिया नेटवर्क

60 - आई वी आर एस - इंटरएक्टिव वॉइस रेस्पॉंस सिस्टम

61 - वी एल एस आई - वेरी लार्ज स्केल इंटेग्रेशन

62 - पी डी एफ - पोर्टेबिल डाकुमेंट फॉर्मेट

63 - एच टी टी – हाइपर टेक्स ट्रांसफर

64 - इव्ल्यु इव्ल्यु इव्ल्यु - वर्ल्ड वाइड वेव

65 - ई सी ए ई - इलेक्ट्रीकल कम्प्युटर एडिड इंजीनीयरिंग

66- ई सी ए डी - इलेक्ट्रीकल कम्प्युटर एडिड ड्राइंग

67 - पी एल एम - प्रोडक्ट लाइफ साइकिल मेंजमेंट

68 - पी डी एम - प्रोडक्ट डाटा साइकल मेंजमेंट

69 - ओ ए – ओपिन - एसेस

70 - ए बी टी – एवेलीबिलिटी बेस्ड टेरिफ़

71 - ए एम आर – औटोमेटिक मीटर रीडिंग

72 - एम आर आई – मीटर रिकॉर्डिंग इन्स्ट्रुमेंट

73 - ए एम आई – एड्वान्स्ड मीटरिंग इन्फ्रा इस्ट्रक्चर

74 - एम डी ए एस (एमडास) - मीटर डाटा एक्यूजीसन सिस्टम

75 - एम डी एम एस – मीटर डाटा मेंजमेंट सिस्टम

76 - डी एल एम एस – डाटा लोड मेनेजमेंट सिस्टम

77 - एम आई एस – मंथली इन्फोर्मेशन सिस्टम

78 - एन ओ एफ एन – नेशनल ओप्टीकल फायबर नेटवर्क

79 - स्मार्ट मीटर - स्मार्ट मीटर मुख्यत: एएमआर मीटर से भिन्न होता है, क्योकि स्मार्ट मीटर मे एएमआर की सुविधा के अतिरिक्त, प्री पेड, आरसी - डीसी, नेट मीटरिंग, टेम्परअलर्ट आदि अन्य सुविधा भी होती है । विशेष यह है कि एक डी सी यू, एक सिम से लगभग 300 - 400 मीटर कनेक्सन की रीडिंग हो जाती है, जबकि एएमआर मीटर में प्रत्येक मीटर के लिए अलग - अलग सिम लगती है ।

80 - आर टी डी ए एस (आर टी डास) – रीयल टाइम डाटा एक्यूजीशन सिस्टम

81,एफ एस आई -फीडर सेवेयरिटी इंडेक्स

82 - ई आर पी – एंटरप्राइयज रिसोर्स प्लानिंग

83 - स्काडा- (एस सी ए डी ए) - सुपरवायजरी कंट्रोल एंड डाटा एनेलेसिस – निरीक्षात्मक नियंत्रण और जानकारी (आकड़ा) विवेचना

84 - सी सी - कंट्रोल सेंटर - नियंत्रण कक्ष

85 - डी सी यू – डाटा कंट्रोल यूनिट

86 - आर टी यू - रिमोट टर्मीनल यूनिट

87 - एफ आर टी यू - फीडर रिमोट टर्मीनल यूनिट

88 - आर एम यू - रिंग मैन यूनिट

89 - एफ पी आई – फोल्ट पेसेज इंडीकेटर

90 - डी पी एम एस – डिस्कोम प्रोजेक्ट मॉनिटरिंग सिस्टम - प्रोजेक्ट मॉनिटरिंग - योजना वार, शहर वार, वृत्त वार, क्षेत्र (रीज़न) वार, डिस्कोम वार किया जाता है।

91 – टी पी एम = टोटल प्रोडक्टिव मैनेजमेंट

92 – टी क्यू एम = टोटल क्वालिटी मैनेजमेंट

93 – आई एस ओ 9001 – क्वालिटी मैनेजमेंट

94 – आई एस ओ 14001 – एनवायरनमेंटल मैनेजमेंट

95 – आई एस ओ 50001 – एफ़्फ़ीसीएंट यूज ऑफ एनर्जी मैनेजमेंट

96 – पी बी पी = पे बेक पीरीयड = पूंजी लागत (केपीटल कॉस्ट)/वार्षिक कुल बचत (एन्युयल नेट सेविंग)

97 – आर ओ आई = रिटर्न ऑन इनवेस्टमेंट

98 – आई आर आर = इंटरनल रेट ऑफ रिटर्न

99 – ई एम = एनर्जी मैनेजमेंट, एनर्जी मैनेजर

100 – ई ए = एनर्जी ऑडिट, एनर्जी ऑडिटर

101 - 91 – सीएपीटीसीएचए (CAPTCHA) - कंप्लीटली औटोमटेड पब्लिक टूरिंग टेस्ट टू टेल कम्प्युटर्स एंड ह्यूमन अपार्ट (Completely Automated Public Touring Test To Tell Computer Human Art)

# समग्र तकनीकी एवं वाणिज्यिक हानियां (एटी एंड सी लासेस)

समग्र तकनीकी एवं वाणिज्यिक हानियां (एटी एंड सी लासेस)

- **एटी एंड सी लासेस** – एग्रीग्रेट टेक्नीकल एंड कोमर्सियल लासेस (समग्र तकनीकी एवं वाणिज्यिक हानियां)
- **वितरण व्यवस्था** (33 केवी लाइन, 33/11 केवी विद्युत पावर उपकेंद्र, 11 केवी लाइन, वितरण ट्रांसफार्मर/11/0.4 केवी डीटीआर, एलटी लाइन, सर्विस लाइन और मीटर तक) में होने वाली हानि तकनीकी हानि कहलाती है, यह करेंट के वर्ग के समानुपती होती है इन्हें ही कॉपर लॉस कहते हैं, ट्रांसफार्मर में कॉपर लॉस के अलावा कोर में लॉस होते हैं उन्हें आयरन लॉस कहते हैं ये एड्डी करेंट और हिस्टरेसिस लॉस की वजह से होते हैं । ये लॉस ही तकनीकी लॉस होते हैं ।

  तकनीकी हानि = क्रय (इनपुट) यूनिट – विक्रित (सोल्ड) यूनिट

- **वाणिज्यिक हानि (कोमर्सियल लॉस)** – ये हानि मीटर से मीटरिंग, बिलिंग, कलेक्शन (एमबीसी) के कारण होती हैं । गलत मीटर रीडिंग, मीटर बंद/खराब, जलना, मीटर वाईपास होना, मीटर गुणांक गलत लगाना, गलत टैरिफ़ से बिल बनना, बिल समय से न वितरित होना, बिल न पहुचना, उपभोक्ता से बिल लेने की सुविधा न होना, अथवा बिल भुगतान न करना, कनेक्शन समय से न विच्छेदन/कटना आदि मुख्य हैं
- वाणिज्यिक हानि = राजस्व देयक (रेवेन्यू बिल) राशि (डिमांड) – राजस्व संग्रहण (रेवेन्यू कलेक्शन)
- एटी एंड सी लासेस = (1 - बीई X सीई) X 100 प्रतिशत
- बीई – बिलिंग एफीसीऐन्सी (बिलिंग दक्षता) = विक्रित (सोल्ड) यूनिट/क्रय (इनपुट) यूनिट
- सीई – कलेक्शन एफीसीऐन्सी (संग्रहण दक्षता) = राजस्व संग्रहण राशि (रेवेन्यू कलेक्टिड)/राजस्व मांग राशि (रेवेन्यू डिमांड)
- उदाहरण – 100 यूनिट क्रय के बाद 80 यूनिट विक्रय हुई, तब
- बीई = बिलिंग दक्षता = 80/100 = 0.8 हुई ।
- रूपये 80 की मांग में से केवल रुपये 60 वसूल हुए, तब
- सीई = भुगतान दक्षता = संग्रहण दक्षता = 60/80 = 0.75 हुई
- तब एटी एंड सी लासेस = (1- 0.8 x 0.75) x 100 =
- (1- 0.6) x 100 = 40 प्रतिशत
- सामान्यत: हानियां निम्नानुसार हों तो उचित होती हैं, यदि इनसे अधिक हो तो वहां

सुधार आवश्यक है -

साधारण हानियाँ एक आदर्श व्यवस्था के लिए निम्नानुसार होनी चाहिए -
क्रमांक, - 33 केवी लाइन, - पावर ट्रान्सफार्मर, - 11 केवी लाइन, - वितरण ट्रान्सफार्मर, - एलटी लाइन, - कुल हानि.

1, - 1.5 %, - 0.5 %, - 3.0 %, -1 %, - 1.5 %, - 7.5 %.

2, - 3.0 %, - 1.0 %, - 6.0 %, - 2 %, - 3.0 %, - 15.0 %.

1 - उपरोक्त से यह है कि जहां हानियाँ अधिक हैं, वहाँ सुधार आवश्यक है ।

2 - सबसे अधिक हानियां 11 केवी फीडर पर होती है, कोशिश करें फीडर लोड 100 – 150 एम्पीयर से अधिक न हो ।

**तकनीकी हानि (टेकनीकल लॉस) -**

विद्युत प्रणाली में विद्युत आपूर्ति करते समय, 66 केवी लाईन, 33 केवी लाईन, 66/11, 33/11 केवी उप केंद्र (सब-स्टेशन), 11 केवी लाईन, वितरण ट्रांसफार्मर (डीटीआर), एलटी लाईन, उपभोक्ता की सर्विस लाईन, अर्थात उपभोक्ता मीटर से होने वाली हानि तकनीकी हानि कहलाती है ।

1 - वोल्टेज ड्रॉप (लम्बी लाईन, पतला कंडक्टर वायर, ढीले जम्फर, सीपेज/लीकेज/इंसुलेटर/ट्री ब्रांच) ।

समाधान/निराकरण – फीडर की लम्बाई तथा फीडर का लोड (भार) कम करें (अतिरिक्त नवीन फीडर निर्माण, फीडर के कंडेक्टर वायर की क्षमता वृद्धि, लाइनों का संधारण) ।

2 - लोड - करेंट – हानि, करेंट x करेंट x प्रतिरोध के अनुसार होती है, लंबी लाईन, ज्यादा लोड, पतला कंडेक्टर वायर ।

निराकरण – फीडर का भार (लोड) सामान्यतः 100-150 एम्पीयर से अधिक नही हों, उचित साइज का कंडेक्टर वायर और फीडर की लम्बाई कम हो, (अतिरिक्त नवीन फीडर निर्माण, फीडर के कंडेक्टर वायर की क्षमता वृद्धि, लाइनों का संधारण), एलटी लाइनों में केबिल का उपयोग ।

3 – इम्पीडेंस - (प्रतिबाधा) - लाईन का इम्पीडेंस लाईन के कंडेक्टर की साईज़, लाईन लम्बाई, कंडेक्टर मेटीरियल आदि पर निर्भर ।

निराकरण – कम इम्पीडेंस के लिए उचित साइज का कंडेक्टर वायर, फीडर की लम्बाई कम हों।

4 - पावर फेक्टर – (पी एफ)(शक्ति-गुणक) यह लाईन की लम्बाई, लाईन से संबन्धित लोड पर निर्भर ।

निराकरण – इंडेक्टिव लोड के अनुसार केपेसिटर का उपयोग ।

5 – ट्रांसफार्मर - (परिणामित्र) – निम्न गुणवत्ता के ट्रांसफार्मर (स्टार रेटिंग नही), ट्रांसफार्मर लोड सेंटर में स्थापित न होना, ट्रांसफार्मर पर अंबेलेंस्ड लोड, खराव अर्थिङ्ग/

रख-रखाव ।

निराकरण – उच्च गुणवत्ता का ट्रांसफार्मर लगाना, (स्टार रेटिंग), ट्रांसफार्मर लोड सेंटर में स्थापित करना, भार (लोड) के अनुरूप ट्रांसफार्मर की क्षमता वृद्धि/अतिरिक्त स्थापना एवं लोड बेलेंसिंग करना, अर्थिंग्र ठीक करना/संधारण करना ।

6 - ऊर्जा - दक्ष उपकरणों का उपयोग न करना - बल्व, ट्यूब लाईट के स्थान पर एलईडी का प्रयोग न करना, स्टार रेटिंग उपकरण का उपयोग न करना, मितिव्ययता न वरतना आदि ।

निराकरण - जागरूकता अभियान चलाना, प्रचार/प्रसार – ऊर्जा दक्ष उपकरणो का उपयोग, एलईडी का उपयोग, स्टार रेटिंग उपकरण का उपयोग, मितिव्ययता वरतना आदि ।

**वाणिज्यिक हानि (कोमर्सीयल लॉस) -**

1 - **मीटर – रीडिंग -गलत** – रीडिंग, मीटर गुणांक, सीटी/पीटी रेशो ।

निराकरण – स्पॉट बिलिंग, औटोमेटिक मीटर रीडिंग ।

2 - **मीटर** – मीटर बन्द, खराव, जला, सीटी/पीटी बाई पास, तथा उचित बिलिंग न होना, मीटर वायपास अथवा चोरी ।

निराकरण - समय से ऐसे मीटरों का पता लगाना और बदलना, भारतीय विद्युत अधिनियम 2003 के अनुरूप मीटर बाहर लगाना, एलटी ओवर हेड लाइनों के स्थान पर केबिल का उपयोग, चोरी पकड़ना ।

3 -**बिलिंग** – उचित बिलिंग गणना नही, पावर फेक्टर, कैपेसिटर/बेल्डिंग सर चार्ज की बिलिंग न करना, पुराने एरीयर परब्याज की गणना न होना, उचित टैरिफ़ के अनुसार बिलिंग न होना ।

निराकरण – उपभोक्ता से संबन्धित उचित जानकारी भरना, एएमआर व्यवस्था उपयोग करना ।

4 - **बिल वितरण** – समय से बिल वितरण न होना, संबन्धित उपभोक्ता को दूसरे उपभोक्ता का बिल वितरण, बिल वितरण ही न होना ।

निराकरण – स्पॉट बिलिंग, ई-मेसेज इंटर नेट द्वारा ।

5 - **राजस्व संग्रहण (रेवेन्यू कलेक्शन)** - समय पर भुगतान लेने की असुविधा (कार्यालीन समय के अतिरिक्त) गलत नोट ले लेना, नोटों की गिनती में त्रुटि करना ।

निराकरण - कलेक्सन किओस्क (एटीपी) स्थापित करना, इन्टरनेट बैंकिंग, व अन्य ई-एप का उपयोग, तथा प्रीपैड मीटर लगाना ।

6 - **उपभोक्ता संवाद/व्यवहार** - उपभोक्ता की बिल संबन्धित शिकायत का निराकरण न होना, शासन द्वारा प्रचलित योजना का लाभ न मिलना, आदि ।

निराकरण – उपभोक्ता समस्याओं का समय से उचित निराकरण, उपभोक्ता संवाद बनाए रखना, नियमित भुगतान करने वाले उपभोक्ताओ के लिए प्रोत्साहन योजना, राजस्व

वसूली अधिक करने वाले कर्मचारी/अधिकारियों को प्रोत्साहित करना, विभागीर कार्यशाला/सेमीनार कर उचित नवीन नियमों पर चर्चा एवं उनका क्रियान्वन करना ।

Line Loss Calculation

Annual Line Loss = {(I x I x R) x Effective Length x LLF x Duration}/1000 = KWH Unit.

Effective Length = 0.625 x Actual Length.

Load factor = 0.8 at PF 0.08.

Loss Load Factor = 0.544.

Year Duration = instead of 365 Days x 24 hours, take = 360 Days x 20 Hours (Considering outages)

I = Average Load Current of Line (Feeder) in a year.

R= Resistance of the Line Conductor.

For 33 KV Line = 0.3656 Ohm/Km.

For 11 KV Line = 0.9116 Ohm/Km.

For LT Line = 1.734 Ohm/Km.

Percentage Voltage Regulation Drop = {(KVA x Km x RC)/(DF x 100)}

KVA = Capacity of Line Load, - Km = Length of Line in kilometers

RC= Regulation Constant, - DF= Diversity Factor

**विद्युत उपकरणों का जीवन (उम्र - लाइफ) –**

**प्रत्येक उपकरण निर्मित किया जाता है अतः उसका कार्यकाल (जीवन – उम्र – लाइफ) निम्नानुसार सामान्यतः निर्धारित की गई है –**

1 – इंकेडेसेंट बल्व – 1000 से 2000 घंटे (3 माह से 6 माह), 2 – सीएफएल – 8000 से 10000 घंटे (24 से 30 माह)

3 – एलईडी – 25000 से 40000 घंटे (6 से 10 वर्ष), 4 – विद्युत घरेलू वायरिंग - 25 से 30 वर्ष

5 – विद्युत घरेलू उपकरण – पंखा (फेन) – 10 से 15 वर्ष, रेफ्रीजिरेटर (फ्रिज) – 9 से 13 वर्ष, वाशिंग मशीन – 5 से 15 वर्ष, एसी मोटर – 10 से 15 वर्ष, एसी (एयर कंडीशनर) 8 से 15 वर्ष, एलसीडी टीवी (टेलीवीजन) – 1,00,000 घंटे (25 वर्ष)

6 - विद्युत केबिल – 25 से 40 वर्ष, 7 - विद्युत कंडक्टर – 25 से 30 वर्ष

8 - विद्युत ट्रान्सफार्मर - 20 से 25 वर्ष

9- विद्युत मीटर – इलेक्ट्रो मैकेनिकल 25 से 30 वर्ष, इलेक्ट्रोनिक (स्टेटिक, स्मार्ट) – 10 से 15 वर्ष

10 - वुडिन पोल – 18 से 24 वर्ष

11 - वाहन (वेहीकल) – 15 वर्ष (3 लाख मील = 4.8 लाख किमी)

# 1

# विद्युत इतिहास

विद्युत इतिहास

*विद्युत व्यवस्था – भारत –*

विद्युत का इतिहास ज्यादा पुराना नहीं है । इस क्षेत्र की शुरुआत 18 वी शताब्दी से तथा शुरुआती विकास 19 वी शताब्दी से है । सन 1752 में बैंजामिन फ्रैंकलिन, सन 1800 में कुलम्बस नियम और अलेक्सजेंडर वोल्टाज़ – बैटरी, सन 1819-1820 में आंद्रे मेरे एम्पीयर, सन 1821 माइकल फैराडे, इलेक्ट्रिक मोटर, सन 1831 माइकल फैराडे - जेनरेटर, सन 1827 जॉर्ज ओहम – इलेक्ट्रिक सर्किट, सन 1834 में मोरिट्ज़ वॉन जलोबी इलेक्ट्रिक मोटर, सन 1861-1862 जेम्स क्लार्क मेक्सवैल-इलेक्ट्रो मेग्नेटिक फील्ड, सन 1879-1880 में थॉमस एडीसन – बल्व, सन 1879 वाल्टर बैली - इंडकसन मोटर, सन 1885 में जार्ज वेस्टिंग हाउस, सन 1887 निकोला टेसला में एसी ट्रान्सफार्मर आदि आए ।

भारत में विद्युत से संबन्धित रूपरेखा निम्नानुसार रही है जिसकी शुरुआत 19 वीं शताब्दी के आखिरी से होती है और 20 वीं शताब्दी में विकास शुरू हुआ है -

- 24-07-1879 – कलकत्ता (कोलकाता) में प्रकाश व्यवस्था हेतू लाइट
- 1882 – बॉम्बे इलेक्ट्रिक सप्लाई ट्रांस वे (बीईएसटी)
- 07-01-1897 – कलकत्ता इलेक्ट्रिक सप्लाई कम्पनी
- 1897 हायडिल जेनरेशन दार्जलिंग 130 किलोवाट
- 1905 – बीईएसटी (बेस्ट – बोम्बे इलेक्ट्रिक सप्लाई एंड ट्रामवेज कम्पनी) ने जेनरेशन (उत्पादन) स्टेशन स्थापित किया ट्रामवे के लिए ।
- 05-08-1905 – स्ट्रीट लाइट (सड़क बत्ती) बंगलोर में, एशिया की पहली स्ट्रीट लाइट (सड़क बत्ती)
- 1920 – हुसैन सागर (हैदराबाद) 22.5 मेगावाट
- 18-08-1925 – इलेक्ट्रिक ट्रांम बॉम्बे

- 1962 तारापुर बॉम्बे (शुरुआत) उत्पादन 1969 में 2x160 मेगावाट
- 18-08-2015 – कोचीन एयर पोर्ट –सोलर पेनल सिस्टम

## भारत विद्युत – व्यवस्था

- विद्युत भारत सरकार की समवर्ती (कोनकरेंट लिस्ट) सूची में सम्मिलित है ।
- अत: भारत सरकार और प्रदेश सरकार दोनों के नियमों का पालन करना होता है ।
- विद्युत का उत्पादन भारत सरकार, प्रदेश सरकार और निजी क्षेत्रों द्वाराकिया जाता है ।
- नाभिकीय (न्यूक्लीयर) उत्पादन (परमाणु - ऊर्जा) केवल भारत सरकार करती है ।
- थर्मल (तापीय), हायडिल (जल), उत्पादन सभी के द्वारा किया जाता है ।
- अक्षय ऊर्जा (सोलर/सौर, विंड/पवन, टायडल/ज्वारभाटा, भूगर्भीय/जिओथर्मल, बायोमास/अपशिष्ट) से भी ऊर्जा उत्पादन होता है ।

## विद्युत - उत्पादन –

विद्युत का उत्पादन औसतन केंद्र 25 प्रतिशत, प्रदेश सरकार 32 प्रतिशत और निजी (प्राइवेट) क्षेत्र की 43 प्रतिशत की हिस्सेदारी है ।

विद्युत उत्पादन विभिन्न श्रेणियों अनुसार निम्नांकित है –

कोयला (58 प्रतिशत), जल (हायडिल) (15 प्रतिशत), नाभिकीय (न्यूक्लीयिर) (2.5 प्रतिशत), वायु (विंड) (10 प्रतिशत), सौर ऊर्जा (सोलर) (5 प्रतिशत), गैस (7.5 प्रतिशत) तथा जैविक (बायोमास) (2 प्रतिशत) (टिप्पणी – ये उपरोक्त आकड़े समयानुसार बदलते रहते हैं)

भारत में विद्युत उत्पादन की प्रगति की एक झलक –

दिसम्बर 1947 तक 1362 मेगावाट,

दिसम्बर 1950 तक 1713 मेगावाट,

सन 1956 तक 2886 मेगावाट,

सन 1961 तक 4563 मेगावाट,

सन 1966 तक 9027मेगावाट,

सन 1974 तक 16664 मेगावाट,

सन 1979 तक 26040 मेगावाट,

सन 1985 तक 41470 मेगावाट,

सन 1990 तक 62071 मेगावाट,

सन 1997 तक 83570 मेगावाट,

सन 2002 तक 102326 मेगावाट,

सन 2007 तक 128429 मेगावाट,

सन 2012 तक 135096 मेगावाट,
सन 2017 तक 326848 मेगावाट,
सन 2018 तक 337221 मेगावाट,
सन 2019 तक 349319 मेगावाट,
सन 2020 तक 363327 मेगावाट तथा निरन्तर द्रुतगामी प्रगति पर है ।

# 2

# विद्युत व्यवस्था भारत में (केंद्र व प्रदेश तथा अन्य)

विद्युत व्यवस्था भारत में (केंद्र व प्रदेश तथा अन्य)

विद्युत – व्यवस्था –

सबसे पहले स्थानीय स्तर पर प्राइवेट इलेक्ट्रिक कम्पनियां अपना उत्पादन कर वितरण स्थानीय स्तर पर करती थीं । उसके बाद निम्नानुसार स्थिति रहीं है कि भारत देश के केंद्र और राज्य सरकारों ने विद्युत उत्पादन शुरू किया -

भारत सरकार की संस्थाएं –

- आरईसी (रुरल इलेक्ट्रीफिकेशन कॉर्पोरेशन) - 1969 (पीएफसी में समाहित - 2019)
- एनटीपीसी (नेशनल थर्मल पावर कोरपोरेशन) - 1975
- एनएचपीसी (नेशनल हायडिल पावर कोरपोरेशन) - 1975
- पीएफसी (पावर फायनेंस कॉर्पोरेशन) - 1986
- एनपीसीआईएल (न्यूक्लीयर पावर कॉर्पोरेशन ऑफ इंडिया लिमिटिड) - 1987
- पीजीसीआईएल (पावर ग्रिड कॉर्पोरेशन ऑफ इंडिया लिमिटिड) - 1989
- एपीडीआरपी (एक्सीलरेटिड पावर डिवलपमेंट एंड रिफॉर्म प्रोग्राम)/त्वरित ऊर्जा विकास एवं सुधार कार्यक्रम – 2002,
- आरजीजीवीवाय (राजीव गांधी ग्राम विद्युतीकरण योजना) - 2005
- आरएपीडीआरपी (रिवाइज्ड एक्सीलरेटिड पावर डिवलपमेंट एंड रिफॉर्म प्रोग्राम)/पुनिरीक्षित त्वरित ऊर्जा विकास एवं सुधार कार्यक्रम - 2008
- आईपीडीएस (इंटीग्रेटिड पावर डिवलपमेंट स्कीम)/एकीकृत ऊर्जाविकास योजना -2013
- डीडीयूजीजेवाय (दीन दयाल उपाध्याय ग्राम ज्योति योजना) - 2014
- उदय (यूडीएवाय - उज्ज्वल डिस्कोम योजना) - नवंबर 2015

- सौभाग्य योजना – 25 – 09 - 2017,

कुछ प्रदेश सरकारों की स्थिति -
प्रदेश सरकार – मध्य – प्रदेश सरकार

- मध्य प्रदेश विद्युत मण्डल (एमपीईबी) – 01 – 11 - 1956
- मध्य प्रदेश राज्य विद्युत मण्डल (एमपीएसईबी) 01 – 11 - 2000, जब छत्तीसगढ़ राज्य अलग से बना
- मध्य – प्रदेश विद्युत सुधार अधिनियम - 2000
- म प्र विद्युत प्रदाय संहिता (इलेक्ट्रीसिटी सप्लाई कोड) – 2004 संशोधित 2013
- लोक सेवा गारंटी अधिनियम - 2010
- विद्युत बोर्ड में उत्पादन (जेनरेशन), पारेषण (ट्रांसमीशन) तथा वितरण (डिस्ट्रीब्यूशन) विभाग थे ।
- नए सुधारों के अंतर्गत पाँच कम्पनियाँ बनी – 01 – 07 - 2002
- पांच कम्पनियाँ – जेनको (उत्पादन), ट्रान्सको (पारेषण), तीन डिस्कोम (वितरण) - पूर्व क्षेत्र, मध्य क्षेत्र और पश्चिम क्षेत्र ।

इसके बाद इनके अलावा मेनेजमेंट कम्पनी एवं ट्रेडको और बनी ।
विद्युत व्यवस्था – उत्तर प्रदेश

- UPSEB –(Hydel) उत्तर – प्रदेश राज्य विद्युत बोर्ड
- UPRVUL- उत्तर – प्रदेश राज्य विद्युत उत्पादन लिमिटिड
- UPPCL – उत्तर – प्रदेश पावर कोरपोरेशन लिमिटिड
- UPPTCL – उत्तर – प्रदेश पावर ट्रांसमीशन कोरपोरेशन लिमिटिड
- UPJVNL – उत्तर – प्रदेश जल विद्युत निगम लिमिटिड
- UPPCL - - उत्तर प्रदेश पावर कोरपोरेशन लिमिटिड के अन्तर्गत निम्नानुसार लिमिटिड -

- PVVNL - (पूर्वान्चल विद्युत वितरण निगम लिमिटिड),
- MVVNL - (मध्यांचल विद्युत वितरण निगम लिमिटिड) ,
- PVVNL - (पश्चिमांचल विद्युत वितरण निगम लिमिटिड) ,
- DVVNL - (दक्षिणांचल वियुत वितरण निगम लिमिटिड) ,
- KESCO - (कानपुर इलेक्ट्रिक सप्लाई कम्पनी)

विद्युत अधिनियम (एक्ट) -

- नियम – कानून – भारत सरकार –
- भारतीय विद्युत अधिनियम (आईई एक्ट/इंडियन इलेक्ट्रिसिटी एक्ट) - 1910
- विद्युत (आपूर्ति) अधिनियम (इलेक्ट्रीसिटी सप्लाई एक्ट) - 1948
- परमाणु ऊर्जा आयोग - एटोमिक एनर्जी कमीशन (एईसी) - 1948
- केंद्रीय विद्युत प्राधिकरण (सीईए) - 1951
- भारतीय विद्युत नियम (आईईरूल्स) - 1956
- एटोमिक एनर्जी एक्ट (परमाणु ऊर्जा अधिनियम) - 1962
- उपभोक्ता संरक्षण अधिनियम -1986
- इलेक्ट्रीसिटी रेगुलेटरी कमीशन एक्ट (ईआरसीएक्ट)/विद्युत विनियामक आयोग अधिनियम -1998
- ऊर्जा संरक्षण अधिनियम (एनर्जी कंजर्वेशन एक्ट) – 2001, (सुधार) 2010
- भारतीय विद्युत अधिनियम -2003
- ऊर्जा दक्षता मानक - ब्यूरो ऑफ एनर्जी एफीसीन्यसी (बीईई) – 2008

भारतीय विद्युत अधिनियम - 1910

- इस कानून के जरिए बिजली के लाइसेन्स, निर्माण कार्य, सप्लाई, ट्रांसमीशन और गैर लाइसेन्स वाले उपभोक्ताओं द्वारा ऊर्जा की खपत, प्रशासन और नियमन, आपराधिक और प्रक्रियाओं संबंधी विनियम है ।
-

- विद्युत (आपूर्ति) अधिनियम (इलेक्ट्रीसिटी सप्लाई एक्ट) -1948 -
- इस कानून के जरिए बिजली का उत्पादन और सप्लाई विनियमित की गई है । इसके अंतर्गत निम्नलिखित संस्थाएं बनी हैं –
- केंद्रीय विद्युत प्राधिकरण/सेंट्रल इलेक्ट्रीसिटी अथॉरिटी/सीईए
- राज्य विद्युत मंडल/स्टेट इलेक्ट्रीसिटी बोर्ड, ट्रांसमीशन कम्पनियाँ, जेनरेटिंग कम्पनियाँ
- राज्य विद्युत मंडल/स्टेट इलेक्ट्रीसिटी बोर्डों, ट्रांसमीशमन कंपनियों और जेनरेशन कंपनियों के अधिकार और कर्तव्य
- बोर्डों और कंपनियों के कार्य और व्यापार के तौर तरीके
- बोर्डों के वित्त, लेखा और लेखा परीक्षा विभाग

भारतीय विद्युत नियम (आईईरूल्स) - 1956

- इन नियमों के तहत लाइन व उपकरणों के स्थापना संबन्धित नियमों का उल्लेख है । विशेषत: लाइन निर्माण में लाइनों की आपस में दूरी , जमीन से दूरी , मार्ग / सड़क

के किनारे , क्रॉस करते समय दूरी , भवन / मकान के ऊपर , सहारे से दूरी , अर्थिंग्ग , उपभोक्ता परिसर में मीटर ,कट आउट आदि की स्थापना । सुरक्षा संबन्धित नियम आदि ।

अधिनियम -1998
विद्युत विनियामक आयोग (इलेक्ट्रिसिटी रेगुलेटरी कमीशन)

- इस अधिनियम में निम्नलिखित की व्यवस्था है –
- केंद्रीय और राज्य विद्युत विनियामक आयोगों की स्थापना
- केंद्रीय और राज्य ट्रांसमीशन संगठन
- बिजली की दरों को तर्क संगत/ठीक ठाक करना
- सब्सिडी के बारे पारदर्शी नीतियाँ

भारतीय विद्युत अधिनियम (इंडियन इलेक्ट्रिसिटी एक्ट – आईई एक्ट) - 2003

# 3

# भारतीय विद्युत अधिनियम - 2003

भारतीय विद्युत अधिनियम – 2003

भारतीय विद्युत अधिनियम (इंडियन इलेक्ट्रिसिटी एक्ट – आईई एक्ट) - 2003

- भारतीय विद्युत अधिनियम 2003 को राष्ट्रीय बिजली नीति के साथ भारत में बिजली क्षेत्र सुधारों का मुख्य बिन्दु कहा जाता है ।
- इसकी शुरुआत 1991 में तब हुई जब भारतीय विद्युत क्षेत्र में निजी क्षेत्र के प्रवेश की अनुमति दी गई । बिजली क्षेत्र में एमओयू (मेमोरंडम ऑफ अंडरस्टैंडिंग) रूट के जरिए बिजली उत्पादन में स्वतंत्र विद्युत उत्पादकों (आईपीपी/इंडिपेंडेंट पावर प्रोड्यूसर्स) को प्रवेश दिया गया ।
- विद्युत क्षेत्र के सुधारों का उद्देश्य यह सुनिश्चित करना रखा गया कि अधिक आत्म निर्भर, लाभकारी/किफ़ायती और अच्छे परिणाम देने वाला बन सके ।

भारतीय विद्युत अधिनियम 2003, मुख्य पड़ाव

- 1991 – स्वतंत्र विद्युत उत्पादक (आईपीपी प्रोसेस)
- 1995 – प्रतिस्पर्धा बोली आवश्यक (कंपीटिटिव बिडिंग मेंडेटरी)
- 1996 – उड़ीसा सुधार अधिनियम, कॉमन मिनीमम एक्शन प्लान
- 1998 – केंद्रीय विद्युत विनियामक आयोग अधिनियम और विद्युत पारेषण में प्राइवेट सेक्टर की भागीदारी
- 1999 – अनेक राज्यों ने राज्य विद्युत विनियामक आयोगों का गठन और उड़ीसा मेंवितरण का निजीकरण
- 2001 – त्वरित विद्युत विकास एवं सुधार कार्यक्रम (एपीडीआरपी) बना

- 2002 – दिल्ली में बिजली वितरण व्यवसाय का निजीकरण
- 2003 – भारतीय विद्युत अधिनियम 2003
- 2004 – अंतरराज्य पारेषण विनियमन में प्रवेश में खुली छूट दी गई
- 2005 - आरजीजीवीवाई कार्यक्रम और राष्ट्रीय बिजली नीति
- 2006 - ग्राम विद्युतीकरण नीति,
- 2013 - एकीकृत शक्ति विकास योजना (आईपीडीएस)
- 2014 - दीन दयाल उपाध्याय ग्राम ज्योति योजना (डीडीयूजीजेवाय)
- 2015 – उदय (यूडीएवाय – उज्ज्ववल डिस्कोम योजना),
- 2017 - (25 सितंबर) - सौभाग्य योजना
- 2020 – उपभोक्ता द्वारा अपने परिसर में सोलर पेनल के माध्यम से ऊर्जा का उत्पादन करना और स्वयं के उपयोग के साथ यदि अधिक उत्पादन होता है तो उस उत्पादन को सप्लाई कंपनी को देना, उसके हिसाब – किताब के लिए तदानुसार मीटर स्थापना (नेट मीटरिंग, एक्सपोर्ट/इम्पोर्ट मीटर) की व्यवस्था देना, रेट तय करना, बिलिंग, भुगतान, आवेदन संबन्धित प्रक्रिया आदि ।

## भारतीय विद्युत अधिनियम 2003 के उद्देश्य

- प्रतियोगिता, उपभोक्ता हितों की रक्षा एवं सभी क्षेत्रों में बिजली
- विद्युत विकास के लिए उदार संरचना का सृजन
- प्रतिस्पर्धी वातावरण का सृजन, निजी निवेश को सुविधाजनक बनाया गया
- बिजली उत्पादन को लाइसेन्स मुक्त किया गया
- वितरण में कई प्रकार के लाइसेन्स
- ग्रामीण क्षेत्र – स्टैंड अलोन जेनरेशन और वितरण को लाइसेन्स मुक्त
- ऊर्जा चोरी पर नियंत्रण के लिए कठोर उपाय
- बिजली बोर्डों का पुनर्गठन राज्यों के लिए अनिवार्य
- विनियामक आयोगों की स्थापना अनिवार्य

- दरों का निर्धारण विनियामक आयोगों द्वारा
- पारेषण क्षेत्र में शुरू से ही खुली पहुँच (ओपन एसेस-ओए)
- वितरण में राज्य बिजली विनियामक आयोगों द्वारा चरणबद्ध तरीके से खुली छूट
- सब्सिडी को धीरे- धीरे चरणबद्ध तरीके से समाप्त करना
- बिजली व्यापार विकसित करने के लिए व्यापार करने की गतिविधि को स्पष्ट लाइसेन्स
- सी ई आर सी/एस ई आर ई सी (केंद्रीय/राज्य विद्युत विनियामक आयोग) के आदेशों के खिलाफ बिजली संबंधी मामलों की अपील सुनने वाले न्यायाधिकरणों का गठन

भारतीय विद्युत अधिनियम 2003
ग्राम विद्युतीकरण

- धारा/खंड 4 – केंद्र सरकार राज्य सरकारों से सलाह मशविरा करके एक नई नीति अधिसूचित करेगी जिसके जरिए स्टेंड अलोन व्यवस्थाओं की अनुमति होगी । इनमे ग्रामीण क्षेत्रों के लिए नवीकरणीय ऊर्जा स्रोतों और गैर परंपरागत स्रोतों पर आधारित परियोजनाएं शामिल होंगी

- धारा/खंड 2 (63) – स्टेंड अलोन सिस्टम का मतलब है वह बिजली व्यवस्था जिसकी स्थापना किसी खास ग्रामीण इलाके में बिजली देने के लिए की गई हो । इसमें ग्रिड का कनेक्सन जरूरी नहीं है ।

- धारा/खंड 5 – केंद्र सरकार राज्य सरकारों और राज्य आयोगों से सलाह मशविरा करके ग्राम विद्युतीकरण और बिजली की थोक खरीद तथा ग्रामीण क्षेत्रों में पंचायत निकायों, उपभोक्ता संघों, सहकारी समितियों और गैर सरकारी संगठनों जैसे संस्थानों द्वारा स्थानीय वितरण के प्रबंधन के लिए एक नीति तैयार करेगा । इस काम में फ्रेंचाइजियों को शामिल किया जावेगा । संबंद्ध राज्य सरकार इन क्षेत्रों के लिए जिनमे गाँव और पूरे शामिल हैं, बिजली सप्लाई का इंतजाम/व्यवस्था करेगा ।

भारतीय विद्युत अधिनियम 2003
बिजली उत्पादन

- धारा/खंड 7 – अगर कोई बिजली उत्पादक, कम्पनी, तकनीकी मानकों का पालन करती हो (खास तौर से ताप बिजली घरों के बारे में) तो वह बिजली घर की स्थापना करके उसे संचालित और अनुरक्षित कर सकती है । इसके लिए उसे लाइसेन्स लेने की जरूरत नहीं होगी । लेकिन संबंद्ध एजेंसियों से उसे पर्यावरण संबंधी अनुमति प्राप्त करनी होगी ।

- धारा/खंड 8 – पन बिजली उत्पादन – इस खंड में किए गए प्रावधानों के अलावा कोई बिजली उत्पादक कम्पनी अगर किसी क्षेत्र में पन बिजली उत्पादन करना चाहती है तो उसे संबंद्ध अधिकारियों से लाइसेन्स लेना होगा ।

भारतीय विद्युत अधिनियम 2003
कैप्टिव जेनरेशन

- धारा/खंड 9 – कोई भी व्यक्ति अपने उपयोग/इस्तेमाल के लिए कोई कैप्टिव बिजली घर अथवा ट्रांसमीशन लाइनों का निर्माण कर सकता है, उसका संचालन कर सकता है और उसका अनुरक्षण कर सकता है ।

- ऐसे व्यक्ति को अपने बिजली घर से अपने उपयोग के लिए बिजली पारेषण के लिए खुली छूट का अधिकार होगा ।
- धारा/खंड 10 – बिजली उत्पादक कम्पनी के कर्तव्य –
- ऐसी कम्पनी बिजली घर की स्थापना, संचालन और अनुरक्षण करेगी, अपने उपयोग के लिए नई लाइने बनायेगी, अगर ऐसी कम्पनी चाहे तो वह बिजली वितरण के लिए लाइसेन्स प्राप्त कर सकती है ।

## भारतीय विद्युत अधिनियम 2003
## लाइसेन्स

- धारा/खंड 12 – लाइसेन्स – कोई व्यक्ति बिजली का प्रसारण, बिजली का वितरण और बिजली की खरीद विक्री तब तक नहीं करेगा जब तक किसी समुचित आयोग द्वारा उसे ऐसा करने के लिए लाइसेन्स देकर प्राधिकृत नहीं कर दिया जाता ।
- धारा/खंड -13 – छूट देने का अधिकार – कोई उपयुक्त आयोग अधिसूचना जारी करके ये प्रावधान कर सकता है कि उक्त खंड 12 किसी स्थानीय प्राधिकरण अथवा फ्रेंचाईजी पर लागू नहीं होगा ।

## भारतीय विद्युत अधिनियम 2003
## वितरण लाइसेन्स का निलंबन

- धारा/खंड 24 -वितरण लाइसेन्स का निलंबन – कोई समुचित आयोग निम्नलिखित स्थितियों में वितरण लाइसेन्स का निलंम्बित कर सकेगा यदि –
- वितरण लाइसेन्स धारक अपने उपभोक्ताओं को निरंतर बिजली सप्लाई में विफल हो जाता है ।
- वितरण लाइसेन्स धारक काम करने में असमर्थ हो जाता है ।
- निरंतर चूक करता है ।
- वितरण लाइसेन्स धारक लाइसेन्स की शर्तों का पालन नहीं कर पाता और उन्हें भंग कर देता है ।

## भारतीय विद्युत अधिनियम 2003
## बिजली का प्रसारण

- धारा/खंड 25 – केंद्र सरकार अंतर राज्य , अंतर क्षेत्र पारेषणों के लिए क्षेत्र निर्धारित कर सकती है ।

- धारा/खंड 26 – केंद्र सरकार राष्ट्रीय स्तर पर और क्षेत्रीय स्तरों पर लोड डिस्पैच सेंट (भार नियंत्रण केंद्र) कायम कर सकती है ।
- धारा/खंड 30 – किसी राज्य का आयोग अंतर संपर्क व्यवस्थाओं सुपर बनायेगा पारेषण एक स्थान से दूसरे स्थान बिजली ले जाने और परस्पर सन्योज्यता को प्रोत्साहित करेगा ।
- धारा/खंड 31 – राज्य सरकार एक केंद्र की स्थापना करेगी जिसे राज्य स्तर का लोड डिस्पैच सेंटर (भार नियंत्रण केंद्र) कहा जायेगा ।
- धारा/खंड 34 – ट्रांसमीशन लाइसेन्स धारक ट्रांसमीशन लाइनों के रखरखाव और संचालन के तकनीकी मानकों का परिपालन करेगा ।
- धारा/खंड 39 – राज्य पारेषण संगठन-स्टेट ट्रांसमीशन यूटिलिटी – राज्य सरकार किसी बोर्ड अथवा सरकारी कंपनी को राज्य पारेषण संगठन को अधिसूचित कर सकती है । राज्य पारेषण संगठन बिजली के व्यापार में संलिप्त नहीं होगा ।

**भारतीय विद्युत अधिनियम 2003**

**बिजली वितरण**

- धारा/खंड -42 – वितरण लाइसेन्स धारक के कर्तव्य निम्नलिखित होंगे –
- लाइसेन्स धारक एक कुशल तालमेल वाली और किफ़ायती वितरण व्यवस्था विकसित करेगा और उसका रखरखाव करेगा ।
- राज्य आयोग वितरण में खुली पहुँच (ओपन एसेस) सुनिश्चित करेगा ।
- राज्य वितरण व्यवस्था में किसी उपभोक्ता को वितरण लाइसेन्स धारक किसी व्यक्ति अथवा संगठन में अपने क्षेत्र में बिजली प्राप्त करने और किसी उपभोक्ता को दे सकेगा और इसके बदले वह उचित प्रभार देगा/लेगा
- लाइसेन्स धारक उपभोक्ताओं के लिए एक शिकायत निवारण मंच स्थापित करेगा ।
- राज्य आयोग उन उपभोक्ताओं की शिकायतें सुनने के लिए एक लोकपाल नियुक्त करेगा जिन्हें मंच के शिकायत निवारण से संतुष्टि नहीं मिलती ।
- धारा/खंड 43 – हर वितरण लाइसेन्स धारक किसी भी मालिक को उसके आवेदन के जवाब में आवेदन प्राप्त करने के एक महीने के अंदर सप्लाई देगा ।
- धारा/खंड 50 – कोई भी वितरण लाइसेन्स धारक आयोग को पहले सूचना देकर कोई अन्य व्यापार भी शुरू कर सकता है ।
- धारा/खंड 53 - प्राधिकरण राज्य सरकार से सलाह मशविरा करके निम्नलिखित के लिए उपाय सुझा सकती है –
- बिजली उत्पादन पारेषण और वितरण के कारण पैदा होए वाले खतरों से जनता को बचाने के लिए । इनमें बिजली उत्पादन पारेषण और वितरण के काम में लगे कर्मचारियों

का बचाव भी शामिल है ।

- धारा/खंड 55 - कोई भी लाइसेन्स धारक किसी ऐसे व्यक्ति को बिजली सप्लाई नहीं करेगा जिसने सही मीटर नहीं लगवाया है ।
- धारा/खंड 56 – अगर कोई व्यक्ति बिजली का प्रभार देने में लापरवाही करता है तो लाइसेन्स धारक 15 दिन का नोटिस देकर उसकी सप्लाई काट सकता है ।

भारतीय विद्युत अधिनियम 2003

टैरिफ़, अपराध और दंड

- धारा/खंड 61 – दरों का विनियमन (टैरिफ़ रेग्युलेशन) आयोग दरों के निर्धारण की शर्तें तय कर सकेगा ।
- धारा/खंड 126 – मीटर से छेड़छाड़ गलत मंशा से नहीं की गई है तो बिजली कम्पनी इसमें खपत का आंकलन कर बिल वसूल सकती है । इससे पहले उपभोक्ता को नोटिस देकर पक्ष भी सुनने का अधिकार है । इसमे मीटर बंद, खराब, जले, अथवा टैरिफ के अनुचित उपयोग आदि गतिविधियां सम्मिलित है । यह भूलचूक लेनी देनी हैं ।
- धारा/खंड 135 – बिजली चोरी – जो कोई बेईमानी करके – ओवर हेड लाइनों अथवा भूमिगत केबिलों या लाइसेन्स वाले सर्विस तारों से हुक/कटिया डालकर बिजली लेता है, मीटर लूप कनेक्सन या किसी यंत्र में हेराफेरी करता है जिससे खपत की गई यूनिटें सही रिकार्ड नहीं होती, बिजली के मीटर को नुकसान पहुंचाता है, उसे सजा मिलेगी । ये दंड तीन वर्ष का कारावास/जेल अथवा जुर्माना दोनों हो सकते हैं ।
- धारा/खंड 136 – विद्युत संबन्धित लाइन से छेड़छाड़
- धारा/खंड 137 – विद्युत सम्पत्ति चोरी
- धारा/खंड 138 – मीटर के साथ छेड़छाड़, कटे हुए कनेकशन को जोड़ना आदि ।
- धारा/खंड 139 – अज्ञानता पूर्वक ऊर्जा बरबादी करना
- धारा/खंड 150 - विभागीय कर्मचारी/अधिकारी के विरुद्ध कार्यवाही, यदि वह बिजली चोरी में अनदेखी/सहयोग करता है ।
- धारा/खंड 153 – कोई राज्य सरकार इन अपराधों की जल्दी से जल्दी सुनवाई के लिए खास अदालतें गठित कर सकती है । किसी खास अदालत में एक जज हो सकता है जिसके बारे में हाईकोर्ट (उच्च न्यायालय) ने सहमति दी हो ।
- धारा/खंड 156 – न्यायालय में प्रकरण दर्ज करना ।

# 4

# ग्रिड मेनेजमेंट (ग्रिड प्रबन्धन)

**ग्रिड मेनेजमेंट (ग्रिड प्रबन्धन)**

- वर्ष 1960 – 5 ग्रिड मेनेजमेंट (नॉर्दर्न, ईस्टर्न, वेस्टर्न, नॉर्दर्न – ईस्टर्न, साउदर्न)
- वर्ष 1990 – नेशनल ग्रिड – राष्ट्रीय ग्रिड
- वर्ष 1991, अक्टूबर - ग्रिड इंटरकनेक्शन – (नॉर्दर्न - ईस्टर्न और ईस्टर्न)
- वर्ष 2003, मार्च – ग्रिड इंटरकनेक्शन – (वेस्टर्न)
- वर्ष 2006, अगस्त - ग्रिड इंटरकनेक्शन – (नॉर्दर्न)
- वर्ष 2013, दिसंबर 31, - ग्रिड इंटरकनेक्शन – (साउदर्न)
- वन नेशन – वन ग्रिड – वन फ्रीक्वेन्सी (एक राष्ट्र – एक ग्रिड – एक फ्रीक्वेन्सी) (One Nation –One Grid – One frequency)

**लोड मेनेजमेंट (भार प्रबन्धन) –**

- एन एल डी सी – नेशनल लोड डिस्पेच सेन्टर
- आर एल डी सी – रीजनल लोड डिस्पेच सेन्टर
- एस एल डी सी – स्टेट लोड डिस्पेच सेन्टर
- डी एल डी सी – डिस्कोम लोड डिस्पेच सेन्टर
- डी सी सी सी ज़ेड डॉट कॉम – डिस्ट्रीब्यूशन कन्ट्रोल सेन्टर – सेंट्रल जोन
- डी सी सी ई ज़ेड डॉट कॉम – डिस्ट्रीब्यूशन कन्ट्रोल सेन्टर – ईस्ट जोन
- डी सी सी डब्ल्यू ज़ेड डॉट कॉम – डिस्ट्रीब्यूशन कन्ट्रोल सेन्टर – वेस्टर्न जोन
- पी ओ एस ओ सी ओ – पावर सिस्टम ऑपरेशन कोरपोरेशन ऑफ इण्डिया
- ए जी सी – आटोमैटिक जेनरेशन सिस्टम

- आर आर ए एस – रिजर्वस रेगुलेशन एन्सिलरी सर्विसेस
- यू एम पी पी – अल्ट्रा मेगा पावर प्लांट
- आई ई जी सी – इंडियन इलेक्ट्रीसिटीग्रिड कोड
- एफ आर सी – फ्रीक्वेन्सी रेसपोन्स केरेक्टरेस्टिक
- सी ई आर सी – सेंट्रल इलेक्ट्रीसिटी रेगुलेटरी कमीशन/केंद्रीय विद्युत विनियामक आयोग

- NLDC – National Load Despatch Centre
- RLDC – Regional Load Despatch Centre
- SLDC – State Load Despatch Centre
- DLDC –Discom. Load Despatch Centre
- DCCCZ.com –Distribution Control Centre , Central Zone
- DCCEZ.com –Distribution Control Centre , Eastern Zone
- DCCWZ.com – Distribution Control Centre , Western Zone
- POSOCO- Power System Operation Corporation of India
- AGC –Automatic Generation Control
- RRAS –Reserves regulation Ancillary Services
- UMPP –Ultra Mega Power Plant
- IEGC –Indian Electricity Grid code
- FRC-Frequency Response characteristic
- CERC – Central Electricity Regulatory commission

## विद्युत – उपयोग

- मोटर – पावर/घूर्णन उपयोग
- हीटिंग – गरम उपयोग
- केमीकल ईक्विपमेंट, इलेक्ट्रो प्लेटिंग, बेल्डिंग
- बैटरी चार्जिंग
- इलेक्ट्रोनिक ईक्विपमेंट – इलेक्ट्रिनिक उपकरण (टीवी, कंप्यूटर आदि)
- लाइटिंग – प्रकाश उपयोग
- इलेक्ट्रिक वाहन चार्जिंग

टैरिफ के अनुसार उपयोग -
निम्न दाब टैरिफ और उच्च दाब टैरिफ
निम्न दाब टैरिफ –

घरेलू, गैर घरेलू (व्यावसायिक), कृषि, औद्योगिक, सड़क बत्ती, जल प्रदाय, अस्थाई/ स्थाई कनेकशन आदि ।

**विद्युत खपत (उपयोग) प्रतिशत का सामान्य विश्लेषण –**

भारत में औसतन विद्युत खपत घरेलू उपयोग में 28 प्रतिशत, व्यावसायिक उपयोग में 11 प्रतिशत, औद्योगिक उपयोग में 28 प्रतिशत, कृषि उपयोग में 22 प्रतिशत, अन्य उपयोग 11 प्रतिशत है । यह समय-समय पर बदलता रहता है ।

# 5

# विद्युत - वितरण कम्पनी (डिस्कोम) कार्य क्षेत्र

विद्युत – वितरण कम्पनी (डिस्कोम) कार्य क्षेत्र

- वितरण कम्पनी के कार्य क्षेत्र में 33 केवी लाइन, 33/11 केवी उपकेंद्र(पावर ट्रांसफार्मर), 11केवी लाइन, 11/0.4 केवी उपकेंद्र (वितरण/डिस्ट्रीब्यूशन ट्रांसफार्मर), एलटी लाइन, सर्विस लाइन, उपभोक्ता मीटर और उपभोक्ता आते हैं ।
- लाइन – लाइन की पहचान लाइन के वोल्टेज से की जाती है । 765, 400, 220, 132, 66, 33, 11 और 0.4 केवी लाइन
- ट्रांसफार्मर की पहचान भी वोल्टेज से होती है, परंतु कितने वोल्टेज से कितने वोल्टेज निकलते हैं, कहने का अर्थ यह हुआ कि इनपुट और आउटपुट वोल्टेज एक नहीं होते, जबकि लाइन के एक वोल्टेज रहते हैं । 33/11 केवी पावर ट्रांसफार्मर, 11/0.4 केवी वितरण ट्रांसफार्मर । अपवाद स्वरूप सीटी (करेंट ट्रांसफार्मर) भी एक प्रकार का ट्रांसफार्मर है परंतु इसमे वोल्टेज परिवर्तन नहीं होता है बल्कि करेंट परिवर्तन होता है ।
- ट्रांसफार्मर की क्षमता केवीए या एमवीए में होती है, लाइन की क्षमता वोल्टेज में होती है ।
- लाइन में निरंतर करेंट तथा ट्रांसफार्मर में करेंट चुम्बकीय गुण के कारण बहता है जबकि एलटी से एचटी में कोई कनेक्शन नहीं होता ।
- विद्युत – ट्रान्सफार्मर क्षमता केवीए/एमवीए में क्यों ?
- प्रत्येक ट्रान्सफार्मर में कोर लॉस और कॉपर लॉस होते हैं ।
- कोर लॉस इनपुट वोल्टेज पर निर्भर करते हैं ।
- कॉपर लॉस करेंट के वाईंडिंग में प्रवाह पर निर्भर करते हैं ।
- इस प्रकार कुल लॉस वोल्टेज और करेंट पर निर्भर करते हैं, परन्तु पावर फैक्टर पर नहीं ।

* इसलिए ट्रान्सफार्मर क्षमता केवीए/एमवीए में होती है किलोवाट/मेगावाट में नहीं होती है ।

**विद्युत-वितरण कम्पनी (डिस्कोम) – करेंट व पावर -**

इस तालिका में यह दर्शाया गया है कि एक निश्चित पावर के लिए विभिन्न वोल्टेज की लाइनों में कितने एम्पीयर करेंट बहता है तथा विभिन्न वोल्टेज की लाइनों में 1 एम्पीयर करेंट बहने/प्रवाहित होने पर कितनी पावर होती है ।

क्रमांक, - विवरण, - 220 केवी लाइन, - 132 केवी लाइन, - 33 केवी लाइन, - 11 केवी लाइन, - एलटी (0.44 केवी) लाइन .

1,- 1000 केवीए/1 एमवीए पावर (लाइन करेंट), - 2.6 एम्पीयर, - 4.4 एम्पीयर, - 17.5 एम्पीयर,- 52.5 एम्पीयर, 1312 एम्पीयर.

2, - लाइन करेंट 1 एम्पीयर (केवीए पावर), -381 केवीए,- 228.6 केवीए, -57 केवीए, - 19 केवीए, - 0.76 केवीए.

3,- सामान्य/औसत पावर प्रति एम्पीयर, - 400 केवीए, - 240 केवीए,- 60 केवीए,- 20 केवीए, - 0.75 केवीए.

4,- करेंट – 1 एम्पीयर 220 केवी लाइन, - 1 एम्पीयर, - 1.67 एम्पीयर, - 6.68 एम्पीयर, - 20.04 एम्पीयर, - 501 एम्पीयर.

5, - करेंट – 1 एम्पीयर 132 केवी लाइन, - 0.6 एम्पीयर, - 1 एम्पीयर, - 4 एम्पीयर, - 12 एम्पीयर, - 300 एम्पीयर.

6, - करेंट – 1 एम्पीयर 33 केवी लाइन, - 0.15 एम्पीयर,- 0.25 (1/4) एम्पीयर, - 1 एम्पीयर, - 3 एम्पीयर,- 75 एम्पीयर.

7, - करेंट – 1 एम्पीयर 11 केवी लाइन, - 0.05(1/20) एम्पीयर, - 0.0833 (1/12) एम्पीयर, 0.33 (1/3) एम्पीयर, -1 एम्पीयर, - 25 एम्पीयर .

8, - करेंट – 1 एम्पीयर एलटी (0.44 केवी) लाइन, - 0.002 एम्पीयर, - 0.0033 एम्पीयर, - 0.0133 एम्पीयर, - 0.04 एम्पीयर, - 1 एम्पीयर.

**विद्युत-वितरण कम्पनी (डिस्कोम) - करेंट व पावर-**

**लाइन करेंट प्रवाहित होने से लाइन लॉस की सामान्य विवेचना –**

यदि 1 एमवीए पावर 100 किमी 11 केवी लाइन में सप्लाई होती है और इसी पावर को 90 किमी 132 केवी लाइन, 7 किमी 33 केवी लाइन और 3 किमी 11 केवी लाइन में सप्लाई होती है तब लॉस का अन्तर निम्नांकित से स्पष्ट है –

लाइन लॉस – करेंट x करेंट x आर (रजिस्टेन्स) x लेन्थ (लम्बाई) होता है, साधारण गणना के लिए आर (रजिस्टेन्स) का मान एक (इकाई) मान कर गणना की गई है -

1. – विवरण - 1 एमवीए (1000 केवीए) पावर के लिए 100 किमी तक 11 केवी लाइन पर पावर ले जाने पर लॉस होंगे - तब 11 केवी लाइन के लॉस (52.5x52.5x100 =275625) अर्थात कुल लॉस/हानि) हुई 275625.00

2. – विवरण - 1 एमवीए (1000 केवीए) पावर के लिए 90 किमी 132 केवी, 7 किमी 33 केवी, 3 किमी 11 केवी लाइन पर पावर ले जाने पर लॉस होंगे –

132 केवी लाइन पर लॉस – (4.4x4.4x 90 = 1742.40) = 1742.40

33 केवी लाइन पर लॉस – (17.7x17.7x 7 = 2143.75) = 2143.75

11 केवी लाइन पर लॉस – (52.5x52.5x 3 = 8268.75) = 8268.75

तब कुल लॉस/हानि हुए = (1742.40 + 2143.75 + 8268.75 = 12154.90), 12154.90

1 - पावर का एक ही 11 केवी लाइन पर लॉस ज्यादा होता है जबकि अलग-अलग वोल्टेज की लाइनों से कम लॉस होता है ।

2 - पावर में एक ही केवी लाइन पर लम्बाई अधिक के कारण वोल्टेज ड्रॉप अधिक होता है ।

3 - पावर में एक ही केवी लाइन के लिए कंडक्टर साइज अधिक होने से कीमत अधिक होती है ।

4 - एक ही वोल्ट की लाइन में व्यवधान आने से पूरी विद्युत व्यवस्था बाधित होती है ।

5- एक ही वोल्ट की लाइन में व्यवधान आने से पूरी लाइन को चेक करने में समय अधिक लगता है ।

## विद्युत – आपूर्ति – गुणवत्ता -

- आपूर्ति 24 x 7 (24 घंटे, सातों दिन) निर्बाध/लगातार होती रहे ।
- वोल्टेज ठीक हों, एलटी लाइन वोल्टेज + 6 % , - 6 % , एचटी लाइन वोल्टेज + 6 % , - 9% , ईएचटी लाइन वोल्टेज + 10% , - 12.5 % तथा वोल्टेज उतार – चढ़ाव व वोल्टेज डिप न हों । हार्मोन्स फ्री वोल्टेज ।
- फ्रीक्वेन्सी 50 हर्ट्ज़, = +1 % , -1 %
- ब्रेक डाउन प्रति माह - कमिशनरी/संभागीय मुख्यालय पर 5 नंबर/5 घंटा, जिला मुख्यालय - 25 नंबर/15 घंटा
- सामान्य मौसम में 10 ट्रिपिंग प्रति माह और मानसून/वर्षाती मौसम में 30 ट्रिपिंग प्रति माह से अधिक न हों
- व्यवधान के कारण – पेड़, उपकरण खराव होना, जनता, मौसम (आंधी – तूफान, बाढ़, आगजनी), आकाशीय विद्युत, पशु आदि
- ट्रिपिंग 3 से 5 मिनट तक का व्यवध्यान ट्रिपिंग कहलाता है ।

# 6

# विद्युत लाइन-संस्थापना/निर्माण/इरेकशन

### विद्युत लाइन संस्थापना/निर्माण/इरेकशन

### विद्युत – लाइन व ट्रांसफार्मर –

- लाइन – लाइन की पहचान लाइन के वोल्टेज से की जाती है । 765, 400, 220, 132, 66, 33, 11 और 0.4 केवी लाइन

- ट्रांसफार्मर की पहचान भी वोल्टेज से होती है, परंतु कितने वोल्टेज से कितने वोल्टेज निकलते हैं, कहने का अर्थ यह हुआ कि इनपुट और आउटपुट वोल्टेज एक नहीं होते, जबकि लाइन के एक वोल्टेज रहते हैं । 33/11 केवी पावर ट्रांसफार्मर, 11/0.4 केवी वितरण ट्रांसफार्मर

- ट्रांसफार्मर की क्षमता केवीए या एमवीए में होती है, लाइन में निरंतर करंट तथा ट्रांसफार्मर में करंट चुम्बकीय गुण के कारण बहता है जबकि एलटी से एचटी में कोई कनेक्शन नहीं होता ।

### विद्युत लाइन/फीडर-

- विद्युत की आपूर्ति हेतु सुचालक कंडक्टर की आवश्यकता होती है तथा इसे विद्युत के कुचालक इंसुलेटरों के सहारे ले जाया जाता है । इस व्यवस्था को विद्युत लाइन/फीडर कहा जाता है ।

- लाइन/फीडर की पहचान लाइन के वोल्टेज से मुख्यत: पहचानी जाती है । यद्यपि लाइन की पहचान लाइन के पोल/खम्भे, लाइन के इंसुलेटर, क्रोस आर्म, कंडक्टर साइज से भी पहचानी जाती है ।

- डिस्कोम/वितरण कम्पनी अंतर्गत मुख्यत: 33 केवी, 11 केवी, 0.4 केवी तीन ही प्रकार की लाइन होती हैं ।

- प्राय: 33 व 11 केवी लाइन उच्च दाब/एचटी (हाई टेंशन) या मध्यम/मीडियम वोल्टेज और 0.4 केवी लाइन को निम्न दाब/एलटी (लो टेंशन) या वितरण/डिस्ट्रीब्यूशन लाइन कहलाती हैं ।

- एक परिपथ/सिंगल सर्किट तथा दो परिपथ/डबल सर्किट से भी लाइन की पहचान होती है ।

- कभी – कभी एक ही सपोर्ट पर एक से अधिक लाइन होने से उन्हें मिश्रित/मिक्स्ड फीडर/लाइन कहते हैं ।

- साधारणत: 1 किमी लाइन के लिए – 33केवी लाइन में 8 - 10 पोल (पोल से पोल की औसत दूरी 100 -120 मीटर), 11 केवी लाइन में 10 पोल (पोल से पोल की औसत दूरी 100 - 105 मीटर) तथा एलटी लाइन में 15 से 20 पोल (पोल से पोल की औसत दूरी 50 - 60 मीटर) लगते हैं ।

## विद्युत वितरण – लाइन –

- वितरण लाइन दो प्रकार की होती हैं – ओवर हेड (शिरोपरि) लाइन और अंडर ग्राउंड (भूमिगत) लाइन । अंडर ग्राउंड लाइन में केबिल का उपयोग होता है और ओवर हेड लाइनों में खुले कंडक्टर और केबिल दोनों का ही उपयोग होता है । अधिकतर खुले कंडक्टर के उपयोग वाली लाइनें और केबिल वाली लाइनें केबिल लाइन कहलाती हैं ।

- ग्रामीण क्षेत्रों में अधिकतर लाइनें रेडियल हैं शहरी क्षेत्रों में लाइनें अधिकांशत: जाल जैसे नेटवर्क होते हैं, जिन्हें अक्सर 'रिंग मेन' कहा जाता है जिनका उपयोग आपूर्ति की विश्वसनीयता को बढ़ाने और लोड के उच्च घनत्व को पूरा करने के लिए किया जाता है ।

- उपयोग का संदर्भ ऐसी प्रक्रिया से है जिसके माध्यम से विद्युत को विभिन्न उपयोगों हेतु प्रयोग में लाया जाता है। जैसे कि – औद्योगिक इकाइयों हेतु विद्युत, विभिन्न प्रकार के घरेलू उपकरणों तथा वस्तुओं हेतु विद्युत, संप्रेषण तथा इलेक्ट्रिकल ट्रेकशन हेतु विद्युत, चिकित्सा उपकरण, इलेक्ट्रोलेसिस आदि में उपयोग, किसान के लिए सिंचाई हेतु विद्युत आदि ।

## विद्युत लाइन संस्थापना –

- वितरण क्षेत्र के अंतर्गत 33 केवी 11 केवी और एलटी (0.4 केवी) लाइनों का निर्माण किया जाता है ।

- 33 केवी लाइन जिस स्थान पर हमें ले जाना है, यदि उस स्थान जहां पर पूर्व में स्थापित 33 केवी लाइन या सब स्टेशन(33/11 केवी) है वहां से टेप करेंगें ।
- 11 केवी लाइन जिस स्थान पर हमें ले जाना है, यदि उस स्थान जहां पर पूर्व में स्थापित 11 केवी लाइन या सब स्टेशन (33/11 केवी) है, वहां से टेप करेंगें ।
- एलटी (0.4 केवी) लाइन जिस स्थान पर हमें ले जाना है, यदि उस स्थान पर पूर्व में स्थापित एलटी लाइन या वितरण ट्रांसफार्मर (11/0.4 केवी) है, वहां से टेप करेंगें ।

## विद्युत लाइन – सर्वेक्षण और मार्ग का अधिकार (आरओडब्ल्यू) –

- नई लाइनों के निर्माण हेतु प्रारम्भिक सर्वेक्षण किया जाना चाहिए । लाइन सर्वेक्षण के दौरान विभिन्न प्रकार की क्रॉसिंग यथा राज मार्ग, रेलवे, नदी, टेलीफोन लाइने, ईएचटी लाइनों आदि को ध्यान में रखा जाना चाहिए । यह देखा जाना चाहिए कि टेलीफोन लाइन अधिक लंबी दूरी हेतु विद्युत लाइन के समानान्तर न हों । टेलीफोन लाइन पर इंडकशन प्रभाव टेलीफोन सम्प्रेषण में व्यवधान उत्पन्न करेगा और यह उपकरणों को भी क्षति पहुंचा सकता है । 33 केवी तथा उससे अधिक वोल्टेज की लाइनों के मार्ग हेतु डाकतार विभाग (बीएसएनएल) का अनुमोदन प्राप्त करना आवश्यक है । अधिकतर रेलवे, राष्ट्रीय/राज्य राज मार्ग ओवरहेड क्रॉसिंग की अनुमति नहीं देते, वहां अंडर ग्राउंड लाइन ले जानी पड़ती है ।
- कोई भी क्रोसिंग सम कोण (90 डिग्री) पर होनी चाहिए तथा लाइन क्रॉसिंग दूसरे लाइन के बीच से नहीं करना चाहिए क्योंकि वहां अधिक सेग होने से जमीन से कम ऊंचाई होगी अत: लाइन के सेंटर और पोल के मध्य से लाइन क्रॉस करना उचित रहता है ।
- हमेशा लाइन क्रॉसिंग में कम वोल्टेज की लाइन नीचे और अधिक वोल्टेज के लाइन ऊपर रहती है भले ही कोई लाइन पहले निर्माण की गई हो । सबसे नीचे एलटी लाइन, उसके ऊपर 11 केवी लाइन

## विद्युत लाइन – मार्ग (रूट) –

- मार्ग (रूट) को अन्तिम रूप देने से पूर्व निम्नलिखित बिन्दुओं को ध्यान में रखा जाना चाहिए –
- व्यवहार्य लघुतम मार्ग, आसान रख – रखाव और निर्माण के दौरान पहुँच हेतु सड़क के जितना अधिक निकट सम्भव हो,
- भविष्य के लिए संभावित लोड/भार की दिशा में मार्ग (रूट), कोण बिन्दु (मोड़) कम होने चाहिए,
- जहां तक सम्भव हो निम्नलिखित क्षेत्रों से बचा जाना चाहिए –
- ऊबड़ – खाबड़ तथा दुष्कर देहाती क्षेत्र, शहरी विकास क्षेत्र,

- परिवहन वाहनों हेतु सीमित पहुँच , लाइन मार्गों (रूटों) में एकाएक परिवर्तन
- कठिन क्रॉसिंग – नदी, रेलवे, हवाई अड्डे (एरोड्रम) के निकट
- प्राकृतिक खतरे जैसे खड़ी घाटी, पहाड़ियाँ, झील, बगीचे, वन, खेल के मैदान आदि
- साधारणत: 1 किमी लाइन के लिए – 33केवी लाइन में 8 - 10 पोल (पोल से पोल की औसत दूरी 100 - 120 मीटर), 11 केवी लाइन में 10 पोल (पोल से पोल की औसत दूरी 100 - 105 मीटर) तथा एलटी लाइन में 15 से 20 पोल (पोल से पोल की औसत दूरी 50 - 60 मीटर) लगते हैं ।
- डीपी - 33 केवी 5 फुट और 11 केवी 4 फुट सेंटर तथा वितरण ट्रांसफार्मर डीपी 8 फुट सेंटर पर होती है ।
- लाइन के फेज से फेज की दूरी 33 केवी में 4 फुट, 11 केवी में 3.5 फुट और एलटी में 1 फुट (300 एमएम) रखते हैं ।
- सड़क क्रॉसिंग और गार्डिंग के समय गार्डिंग एलटी लाइन के न्यूट्रल से 610 एमएम (2 फुट) तथा 11 केवी फेज से 650 एमएम (2.25 फुट) और 33 केवी फेज से 840 एमएम (2.75 फुट) दूरी पर होनी चाहिए ।

विद्युत लाइन – सर्वेक्षण -

- ओवर हेड (शिरोपरि/ऊपरी) लाइनों के सर्वेक्षण को मौटे तौर पर दो भागों में विभाजित किया जाता है –
- 1- प्राथमिक 'वाक ओवर' सर्वेक्षण, 2 - विस्तृत सर्वेक्षण
- अन्तिम रूप से मार्ग (रूट) के निर्धारण के पश्चात सर्वेक्षण मानचित्र पर एक प्राथमिक 'वाक ओवर' सर्वेक्षण किया जाता है, और ऐसा रेंज वाली रोडों के साथ सर्वेक्षण से पूर्व किया जाता है । जहां तक सम्भव हो लाइन मार्ग को न्यूनतम व्यवधानों वाले क्षेत्रों से ले जाया जाता है । यदि वैकल्पिक मार्ग हों तो ऐसे सभी मार्गों की जांच सबसे मितव्ययी मार्ग के अन्तिम मूल्यांकन हेतु की जाती है ।
- विस्तृत सर्वेक्षण थीयोडोलाइट द्वारा किया जा सकता है और कोण बिन्दुओं (मोड़) को सर्वेक्षण पत्थरों से निर्धारित तथा चिन्हित किया जा सकता है । 1 सेंटीमीटर = 0.5 किमी के पैमाने वाला एक मार्ग (रूट) मानचित्र बनाया जा सकता है जिसमें पहुँच सड़क, लाइन के निकट, रेलवे के मार्ग ब्यौरे, संचार लाइनें, ईएचटी लाइन क्रॉसिंग, नदी क्रॉसिंग आदि के कोण दर्शाए गए हों परंतु छोटी लाइनों के मामले में यह आवश्यक नहीं है क्योंकि स्थानीय स्टाफ को आम तौर पर स्थल आकृति की जानकारी होती है और इसलिए रेंजिंग रोड के साथ लाइन के संरेखण द्वारा स्थलों को चिन्हित किए जाने को संतोषजनक पाया गया है ।
- आजकल जीपीएस सर्वे भी की जा रही हैं जिससे पारदर्शिता रहती है ।

## विद्युत लाइन – मार्ग (रूट) का अधिकार -

- क – लाइन के मार्ग को निर्धारित किए जाने के पश्चात निम्नलिखित से अनुमोदन प्राप्त किया जाना होता है –
- रेलवे क्रॉसिंग हेतु रेलवे प्राधिकारियों से,
- वन क्षेत्रों में लाइन के मार्ग हेतु सक्षम वन प्राधिकारियों से,
- राज्य स्तरीय विद्युत दूर संचार समन्वय समिति (पीटीसीसी) से
- ख – इसके अतिरिक्त, यदि लाइन के मार्ग में शहरी विकास हवाई अड्डे (एयर पोर्ट/ एरोड्रम) अथवा ऐसे अन्य क्षेत्र आ रहें हों तो भी अनुमति प्राप्त की जानी होती है ।
- ग – कभी – कभी मार्ग में निजी बगीचे/बागान आ जाते हैं और पेड़ों को काटने की आवश्यकता पड़ती है । वृक्षों के ब्यौरों को चिन्हित किया जाना चाहिए। मुआवजा राजस्व प्राधिकारी द्वारा निर्धारित करवाया और स्वामी को उसका भुगतान किया जाता है ।
- घ – शहरी/गांव बस्ती क्षेत्रों में मकानों/भवनों के सहारे समुचित दूरी बनाए रखना सुरक्षात्मक व्यवस्था हेतु अति आवश्यक है ।

## विद्युत लाइन – पोल/खम्भा, डीपी - स्थल –
लाइनों के पोलों की स्थिति हेतु निम्नलिखित पर ध्यान देना आवश्यक है –

- जहां तक सम्भव हो लम्बाई के मध्य अंतर समान रखें ।
- क्षैतिज ग्रेड की अवस्थिति की जानकारी रखें ।
- ऊंचे स्थानों पर पोलों को लगाने से छोटे पोलों का उपयोग किया जा सकता है और दूरी के मध्य में उचित भूमि अंतर बना रहेगा । अत्यधिक पहाड़ी या पहाड़ वाले गांवों में पोलों को टीलों पर लगाया जाता है जिससे उनके मध्य अंतर बढ़ता है तथा कंडक्टर पर पोलों में ज्यादा वृद्धि नहीं होती । ऐसा इसलिए सम्भव होता है क्योंकि सैग को काफी बड़ा रखते हुए अपेक्षित भूमि अंतर बनाए रखा जा सकता है ।
- पोलों को कटाव या तटबंधों के किनारों पर अथवा जल धाराओं के किनारों के साथ नहीं रखा जाना चाहिए ।
- किसी खंड (सेक्शन) हेतु कट पॉइंट 1.6 किमी लम्बाई वाला हो सकता है (सिवाय विशेष मामलों के) जहां दोहरे पोल (डबल पोल/डीपी/जोड़ा) मुहैया करवाए जाने होते हैं, जिससे कंडक्टर पर दबाव कम हो । यह पहले ही अनुमान लगाया जा चुका है कि एचटी लाइनों के 1 किमी लम्बाई हेतु 10 पोल की जरूरत होती है । अत: 1.6 किमी लम्बाई के बाद सेक्शन डीपी लगाते है इसे ही लाइन डीपी कहते हैं यह 4-5 फुट सेंटर की होती है तथा 6 स्टे लगते हैं तथा दोनों के बीच क्रॉस एंगल भी लगाए जाते हैं ।
- डीपी- 33 केवी 5 फुट और 11 केवी 4 फुट सेंटर तथा वितरण ट्रांसफार्मर डीपी 8 फुट सेंटर पर होती है ।

- एलटी लाइन में कोई डीपी नहीं लगाते ।

विद्युत लाइन – निर्माण क्रियाकलाप –
एचटी लाइनों के निर्माण क्रियाकलाप को निम्नानुसार विभाजित किया जा सकता है –

- गड्डे/पिट को चिन्हित करना, गड्डे खोदना,
- सपोर्ट (पोल) खड़े करना तथा कोंक्रीट को लगाना,
- सपोर्ट (पोल) को गाई मुहैया करवाना,
- क्रॉस आर्म, पिन और इंसुलेटर तथा पिन बाइंडिंग को लगाना,
- कंडक्टर की पेविंग/बिछाना/फैलना तथा उसे बांधना,
- कंडक्टरों को जोड़ना,
- कंडक्टरों का खींचना, सेगिंग तथा उनमें दबाव डालना,
- क्रॉसिंग,
- गार्डिंग,
- अर्थिंग,
- परीक्षण तथा लाइन चालू किया जाना ।

विद्युत वितरण लाइन में प्रयुक्त सामग्री –

- लाइन को पोल/खम्भे के सहारे कंडक्टर खींच कर ले जाते हैं जिन्हें निम्नानुसार वर्गीकृत किया जाता है –
- इस्पात (लोहा), सीमेंट और लकड़ी
- इस्पात पोलों को एच-बीम (आई) टाइप, आर एस ज्वाईस्ट, रेल पोल, ट्यूबुलर (गोल) पोल, फेब्रीकेटिड (एंगल) लेटिस/टावर और मोनो ब्लॉक पोल कहते हैं ।
- सीमेंट पोल – पीसीसी पोल – प्री स्ट्रेस्ड सीमेंट कोंक्रीट पोल ये पोल ठोस (सॉलिड) अथवा लैडर टाइप होते हैं यानि इंगलिश ए (A) टाइप - इनको परिवहन करते समय सावधानी बरतनी चाहिए (चढ़ाते उतारते समय एक जगह दबाव न डालें), ट्रक से पोल को न पटकें, नर्म भूमि पर उतारें, परिवहन के दौरान केंटीलीवर लोडिंग न करें
- लकड़ी के पोल – लकड़ी के खम्भे वजन में हल्के और अन्य सभी प्रकार के खंभों की तुलना में सस्ते होते हैं, इन्हें लकड़ी के बीम से बनाया जाता है । ये वायुमंडल, वर्षा के जल, चींटियों/दीमक, मिट्टी की नमी आदि से आसानी से प्रभावित और खराब हो जाते हैं । इन खंभों का उपयोग आमतौर पर पहाड़ी क्षेत्रों में किया जाता है ।

**पोल – सुरक्षा कारक –** सीईए (केंद्रीय विद्युत प्राधिकरण) विनियमन 2010 के सुरक्षा और विद्युत आपूर्ति से संबन्धित खंड 57 (20) के अनुसार सपोर्ट में सुरक्षा के

निम्नलिखित न्यूयांतम कारक होने चाहिए –

क्रमांक, - सपोर्ट, - सुरक्षा का कारक .

1. - धातु सपोर्ट, - 1.5 .

2. - मशीनी रूप से संसाधित कॉन्क्रीट सपोर्ट, - 2.0 .

3. - हाथ से बनाए गए कॉन्क्रीट सपोर्ट, - 2.5 .

4. - लकड़ी के सपोर्ट, - 3.0 .

विद्युत लाइन – खंभों (पोलों) का चयन –

लाइनों के स्थापन हेतु खंभों का चयन कई कारकों पर निर्भर करता है जैसे कि –

- खम्भे की मजबूती
- कंडक्टर का प्रकार (टाइप) और आकार
- वायु का अधिकतम दबाव
- अधिकतम लाइन तनाव (टेंशन)
- हिमपात/बर्फबारी
- फलों के बाग
- नदी, सड़क, रेल, टेलीफोन लाइनों आदि के क्रासिंग
- गार्डिंग/रक्षण
- उक्त सभी बिन्दुओं के कारण लाइन का स्पान (पोल से पोल की दूरी) तय किया जाता है । सभी क्रासिंग समकोण (90 डिग्री) पर होने चाहिए । 60 डिग्री से कम का कोई कोण रखना संभव नहीं होता ।

विद्युत लाइन – पोल उत्थापन (इरेकशन) सावधानियां–

- पोल उत्थापन (इरेकशन) के समय बरती जाने वाली सावधानियाँ –
- नट - बोल्ट टाइट कर देने के बाद, चूड़ियों पर कम से कम तीन जगह चोट मार देनी चाहिए ।
- बोल्ट की लम्बाई ऐसी होनी चाहिए कि कसने के बाद सिर्फ दो चूड़ियां बचें । अगर बोल्ट की लम्बाई ज्यादा है तो अनावश्यक रूप से वाशरों की जरूरत पड़ेगी । इससे खर्च बढ़ जाएगा ।
- हमेशा स्प्रिंग वाशर और एक प्लेन वाशर लगायें ।
- रेल पोल को इस प्रकार खड़ा करना चाहिए कि इसका सपाट वाला हिस्सा (चौड़ा हिस्सा) सड़क की तरफ हो ।
- गर्डर, पीसीसी पोल अथवा रेल पोल को इस प्रकार से खड़ा करना चाहिए कि कमजोर हिस्सा लाइन की तरफ हो और मजबूत हिस्सा हवा की दिशा में हो और आखिरी/एंड पोल लाइन पोलों की दिशा में खड़ा किया जावे । ट्यूबुलर, स्क्यारपोल के लिए ये सवाल

नहीं उठता क्योंकि यह सभी तरह से समान मजबूत होता है ।

- क्रैक वाले पीसीसी पोल का उपयोग नहीं किया जाना चाहिए ।
- लाइन स्टाफ की अक्सर आदत होती है कि वे पोल को एलाइन करने के लिए पोल के किनारों पर चोट मारते हैं, ऐसा नहीं करना चाहिए क्योंकि इससे पीसीसी पोल क्रैक हो सकते हैं । पोल को उठा लिया जाना चाहिए और किसी क्लैम्प के सहारे सीधा करने के लिए हटाया जाना चाहिए । लाइन की टेपिंग खंभे की तरफ से की जानी चाहिए, स्पान के बीच से नहीं ।
- अक्सर नट - बोल्टों की जगह क्वाटर पिन और इस्पिलट पिन लगाए जाते हैं । ये इस्पिलट पिन हर हालत में स्पाइटेड होने चाहिए ।
- स्टील पोल पर जिनके लिए पूरी तरह से कॉंक्रीट डालना जरूरी नहीं होता, जंगरोधी पेन्ट लगा दिया जाना चाहिए । लेकिन कॉंक्रीट वाले हिस्से को पेन्ट नहीं करना चाहिए ।
- घिसे पिटे कंडक्टर उपयोग नहीं किए जाने चाहिए ।
- अगर जोड़ वाले पोल उपयोग किए जा रहें हों, तो जोड़ में जोड़ से छोटा वाला हिस्सा ऊपर की ओर बड़ा हिस्सा जमीन की तरफ रखना चाहिए ।
- पेन्ट करने से पहले स्टील पोल पर लगा जंग हटा देने के बाद पेन्ट करना चाहिए ।
- पोल को ऊपर उठाते समय अथवा कॉंक्रीट करते समय उसे ऊपर क्रोबार (सब्बल) से बांध देना चाहिए, ये क्रोबार नीचे जमीन पर मजबूती से गड़े होते हैं, ताकि दुर्घटनाओं को रोका जा सके ।

विद्युत लाइन – कंडक्टर प्रयोग -

- पावर हाउस (बिजली घर) आमतौर पर खपत केन्द्रों से दूर होते हैं, इसलिए ऊर्जा को पारेषित (ट्रांसमीशन) करने के लिए हाई वोल्टेज लाइन बनाई जाती हैं । विद्युत वितरण के लिए विभिन्न प्रकार के कंडक्टरों का प्रयोग किया जाता है ।
- अगर पारेषण या वितरण व्यवस्था के लिए सही आकार के कंडक्टर का चुनाव नहीं किया जाता, तो विद्युत की क्षति काफी बढ़ सकती है । कंडक्टर का चुनाव करते समय निम्नलिखित बातों पर ध्यान रखना चाहिए –
- 1- कंडक्टर की क्षमता – किसी कंडक्टर की करंट ले जाने की क्षमता उसे बनाने में इस्तेमाल की गई धातु और उसके आकार पर निर्भर करती है ।
- 2- कंडक्टर की मैकेनिकल स्ट्रैंथ – जब भी कंडक्टर का इस्तेमाल किया जाता है तो उसे तनाव/टेंशन बर्दाश्त करना पड़ता है । अगर कंडक्टर टेंशन बर्दाश्त न कर सका तो वह टूट जाएगा । इसलिए सही क्षमता का कंडक्टर प्रयोग करना जरूरी होता है ।

विद्युत लाइन – पोल उत्थापन (इरेकशन) -

- पोल खड़े करने से पहले उन्हें गड्डे तक लाना पड़ता है । पीसीसी पोलों को गड्डे तक लाते समय इस बात का ध्यान रखा जाना चाहिए कि उनमें कोई टूट – फूट न हो । ट्रक से उतारते समय सावधानी बरती जानी चाहिए । ट्रक के किनारे बीच में दो या तीन चेनल रख दिए जाने चाहिए । हर पोल को रस्सियों से बांध दिया जाना चाहिए और चेनलों पर धीरे – धीरे उतारना चाहिए । इस बात की सावधानी रखनी चाहिए कि पोल जमीन पर सीधे न गिरे । जिस समय पोल जमीन पर पड़ा हो, उसे प्रस्तावित साइट तक उठाकर अथवा क्रोबार के सहारे ढकेल कर ले जाना चाहिए ।

- पोल के लिए कोई गड्डा खोदते समय निशान लगा देना चाहिए । सामान्य रूप से कोई गड्डा दो – ढाई फुट चौड़ा और लम्बा लगभग 5 - 6 फुट होना चाहिए जिससे खोदते समय फावड़ा आसानी से चल सके तथा गड्डे में मिट्टी दुबारा न गिरे । किसी पोल को खड़ा करने के लिए गहराई उसकी (पोल) कुल लम्बाई के छठे हिस्से के बराबर होनी चाहिए। गड्डा खुद चुकने के बाद सबसे पहले पोल का आखिरी/निचला हिस्सा नजदीक लाना चाहिए । गड्डे के निकट आ जाने पर पोल को बाई पॉड से उठाना चाहिए । पोल को चारों तरफ से रस्सी से बांध देना चाहिए और जब पोल काफी ऊंचाई तक उठा लिया जाये, तो इसे गड्डे में रखकर ऊपर उठाना चाहिए । खड़ा हो जाने के बाद पोल को चारों तरफ से इस प्रकार सपोर्ट देना चाहिए कि वह सीधा खड़ा हो जाये । पोल को सीधा रखने के लिए कॉट-हुक का उपयोग किया आता है । पोल के खड़े हो जाने के बाद कोंक्रीट डालकर उसे मजबूत कर देना चाहिए

- आजकल पोल के गड्डे खुदाई (पिट डिगिंग) और पोल खड़े (इरेकशन) करने का कार्य मशीनों द्वारा किया जा रहा है तब इस बात का ध्यान अवश्य रखा जाना चाहिए पोल गड्डा इतना चौड़ा अवश्य हो जिससे पोल के चारों तरफ कोंक्रीट हो सके और पोल की गहराई पोल छठवे हिस्से के बराबर होना जरूरी है ।

- बेस पेडिंग – फिटिंग, पोल और कंडक्टर के वजन के चलते नरम मिट्टी में पोल थोड़ा धंस सकता है इसलिए बेस की पेडिंग जरूरी होती है । बेस पेडिंग से कुल वजन बंट जाता है ।

विद्युत लाइन – पोल कोंक्रीटिंग – अनुपात (1:3:6) (सीमेंट, रेत, गिट्टी) –

क्रमांक , - विवरण, - कोंक्रीट मात्रा, - सीमेन्ट मात्रा, - रेत/संड मात्रा, - गिट्टी मात्रा .

1. - बेस पेडिंग, - 0.05 सीएमटी, - 11 किग्रा, - 33 किग्रा, - 66 किग्रा.

2. - पोल – कोंक्रीटिंग, - 0.5 सीएमटी, - 112 किग्रा, - 336 किग्रा, - 672 किग्रा.

3. - स्टे – कोंक्रीटिंग, - 0.3 सीएमटी, - 67 किग्रा, - 201 किग्रा,- 402 किग्रा.

नोट/टिप्पणी – कोंक्रीट को तैयार करते समय पानी को अधिक मात्रा में प्रयोग नहीं लाना चाहिए क्योंकि इससे सीमेन्ट और रेत बह जायेंगे । लगभग 484 लीटर पानी पर्याप्त है ।

**विद्युत लाइन – स्टे - उपयोग एवं सामान –**

स्टे का उपयोग एवं उनके प्रकार –

- एलटी, 11 केवी एवं 33 केवी की लाइनों का वितरण ट्रांसफार्मर की डीपी अथवा 11 केवी एवं 33 केवी की लाइनों के डीपी में लाइन के अन्तिम सिरे, बीच से लाइन टेप करते समय लाइन में एंगल वाले स्थान में जहां हवा का दबाव का बना रहता हो, स्टे का उपयोग किया जाता है । स्टे के बिना लाइनों के तार खीचना सम्भव नहीं होता है । स्टे का कोण पोल 30 डिग्री से 45 डिग्री के मध्य रखा जाता है ।
- स्टे में मुख्य रूप से निम्न सामान रहता है –
- स्टे - रोड, स्टे – प्लेट, आई बोल्ट, स्टे – वायर, थिमबल, स्टे की बो (झोली), स्टे – इंसुलेटर, स्टे – क्लैम्प, नट्स एवं वाशर इत्यादि

**विद्युत लाइन स्टे – सामान –**

- स्टे सेट - 16/20/25 एमएम कम्प्लीट टर्न बक्कल सहित -1 सेट
- स्टे वायर – स्टे वायर (7/3.15 एमएम या 7/10 एसडब्ल्यूजी – 5.5 किग्रा स्टे वायर प्रति स्टे सेट) / (7/4.0 एमएम या 7/8 एसडब्ल्यूजी - 8.5 किग्रा स्टे वायर प्रति स्टे सेट)
- स्टे क्लैम्प – एलटी (50x6 एमएम फ्लेट – 1.35 किग्रा 1 सेट), एचटी (65x8 एमएम फ्लेट – 3.0 किग्रा 1 सेट)
- स्टे कॉंक्रीटिंग - अनुपात (1:3:6), स्टे सेट 16 एमएम (0.02 सीएमटी प्रति स्टे), स्टे सेट 20/25 एमएम (0.3 सीएमटी प्रति स्टे सेट)

**विद्युत लाइन – स्टे के प्रकार –**

- स्टे कई प्रकार से तैयार की जाती है । इसका उपयोग निम्न आवश्यकतानुसार किया जाता है –
- 1- साधारण स्टे – जो स्टे पोल से 0 डिग्री से 45 डिग्री के मध्य गाड़ी/लगाई जाती है , को साधारण स्टे कहते हैं । इसका उपयोग सीधी लाइन के अन्तिम पोल एंगल पोल पर डीपी, स्टार्म स्टे के स्थान पर किया जाता है ।
- 2 - 'ए' टाइप स्टे – इसका उपयोग उस स्थान पर किया जाता है, जहां पोल से स्टे लगाने का स्थान 30 डिग्री से कम हो ।
- 3 - सेल्फ स्टे – इसका उपयोग ऐसे स्थान पर किया जाता है, जहां स्टे लगाने का स्थान ही न हो, तब पोल के नीचे वाले भाग में स्टे क्लैम्प लगाकर स्टे रोड का काम किया जाता है ।

- 4 – फ्लाई स्टे – इसका उपयोग सड़क के किनारे की लाइन से विपरीत दिशा मेंजा रही लाइन के लिए स्टे लगाना है, तो वह सड़क/रोड पर आती है, तब रोड पर स्टे न लगाते हुए एक पोल रोड के दूसरे सिरे पर खड़ा करके स्टे के तार को रोड पार कर पोल में कसा जाता है ।

- 5- वाई से – इसका उपयोग गार्डिंग एंगल/चेनल में किया जाता है, जिससे गार्डिंग तार खींचते समय चेनल/एंगल न मुड़े ।

- 6- स्टड स्टे – स्थान की कमी के कारण जहां स्टे नहीं गाड़ी जा सकती है एवं विपरीत दिशा में लाइन ले जाना है, स्टड लगाया जाता है । यह पीसीसी पोल, जोईस्टस, जीआई पाइप या रेल पोल इत्यादि का लगाया जाता है ।

- 7- डबल स्टे – यदि लाइन लम्बी हो एवं तारों की साइज मोटी हो, अर्थात लाइन पर ज्यादा लोड आ रहा हो तब डबल स्टे गाड़ कर लाइन के तार खींचे जाते हैं ।

- 8- स्टार्म स्टे – लम्बी एवं सीधी लाइन में 1 किमी लाइन के मध्य में स्टार्म स्टे लगाई जाती है, जो कि लाइन के पोल के दोनों ओर लगाई जाती है । जिसका कोण 90 डिग्री (दोनों स्टे के बीच) का होना चाहिए

- स्टे बाइंडिंग – स्टे को जीआई वायर का उपयोग करते हुए खम्बे की अर्थिंग और अथवा न्यूट्रल वायर के साथ जोड़ा जाता है ताकि लीकेज करेंट अर्थिंग या न्यूट्रल के माध्यम से जमीन तक पहुँच सके । ऐसी बाइंडिंग को 'स्टे बाइंडिंग' कहा जाता है ।

## विद्युत लाइन – स्टे बाइंडिंग –

- स्टे बाइंडिंग – स्टे को जीआई वायर का उपयोग करते हुए खम्बे की अर्थिंग और अथवा न्यूट्रल वायर के साथ जोड़ा जाता है ताकि लीकेज करेंट अर्थिंग या न्यूट्रल के माध्यम से जमीन तक पहुँच सके । ऐसी बाइंडिंग को 'स्टे बाइंडिंग' कहा जाता है ।

- याद रखें – अगर स्टे इंसुलेटर नहीं लगाया गया, तो 8 एसडब्ल्यूजी जीआई वायर का इस्तेमाल स्टे क्लैम्प के लिए किया जाये और उसे न्यूट्रल कंडक्टर के साथ जोड़ दिया जाये । जीआई वायर की लम्बाई इतनी काफी होनी चाहिए कि वह एलटी लाइन के मामले में स्टे वायर को एलटी लाइन/एचटी लाइन की अर्थिंग के न्यूट्रल से जोड़ सकें । इस जीआई वायर को अर्थिंग अथवा न्यूट्रल के साथ अच्छी तरह से बांध देना चाहिए ।

- स्टे इंसुलेटर को जमीन से 10 फुट/3 मीटर की दूरी से कम नहीं होना चाहिए ।

- स्टे की बाइंडिंग करते समय यह ध्यान रखना चाहिए कि पोल टेढ़ा न हो ।

- स्टे बाइंडिंग के लिए थिमबल जरूरी होता है । अगर थिमबल उपलब्ध न हो तो आई बोल्ट का स्टे वायर का हिस्सा ठीक से बंधा होना चाहिए ।

# 7

# विद्युत लाइन गार्डिंग (सुरक्षा जाली)

**विद्युत लाइन गार्डिंग (सुरक्षा जाली)**

इन विनियमों के तहत जहां चौकसी अपेक्षित है निम्नलिखित का अनुपालन किया जाए, नामश: -

(1) - प्रत्येक पॉइंट जिस पर इसकी वैद्युत निरंतरता टूटती है वहाँ पर प्रत्येक गार्ड वायर के साथ पॉइंट को धरती के साथ कनेक्ट किया जाए ।

(2) - प्रत्येक गार्ड वायर की वास्तविक ब्रेकिंग स्ट्रेंग्थ कम से कम 635 किलोग्राम होगी तथा अगर लोहे या इस्पात की बनी है तो गैल्वेनाइज्ड की जाएगी ।

(3) – प्रत्येक गार्ड वायर या गार्ड वायरों का क्रॉस – कनेक्टिड प्रणालियों जब तक किसी सक्रिय लाइन के संपर्क को हटा नहीं लिया जाता है , गार्ड वायर या वायरों के फ्यूजिंग के बिना जोखिम के निष्क्रिय करना सुनिश्चित करने के लिए पर्याप्त करंट धारण क्षमता होगी ।

**विद्युत लाइन – गार्डिंग/रक्षण –**

- गार्डिंग का मतलब है पूरी सुरक्षा । यह लाइन के नीचे होती है । अगर कंडक्टर टूट जाता है तो यह या तो गार्डिंग वायर को छूएगा या फिर जमीन पर गिरेगा और गार्डिंग पर पड़ा रहेगा । गार्डिंग हमेशा अर्थ की हुई होती है । ऐसी हालत में या तो लाइन प्रोटेकशन काम करेगा अथवा लाइन स्विच ऑफ हो जाएगी । टूटा हुआ कंडक्टर विद्युत रहित हो जाएगा । लेकिन अगर गार्डिंग न हुई तो कंडक्टर जमीन पर गिर पड़ेगा और क्योंकि प्रोटेक्शन काम नहीं कर रहा है, इसलिए कंडक्टर में बिजली आती रहेगी । इससे दुर्घटनाएँ होंगी । इसलिए गार्डिंग बहुत जरूरी होती है ।
- गार्डिंग के प्रकार – पीवीसी गार्डिंग (डी क्लैम्प और प्रत्यक्ष शेकिल टाइप), लेसिंग गार्डिंग (कार्पेट गार्डिंग, क्रेडल गार्डिंग, बॉक्स टाइप)

## विद्युत लाइन – पीवीसी गार्डिंग –

- इसका इस्तेमाल आमतौर पर तब होता है जब एलटी लाइनें खेतों से होकर गुजरती है। पीवीसी गार्डिंग का इस्तेमाल वहाँ होता है जहां लाइन खड़ी प्रकार की होती है । इसमें ऊपर वाले हिस्से को शेकिल बोल्ट से बांध देते हैं और नीचे वाले हिस्से को न्यूट्रल से जोड़ दिया जाता है इसके लिए एक जीआई वायर फ्रेम तैयार किया जाता है जो क्षैतिज (पड़े) प्रकार का होता है । ये तार पीवीसी पाइप से इंस्यूलेटिड होते हैं । अगर कंडक्टर झूल भी जाए तो उसे अर्थ की जरूरत नहीं होती क्योंकि वह पीवीसी पाइप के अन्दर होता है । ऐसी हालत में अगर कंडक्टर टूट जाता है तो वह जीआई वायर के संपर्क में आता है और अर्थ हो जाता है । इस कारण फ्यूज उड़ जाता है। फार्मेशन के हिसाब से गार्डिंग दो तरह की होती है -1- डी क्लैम्प के इस्तेमाल के लिए, 2- डायरेक्ट/प्रत्यक्ष शेकिल टाइप

## विद्युत लाइन – लेसिंग गार्डिंग –

- लेसिंग गार्डिंग – कार्पेट, क्रेडल और बॉक्स टाइप की होती है । लेसिंग गार्डिंग में 2, 3 अथवा 4 गार्ड वायर होते हैं । ये क्रॉस आर्म से बंधे होते हैं । एक निश्चित दूरी पर ये उकट तारों से बंधे होते हैं । यह गार्डिंग 33 केवी लाइन में इस्तेमाल होती है ।

- कार्पेट गार्डिंग – विनिर्दिष्ट लंबाई वाले क्रॉस आर्म पोल पर लगा दिये जाते हैं । गार्ड वायर के लिए 4 जीआई वायर इस्तेमाल किये जाते हैं । विनिर्दिष्ट दूरी पर लेसिंग बांध दिये जाते हैं । इस प्रकार की गार्डिंग का इस्तेमाल वहां किया जाता है जहां किसी पावर लाइन अथवा टेलीफोन लाइन क्रॉस करती है ।

- क्रेडल गार्डिंग – इसमें 6 गार्ड वायर होते हैं । इनमें से चार एक तरफ और दो ऊपर की ओर होते हैं । क्रॉस लेसिंग तीन तरफ से होती है । इसे ट्रे गार्डिंग भी कहते हैं । ऐसी हालत में अगर कंडक्टर टूट जाता है, अथवा उछल जाता है तो भी वह क्रेडल गार्डिंग से बाहर नहीं जाता । यह उन एलटी लाइन से लेकर 33 केवी लाइनों में इस्तेमाल किया जाता है जो रिहासी इलाकों से गुजरती हैं अथवा सड़क पार करने के लिए इस्तेमाल होती हैं ।

- बॉक्स टाइप गार्डिंग – इसका इस्तेमाल मिलीजुली लाइनों के लिए किया जाता है । क्रॉस आर्म को निचली लाइन से जोड़ दिया जाता है । तब कार्पेट गार्डिंग की जाती है जो ऊपर वाली लाइन के लिए भी होती है अपर गार्ड वायर को वर्टीकल लेसिंग से जोड़ दिया जाता है ।

- गार्डिंग के लिए एलटी लाइन हेतु 10 एसडब्ल्यूजी और एचटी लाइनों हेतु 8 एसडब्ल्यूजी जीआई वायर उपयोग करते हैं ।

- सड़क क्रॉसिंग और गार्डिंग के समय गार्डिंग एलटी लाइन के न्यूट्रल से 610 एमएम (2 फुट) तथा 11 केवी फेज से 650 एमएम (2.25 फुट) और 33 केवी फेज से 840 एमएम (2.75 फुट) दूरी पर होनी चाहिए ।

# 8

# विद्युत लाइन - कंडक्टर प्रकार/टाइप

विद्युत लाइन – कंडक्टर प्रकार/टाइप

उपयोग किए जाने वाले कंडक्टर निम्नलिखित प्रकार के होते हैं –

- 1 – तांबा (कॉपर) –
- 2- एल्यूमिनयम मिश्रण से बने कंडक्टर
- 3- स्टील रिइनफोर्स्ड एल्यूगिनियम के कंडक्टर
- 4- स्टील कंडक्टर (गल्वनाइज्ड आयरन या जीआई)
- 5- केबिल – कन्ट्रोल केबिल, सर्विस वायर/केबिल, पावर केबिल

विद्युत लाइन – कंडक्टर -

- तांबा (कॉपर) – कंडक्टर – यह कंडक्टर सबसे अच्छा होता है, लेकिन खर्चीला होने के चलते और चोरी होने के कारण से इसका व्यापक प्रयोग नहीं हो पाता । तांबे के कंडक्टर में रजिसटेन्स कम होती है और मैकेनिकल स्ट्रैंथ ज्यादा होती है ।

- एसीएसआर (एल्यूमिनयम कंडक्टर स्टील रिइनफोर्स्ड) कंडक्टर यह उच्च क्षमता, उच्च शक्ति प्रकार का स्ट्रैंडिड कंडक्टर है, जिसका उपयोग आमतौर पर ओवरहेड विद्युत लाइनों में किया जाता है। बाहरी हिस्सा उच्च शुद्धता वाला एल्यूमिनियम होता है जिससे इसकी उत्कृष्ट कंडक्टिविटी, कम भार और निम्न लागत के चलते चुना जाता है । बीच वाला हिस्सा इस्पात/स्टील का होता है ताकि कंडक्टर के वजन को सपोर्ट की सहायता हेतु अतिरिक्त मजबूती प्रदान की जा सके ।

- एएसी (ऑल एलोय एल्यूमिनियम कंडक्टर) - इन कंडक्टरों को उच्च शक्ति वाले एल्यूमिनियम मैंगनीशियम सिलीकोन एलोय से बनाया जाता है । इन कंडक्टरों को

वजन अनुपात के प्रति बेहतर मजबूती तथा उच्च इलेक्ट्रिकल विशेषताएं उत्कृष्ट सैग - तनाव विशेषताएँ और एसीएसआर की तुलना में उच्चतर जंग प्रतिरोधिता प्राप्त करने के लिए बनाया गया है । इसके चोरी होने की भी बहुत कम संभावनाएँ होती हैं ।

- इन कंडक्टरों के आधार पर दो तरह के कंडक्टर होते हैं –
- वेयर कंडक्टर – इन पर कोई इंसुलेशन नहीं होता ।
- इंसुलेटिड/कवर्ड कंडक्टर – केबिल कंडक्टर – जो इंसुलेशन से ढका होता है और उसे केबिल कहा जाता है । इनमें में भी कई वर्ग होते हैं – सॉलिड, स्ट्रेंडिड यानि रेशों के मरोड़े हुए गुच्छे से बना
- कंडक्टर की माप – स्टेंडर्ड वायर गेज (एसडब्ल्यूजी), वर्ग मिमी
- स्ट्रेंड्रिड कंडक्टर की माप – इसके लिए दो नंबर प्रयोग किए जाते हैं। एक - स्ट्रेंड्रिड (रेशों) की संख्या और दूसरा हर रेशे की मोटाई ।
- उदाहरण – 7/8 एसडब्ल्यूजी स्टे वायर का मतलब होता है 7 रेशे और 8 एसडब्ल्यूजी साइज के रेशे
- रेबिट कंडक्टर 7/3.35 का मतलब होता है 7 नंबर वायर 3.35 एमएम व्यास एक वायर का
-

विद्युत लाइन – कंडक्टर तालिका –

क्रमांक, - कंडक्टर नाम, - सांकेतिक एल्यूमिनियम क्षेत्र (वर्ग एमएम), - समतुल्य सांकेतिक कॉपर क्षेत्र (वर्ग एमएम), - एल्यूमिनियम के एमएम में स्ट्रेंडिंग तथा वायर व्यास (एमएम), - स्टील के एमएम में स्ट्रेंडिंग तथा वायर व्यास (एमएम), - ब्रेकिंग लोड किग्रा, - कंडक्टर का वजन किग्रा प्रति किमी, - 20 डिग्री सेल्सियस पर गणना की गई रजिसटेन्स ओहम्स प्रति किमी में, - 30 डिग्री अनुकूल तापमान से ऊपर 40 डिग्री सेल्सियस पर करंट बहने की क्षमता (एम्पीयर).

1. - स्क्वीरल, - 20 वर्ग एमएम, - 13 वर्ग एमएम, - 6/2.11 वर्ग एमएम, - 1/2.11,- 771किग्रा, - 85 किग्रा प्रति किमी, - 1.394 ओहम, - 75 एम्पीयर

2. - वीजल, - 30 वर्ग एमएम, - 20 वर्ग एमएम, - 6/2.59 वर्ग एमएम, - 1/2.59,- 1136 किग्रा, - 128 किग्रा प्रति किमी, - 0.9289 ओहम, - 102 एम्पीयर .

3. - रेबिट, - 50 वर्ग एमएम, - 30 वर्ग एमएम, - 6/3.59 वर्ग एमएम, - 1/3.59,- 1860 किग्रा, - 214 किग्रा प्रति किमी, - 0.5524 ओहम, - 150 एम्पीयर .

4. - रैकून, - 75/80 वर्ग एमएम, - 48 वर्ग एमएम, - 6/4.09 वर्ग एमएम, - 1/4.09,- 2746 किग्रा, - 318 किग्रा प्रति किमी, - 0.3712 ओहम, - 202 एम्पीयर .

5. - डॉग, -100 वर्ग एमएम, - 65 वर्ग एमएम, - 6/4.72 वर्ग एमएम, - 1/4.72 ,- 3299 किग्रा, - 394 किग्रा प्रति किमी, - 0.2792 ओहम, - 250 एम्पीयर.

वितरण लाइनों में उपयोगी कंडक्टर्स एवं करेंट लेने की क्षमता

क्रमांक, - कंडक्टर का नाम एसीएसआर, - सांकेतिक तार का क्षेत्रफल एल्यूमिनियम समतुल्य वर्ग मिमी में, - सांकेतिक तार का क्षेत्रफल कॉपर समतुल्य वर्ग मिमी, - तारों के करेंट की क्षमता एम्पीयर में, - एसीएसआर तारों का वजन प्रति किमी में, - एएएसी तारों का वजन प्रति किमी में, - उपयोग।

1. - स्क्वायरल, - 20 वर्ग मिमी, - 13 वर्ग मिमी, - 70 एम्पीयर, - 85 किग्रा, - 60 किग्रा , - एलटी लाइन।

2. - वीजल, - 30 वर्ग मिमी, - 20 वर्ग मिमी, - 100 एम्पीयर, - 128 किग्रा, - 94 किग्रा , - एलटी व 11 केवी लाइन।

3. - रेबिट . - 50 वर्ग मिमी, - 30 वर्ग मिमी, - 148 एम्पीयर, - 214 किग्रा, - 149 किग्रा , - एलटी व 11 केवी लाइन।

4. - रेकून. - 75 वर्ग मिमी, - 48 वर्ग मिमी, - 197 एम्पीयर, - 318 किग्रा, - 218 किग्रा , - 33 केवी लाइन।

5. - डॉग, - 100 वर्ग मिमी, - 65 वर्ग मिमी, - 254 एम्पीयर, - 394 किग्रा, - 273 किग्रा , - 33 केवी लाइन।

6. - पेंथर, - 200 वर्ग मिमी, - 130 वर्ग मिमी, - 510 एम्पीयर, - 976 किग्रा, - - - , - 132 केवी लाइन।

7. - जेब्रा, - 400 वर्ग मिमी, - 260 वर्ग मिमी, - 740 एम्पीयर, - 1621 किग्रा, - - - , - 220 केवी लाइन।

8. - मूस, - 500 वर्ग मिमी, - 325 वर्ग मिमी, - 840 एम्पीयर, - 1996 किग्रा, - - - , - 400 केवी लाइन।

9. - नेट एएसी, - 25 वर्ग मिमी, - - - , 115 एम्पीयर, - 73 किग्रा, - - - , - एलटी व 11 केवी लाइन।

नोट -1- सामान्यतः एक ड्रम एएएसी कंडक्टर में लगभग रेबिट - 6 किमी, रेकून 4.75 किमी तथा डॉग - 3.5 किमी होता है । एसीएसआर कंडक्टर रेबिट में लगभग 4 किमी होता है ।

वर्तमान में एलटी लाइनों में ओवर हेड कंडक्टर के स्थान पर एलटी केबिल का प्रयोग किया जा रहा है । तथा एसीएसआर (एलुमिनियम कंडक्टर स्टील रिइनफोर्सड) कंडक्टर के स्थान पर एएएसी कंडक्टर प्रयोग किया जाता है क्योंकि एएएसी (आल एल्यूमिनियम एलोय कंडक्टर) कंडक्टर चोरी के बाद बिकता नहीं है और न कोई उपयोग होता है ।

# 9

# विद्युत लाइन - कंडक्टर ज्वाइंटिंग एवं जम्परिंग

विद्युत लाइन – कंडक्टर ज्वाइंटिंग एवं जम्परिंग

विद्युत लाइन – कंडक्टर ज्वाइंटिंग –

कंडक्टर ज्वाइंटिंग – इसका अर्थ है दो कंडक्टरों को आपस में एक साथ जोड़ना होता है ।

आवश्यकता –

- नई लाइन के निर्माण के समय एक कंडक्टर ड्रम अपर्याप्त होता है तो दूसरे को उसके साथ निरंतरता (कंटिन्युटी) के लिए जोड़ना पड़ता है ।
- यदि कंडक्टर किसी कारण से टूट जाए तो विद्युत बहाल करने के लिए कंडक्टर में जोड़ लगाना पड़ता है।
- ज्वाइंट के प्रकार – ब्रिटानिया ज्वाइंट, टेलीफोन ज्वाइंट, मेरियड ज्वाइंट, टी ज्वाइंट , स्लीव ज्वाइंट, कम्प्रेशन ज्वाइंट
- विद्युत लाइन – ब्रिटानिया ज्वाइंट –
- ब्रिटानिया ज्वाइंट – इस प्रकार का ज्वाइंट केवल सॉलिड कंडक्टर पर बनाया जा सकता है और यह स्ट्रैंड्ड कंडक्टर पर नहीं बनता । इसमें दो कंडक्टर, जिन्हें जोड़ा जाना है एक दूसरे के सामने लाये जाते हैं । प्रत्येक कंडक्टर का सामने 6 इंच का हिस्सा (150 मिली मीटर) वायर ब्रुश अथवा रेगमाल से साफ कर दिया जाता है । इससे जंग हट जाता है और तार साफ हो जाता है । इसके बाद तार को सॉफ्ट सोडा वाटर से धोया जाता है । अगर कंडक्टर तांबे का हो तो इससे इलेक्ट्रिकल कनेकशन अच्छा बन जाता है । इसके बाद दोनों कंडक्टरों को आधा सेंटीमीटर मोड कर एक दूसरे पर रख दिया जाता है । जो हिस्से आपस में एक दूसरे को छू रहें हों उनके लम्बाई कम से कम 100 मिली मीटर होनी चाहिए । इस जोड़ को 14 मिली मीटर कॉपर वायर से उसी तरह जोड़ दिया जाना चाहिए जैसा चित्र में दिखाया गया है ।
-

**विद्युत लाइन – टेलीफोन और मेरियड ज्वाइंट–**

* टेलीफोन ज्वाइंट – यह ज्वाइंट सॉलिड कंडक्टरों पर लगाया जाता है। इसे कंडक्टर साइज 8 नंबर अथवा इससे ज्यादा के लिए प्रयोग किया जाता है । पहला मोड 100 से 125 मिली मीटर पर किया जाता है और इसके बाद दोनों सिरों को एक दूसरे पर रख देते हैं । प्रत्येक सिरे को दूसरे कंडक्टर से ऐंठ दिया जाता है । इसके लिए कंडक्टर को 200 से 250 मिली मीटर लम्बाई तक साफ किया जाता है ।

* मेरियड ज्वाइंट – यह ज्वाइंट उन कॉपर कंडक्टरों पर लगाया जाता है जिनके बीच में जी आई वायर होता है । इसे एल्यूमिनयम कंडक्टरों पर नहीं बनाया जाता । इसके लिए 175 से 200 मिली मीटर तक लम्बाई के कंडक्टर स्ट्रैंड सीधे कर लिए जाते हैं और हर स्ट्रैंड को धोया और ब्रश किया जाता है । दोनों कंडक्टरों के बीच जी आई स्ट्रैंड 175 मिली मीटर लम्बाई तक तोड़ लिए जाते हैं । इसके बाद एक कंडक्टर दूसरे पर मरोड़ दिया जाता है और दूसरे कंडक्टर का स्ट्रैंड पहले पर मरोड़ दिया जाता है । इसी तरह से सभी स्ट्रैंड सभी रेशे मरोड़ कर सीधे कर लिए जाते हैं इस जोइंट का प्रयोग केवल छोटे स्पान लेन्थ पर करना चाहिए ।

* विद्युत लाइन – टी और स्लीव ज्वाइंट -

* टी ज्वाइंट – यह ज्वाइंट स्ट्रैंडर्ड कंडक्टर पर बनाया जाता है । यह तनाव/टेंशन बर्दाश्त नहीं कर सकता है । यह जम्पर के लिए अथवा सब रटेशन में टेपिंग के लिए प्रयोग किया जाता है । इसके लिए 100 मिली मीटर तक कंडक्टर स्ट्रैंड को अलग कर लेना चाहिए । इसके बाद बीच वाले स्टील स्ट्रैंड को काट लिया जाता है । फिर इसे पड़े हुए कंडक्टर पर रख दिया जाता है और हर तरफ तीन – तीन रेशे रखे जाते हैं और इसके बाद पड़े हुए कंडक्टर को मरोड़ दिया जाता है ।

* स्लीव ज्वाइंट – इसे किसी भी प्रकार के एल्यूमिनयम कंडक्टर से बनाया जा सकता है । पहले कंडक्टर कोकॉस्टिक सोडा के घोल से धोया जाएगा और फिर साफ तरीके से पोंछा जाएगा । कंडक्टर के ऊपर ग्रेफ़ाइट ग्रीस लगाई जाती है । और दो एल्यूमिनयम टुकड़ों को लिया जाता है । इन टुकड़ों को दर्शाए गए अनुसार कंडक्टर पर रखें । स्लीव को मोड़ने वाले रिंच द्वारा मोड़ा जाता है । यह ज्वाइंट 0.06 वर्ग सेंटीमीटर आकार तक के एलटी, एचटी । एसीएसआर, एएएसी कंडक्टर के लिए उपयोग किया जाता हैं

*

विद्युत लाइन – कम्प्रेशन ज्वाइंट -

* कम्प्रेशन ज्वाइंट – इस प्रकार के जाइंट का प्रयोग 0.06 साइज के लिए किया जाता है । दो अलग – अलग प्रकार के स्लीव्स को जोड़ने के लिए इसका प्रयोग होता है ।

स्टील्स स्लीव्स का प्रयोग स्टील कंडक्टर स्ट्रैंड के लिए और एल्यूमिनियम का प्रयोग एल्यूमिनियम के लिए किया जाता है ।एल्यूमिनयम स्लीव में दो छेड़ होते हैं । इन्ही छेदों के जरिए रिबेटिंग की जाती है । सबसे पहले दोनों स्लीव को साफ करके सूखा लेना चाहिए इसके बाद एल्यूमिनयम स्लीव को एक तरफ माउण्ड कर देना चाहिए । स्टील स्लीव की लम्बाई माप लेनी चाहिए और उसके आधे पर निशान लगा देना चाहिए । एल्यूमिनयम के रेशे निशान तक खोल और काट दिए जाने चाहिए । ऐसा करते समय स्टील स्ट्रैंड को नहीं छूना चाहिए । इसके बाद स्टील स्लीव्स को बिना खोले हुए साफ करना चाहिए फिर उन्हें स्टील स्लीव पर रख देना चाहिए । इसके बाद स्टील स्लीव का सेंटर कम्प्रेशन मशीन से दबाया जाता है ।

## विद्युत लाइन – जम्परिंग –

- जम्परिंग – जम्पर मुख्य कंडक्टर से जुड़े हुए नहीं होने चाहिए । जम्पर सदैव पीजी क्लैम्प से कनेक्ट किए गए होने चाहिए ।
- जब जम्पर मेटेलिक पार्ट के निकट हों तो ऐसे सभी जंपरों को एल्काथाइन पाइप से कवर किया जाएगा ।
- कंडक्टर ज्वाइंट डिस्पैच किए जाने पर एसीएसआर कंडक्टर पर चिन्हित किए जाते हैं । मध्य दूरी ज्वाइंट को स्ट्रिंगिंग से पूर्व किया जाना चाहिए क्योंकि स्टील के स्ट्रैंड को सतत नहीं रखा जाता है । अत : कंपनी ज्वाइंट को प्रतिस्थापित करना आवश्यक है ।
- इस बात पर ध्यान दिया जाना चाहिए कि मध्य अन्तर ज्वाइंट खम्बे से 40 फुट से कम न हो ।
- प्रत्येक ज्वाइंट को ध्यान पूर्वक किया जाना चाहिए ।
- जहां कंडक्टर स्ट्रैंड को काटा जाता है ,मरम्मत स्लीव का उपयोग किया जाता है ।
- कंडक्टर ज्वाइंट की शक्ति कंडक्टर के 95 प्रतिशत की और प्रतिरोधकता मुख्य कंडक्टर जितनी होनी चाहिए ।

- जम्परिंग – जम्पर मुख्य कंडक्टर से जुड़े हुए नहीं होने चाहिए । जम्पर सदैव पीजी क्लैम्प से कनेक्ट किए गए होने चाहिए ।
- जब जम्पर मेटेलिक पार्ट के निकट हों तो ऐसे सभी जंपरों को एल्काथाइन पाइप से कवर किया जाएगा ।
- कंडक्टर ज्वाइंट डिस्पैच किए जाने पर एसीएसआर कंडक्टर पर चिन्हित किए जाते हैं । मध्य दूरी ज्वाइंट को स्ट्रिंगिंग से पूर्व किया जाना चाहिए क्योंकि स्टील के स्ट्रैंड को सतत नहीं रखा जाता है । अत : कंपनी जाइंट को प्रतिस्थापित करना आवश्यक है ।
- इस बात पर ध्यान दिया जाना चाहिए कि मध्य अन्तर ज्वाइंट खम्बे से 40 फुट से कम न हो ।

- प्रत्येक ज्वाइंट को ध्यान पूर्वक किया जाना चाहिए ।
- जहां कंडक्टर स्ट्रैंड को काटा जाता है , मरम्मत स्लीव का उपयोग किया जाता है ।
- कंडक्टर ज्वाइंट की शक्ति कंडक्टर के 95 प्रतिशत की और प्रतिरोधकता मुख्य कंडक्टर जितनी होनी चाहिए ।


# 10

# विद्युत लाइन - कंडक्टर पेविंग/बिछाना/फैलाना एवं खींचना (स्ट्रिंगिंग)

विद्युत लाइन - कंडक्टर पेविंग/बिछाना/फैलाना एवं खींचना (स्ट्रिंगिंग)

विद्युत लाइन - कंडक्टर पेविंग/बिछाना/फैलाना –

- कंडक्टर की स्ट्रिंगिंग का पहला चरण उसकी पेविंग/बिछाना/फैलाना है । पेविंग आउट तब किया जाता है जब पोल खड़ा हो जाता है । इस काम के दौरान निम्नलिखित का उपयोग किया जाता है –

- रिवोल्विंग प्लेट फार्म या शाफ़्ट, रोलर, ट्विस्टिंग रिंच या हाईड्रोलिक प्रेस मशीन, हैक शा, पेचकस, वायर रिंच, क्रोबार (सब्बल), रस्सियाँ, चेन पुली, हथौड़ा, सैग बोर्ड, झोला/ थैला

- कंडक्टर की पेविंग करते समय ध्यान रखना चाहिए कि कंडक्टर जमीन पर रगड़ न खाये । इसे नुकसान से बचाने के लिए रिवोल्विंग प्लेट फार्म और रोलर का उपयोग किया जाता है । अगर कंडक्टर जमीन से रगड़ खा रहा है तो उसे उठाकर फैला देना चाहिए । रिवोल्विंग प्लेट फार्म का प्रयोग करके पेविंग आसानी से की जा सकती है । कंडक्टर खोलते समय ध्यान रखना चाहिए कि उसमें तीखे मोड़ न पड़े । इससे कंडक्टर टूट सकता है । स्ट्रिंगिंग करते समय सैग बोर्ड का उपयोग करना चाहिए । ठीक से झोल/ सैग संभालते समय हवा के दबाव और बर्फबारी का ध्यान रखा जाना चाहिए ।

- कंडक्टर की बाइंडिंग के समय बाइंडिंग टेप का प्रयोग किया जाना चाहिए । कंडक्टर की बाइंडिंग के समय ध्यान से देख लेना चाहिए कि उसे कहीं नुकसान तो नहीं पहुंचा है । केरोलाइट कंपाउंड का प्रयोग किया जाता है । टेप और कंडक्टर के बीच कोई गैप नहीं

होना चाहिए वर्ना स्पार्किंग की संभावना रहती है ।

विद्युत लाइन खींचना (स्ट्रिंगिंग) –

- पोल पर एलटी न्यूट्रल कंडक्टर बांधते समय अगर कंडक्टर एल्यूमिनियम का है तो एल्यूमिनियम बॉबिन का उपयोग किया जाये ।
- डिस्क इंसुलेटर के उपयोग से पहले सिक्यूरिटी क्लिप लगाकर सुनिश्चित कर लीजिए कि हार्ड वेयर में बॉल फिट हो गया है । इसके बाद ही डिस्क का इस्तेमाल किया जाना चाहिए । डिस्क इंसुलेटर पर बॉल सोकिट जाइंट के फेल होने के कारण अक्सर दुर्घटनाएँ हुई हैं ।
- रोलर का इस्तेमाल करके कंडक्टर स्ट्रिंगिंग करना चाहिए । ध्यान रखना चाहिए कि कंडक्टर न तो जमीन से और न ही इंसुलेटर से रगड़ खाये ।
- कंडक्टर की पेविंग (खींचते)करते समय कंडक्टर ड्रम से उतार लेना चाहिए । इसके लिए रिवोल्विंग प्लेट फार्म इस्तेमाल करना चाहिए । अगर यह कोइल की शक्ल में है तो नुकसान से बचने के लिए इसे पहिये पर खोल लेना चाहिए ।
- 
- पोल और लाइव (जिंदा/चालू) कंडक्टर के बीच तथा जमीन से , मकान से और अन्य लाइनों से दूरी भारतीय विद्युत मानकों के अनुसार होनी चाहिए ।
- लाइन पूरी तरह बांध देने का कार्य पूरा करने के बाद कंडक्टर पर पोल के नजदीक एक लूप लगा दें । इससे सर्विस कनेकशन आसान होती है ।
- एक इंसुलेटर के पास कंडक्टर पर बाइंडिंग टेप की दोहरी पर्त लगा देनी चाहिए । इससे फ्लैश ओवर की हालत में कंडक्टर को नुकसान नहीं पहुचेगा ।
- नुकसान से बचने के लिए जरूरी है कि कंडक्टर पर काम करते समय सही उपकरणों / औजारों का इस्तेमाल किया जावे ।
- पीजी क्लैम्पों और कंडक्टर की करेंट केपेसिटी एक जैसी होनी चाहिए ।

कंडक्टर ज्वाइंट नियमानुसार ही करना चाहिए ।

# 11

# विद्युत लाइनों की सुरक्षात्मक दूरी (केन्द्रीय विद्युत प्राधिकरण )

विद्युत लाइनों की सुरक्षात्मक दूरी (केन्द्रीय विद्युत प्राधिकरण )

विद्युत लाइनों से धरातल, भवनों से सुरक्षित दूरी आदि के लिए केंद्रीय विद्युत प्राधिकरण द्वारा निम्नलिखित मापदंड निर्धारित हैं –

क्रमांक. - विवरण, - एलटी लाइन, - 11 केवी लाइन, - 33 केवी लाइन.

1. - ग्रामीण क्षेत्र जहां वाहन, ट्रैफिक न हो, वहाँ जमीन से कंडक्टर की दूरी, - 15 फीट (4.57 मीटर), - 15 फीट (4.57 मीटर), - 17 फीट (5.18मीटर).

2. - ग्रामीण एवं शहरी क्षेत्रों में सड़क के समानान्तर विद्युत लाइनों के निचले कंडक्टर से जमीन की दूरी, - 18 फीट (5.5 मीटर), - 19 फीट (5.8मीटर), - 19 फीट (5.8मीटर) .

3. - ग्रामीण एवं शहरी क्षेत्रों में सड़क क्रॉसिंग करती विद्युत लाइनों के निचले कंडक्टर की जमीन से दूरी, - 19 फीट (5.8मीटर), - 20 फीट (6.1मीटर), - 20 फीट (6.1मीटर).

4. - किसी मकान के ऊपर से गुजरने वाली लाइन के निचले कंडक्टर एवं मकान के सबसे ऊपर हिस्से के बीच की दूरी, - 8 फीट (2.5मीटर), - 10 फीट (3.04मीटर), - 12 फीट (3.66मीटर).

5. - किसी मकान के पास से गुजरने वाली लाइन के नजदीक कंडक्टर की मकान से दूरी, - 4 फीट (1.2मीटर), - 6 फीट (1.83मीटर), - 8 फीट (2.5मीटर).

6. - लाइन एवं पेड़ की शाखा/डगाल की दूरी, - 4 फीट (1.2मीटर), - 6 फीट (1.83मीटर), - 8 फीट (2.5मीटर).

7. - 33 केवी लाइन से दूरी, - 10 फीट (3.04मीटर), - 10 फीट (3.04मीटर), - 10 फीट (3.04मीटर).

विद्युत लाइन – कंडक्टर फेज से फेज दूरी –

- 11 केवी और 33 केवी लाइन , सिंगल सर्किट लाइन त्रिभुज आकार में होती है जिसमें एक वी क्रॉस आर्म जिस पर दोनों तरफ के कंडक्टर खिंचे होते हैं तथा बीच का कंडक्टर टॉप क्लैम्प पर लगे पिन इंसुलेटर पर खिंचा होता है ।
- डबल सर्किट लाइन में तीन वी क्रॉस आर्म लगती हैं, एक तरफ एक लाइन के तीनों फेज तथा दूसरी तरफ दूसरी लाइन के तीनों फेज खिंचे होते हैं ।
- वी क्रॉस आर्म 11 केवी के बीच फेज से फेज की दूरी 1220 एमएम (4 फुट) तथा 33 केवी में 1530 एमएम (5 फुट) रहती है।
- वी क्रॉस आर्म 11 केवी कंडक्टर और टॉप क्लैम्प के कंडक्टर के बीच लम्बवत दूरी 1065 एमएम (3.5 फुट) तथा 33 केवी में 1320 एमएम (4 फुट 3 इंच) रहती है ।

विद्युत लाइन क्रासिंग -

केंद्रीय विद्युत प्राधिकरण/अधिसूचना 20 सितम्बर 2010/अध्याय 7/69 -

एक दूसरे को लांघने (क्रॉस) वाली अथवा एक दूसरे की ओर आने वाली और गलियोंऔर सड़कों को पार करने वाली लाइने – ऐसे मामले में जहां ओवरहेड लाइन, दूरसंचार लाइन के ऊपर से या पास से गुजरती है, ओवरहेड लाइन अथवा दूर संचारलाइन का स्वामी, जो भी अपनी लाइन बाद में बिछाया है, सुरक्षात्मक उपकरणों अथवा संरक्षात्मक व्यवस्थाओं का उपबन्ध करेगा और निम्नलिखित उपबंधों का अनुपालन करेगा, अर्थात –

(1 ) - जब ऐसी दूर संचार लाइन या ओवरहेड लाइन जो ओवरहेड लाइन अथवा दूर संचार लाइन लाइन को क्रॉस करेगी या उसके पास से गुज़रेगी, जैसा भी मामला हो, बिछाने का इरादा हो, ऐसी लाइन बिछाने का प्रस्ताव करने वाला व्यक्ति, ऐसा करने के अपने इरादे के बारे में मौजूदा लाइन के स्वामी को एक महीने का नोटिस देगा, जिसमें सुरक्षा के बारे में प्रासांगिक ब्यौरा और नक्शा दिया जाएगा ।

(2 ) – 33 केवी तक वोल्ट वाली लाइन जहाँ भी रोड अथवा गली को क्रॉस करेंगी सुरक्षा के उपाय किए जाएँगे ।

(3 ) – ऐसे मामले में जहां ओवरहेड लाइन दूसरी ओवरहेड लाइन को क्रॉस करती है अथवा नजदीक से गुजरती है, सुरक्षा उपबन्ध किए जाएंगे ताकि उनके एक -दूसरे के सम्पर्क में आने की संभावना से बचाने के लिए सावधाने बरती जा सकें ।

(4 )- ऐसे मामले में जहाँ, एक ओवरहेड लाइन, दूसरी ओवरहेड लाइन को क्रॉस करती है, निम्नलिखित के अनुसार अंतराल बनाए रखना होगा –

एक - दूसरे को क्रॉस करने वाली लाइनों के बीच न्यूनतम अंतराल मीटर में –

आंकलित प्रणाली के वोल्ट (केवी), - 11 – 66 केवी, - 110 -132 केवी, - 220 केवी, - 400 केवी, - 800 केवी.

दूरी मीटर में, - 2.44 मीटर , - 3.05 मीटर , - 4.58 मीटर , - 5.49 मीटर , 7.94 मीटर .

**एक ही सपोर्ट पर विभिन्न वोल्टेताओं पर कंडक्टर –**

जहां पर विभिन्न वोल्टताओं पर कंडक्टर प्रणालियों के भिन्न हिस्से बनते हैं और एक ही सपोर्ट पर उत्थापित है, लाइसेन्सी (मालिक) लाइन मेन एवं अन्य व्यक्तियों को खतरे से बचाने के लिए पर्याप्त प्रावधान करें ताकि उच्च वोल्टता प्रणाली के संपर्क होने पर या लीकेज द्वारा सामान्य कार्य वोल्टता से अधिक आवेशित होने के कारण निम्न वोल्टता प्रणाली खतरा न बने तथा दो प्रणालियों के कंडक्टरों के बीच लागू न्यूनतम दूरी और निर्माण पद्धति लाइनों के एक दूसरे से क्रॉस करने के लिए विनियमों (विनियम 69) में यथा विनिदिर्ष्ट हो ।

**भवनों, निर्माण संरचना, बाढ़ – किनारों तथा सड़क को ऊंचा करना -**

अगर एक ओवरहेड लाइन चाहे वह इंसुलेटिड मेटिरीयल के साथ या बगैर इसके बनी हो, के उत्थान के पश्चात किसी समय कोई व्यक्ति एक नए भवन या संरचना या बाढ़ – किनारा बनाने अथवा सड़क से स्तर को ऊंचा करने या किसी प्रकार का कार्य चाहे वह स्थायी या अस्थायी है अथवा इसे वह किसी भवन पर या बाढ़ किनारे की संरचना या सड़क पर किसी स्थायी या अस्थायी संवर्धन या संशोधन का प्रस्ताव करता है, वह तथा ठेकेदार जिसे उसने उत्थापन या संशोधन के लिए नियुक्त किया है, ऐसा करने की सूचना लिखित रूप से सप्लायर या मालिक को देगा तथा वह उसे वैद्युत निरीक्षक को प्रस्तावित भवन, संरचना, बाढ़ किनारा, सड़क या संवर्धन अथवा संशोधन तथा निर्माण के दौरान अपेक्षित स्कोफ़ोलिंग दर्शाने वाली ड्राइंग प्रस्तुत करेगा ।

**ओवरहेड लाइनों के निकट सामाग्री का परिवहन तथा भंडारण –**

(1) - किसी भी अनावृत ओवरहेड कंडक्टर लाइन के नीचे या आस - पास किसी भी छड़, पाइप या इसी प्रकार की सामग्री को न लाया जाए अगर इन विनियमों का उल्लंघन किया जाता है तो ऐसी सामग्री का परिवहन लाइनों के मालिक द्वारा इस संदर्भ में पदनामित किसी व्यक्ति के सीधे पर्यवेक्षण के तहत किया जाय ।

(2) - अनावृत सक्रिय कंडक्टरों या लाइनों की फ्लेश ओवर दूरी के भीतर किसी छड़, पाइप या उसी तरह की सामग्री को न लाया जाए ।

(3) – विनियमों के प्रावधानों के विरुद्ध अनावृत ओवरहेड कंडक्टरों या लाइनों के नीचे या इसके आस - पास कोई सामग्री अथवा भू -कार्य या कृषि उत्पाद का ढेर न लगाया जाए या भंडारण किया जाए अथवा पेड़ न उगाए जाएं।

(4) - इलेक्ट्रिक सप्लाई लाइन के नीचे किसी ज्वलनशील सामग्री का भंडारण न किया जाए ।

(5) – अंडरग्राउंड केबिलों की ऊपरी सतह पर अग्नि जलाने की अनुज्ञा (परमीशन) न दी जाए ।

(6) - इलेक्ट्रिक लाइनों के नीचे किसी भी सामग्री को जलाना निषेध है ।

**एरोड्रम (हवाई पट्टी के पास) के आस - पास रूटस –**

एरोड्रम (हवाई पट्टी) के आस - पास तब तक ओवरहेड लाइनों का उत्थापन न किया जाए जब तक एयरपोर्ट अथारिटी संगत भारतीय मानके के अनुसार प्रस्तावित लाइनों के रूट का लिखित रूप से अनुमोदन न कर दें ।

जहां पर एक ही स्तम्भ पर दूर - संचार तथा विद्युत लाइनों को उत्थापित किया जाना है वहाँ पर लागू शर्तें –

(1) – एक विद्युत लाइन वाली सपोर्ट पर उत्थापित प्रत्येक ओवरहेड दूर संचार लाइन से कम से कम 270 किलोग्राम ब्रेकिंग स्ट्रेंथ का प्रत्येक कंडक्टर समाविष्ट होगा ।

(2) - एक विद्युत लाइन वाली सपोर्ट पर उत्थापित एक दूर संचार लाइन पर प्रयुक्त टेलीफोन को तड़ित गिरने के प्रति उपयुक्त सुरक्षा प्रदान की जाएगी तथा इसकी सुरक्षा कट – आउट द्वारा की जाएगी ।

(3) - जहां पर 650 से अधिक वोल्टता की एक विद्युत लाइन वाली सपोर्ट पर एक दूर – संचार लाइन को उत्थापित किया जाता है वहाँ पर इस प्रकार की विद्युत तथा दूर – संचार लाइन के बीच संपर्क, लीकेज या इंडक्शन के परिणाम स्वरूप चोट के प्रति किसी भी व्यक्ति की सुरक्षा के इंतजाम किए जाएंगे ।

**ओवरहेड लाइनों से सर्विस लाइने : -**

सपोर्ट के बिन्दु को छोड़कर एक ओवर हेड लाइन से कोई भी सर्विस लाइन या टैपिंग नहीं की जाना चाहिए । यह प्रावधित है कि प्रत्येक कंडक्टर की टैपिंग की संख्या 650 वोल्ट से कम वोल्टता पर कनेकशनों के मामले में अधिकतम चार होगी ।

**बिजली गिरने के प्रति सुरक्षा –**

जहां पर एक ओवहेड लाइन ,उपकेंद्र या उत्पादन केंद्र जिस पर बिजली गिरने का खतरा हो, का स्वामी/मालिक बिजली गिरने पर होने वाले वैद्युत प्रोत्कर्ष (सर्ज) को धरती में समाहित करने के लिए सक्षम साधन अपनाएगा जिसके कारण चोट लग सकती है या घटना घट सकती है ।

किसी भी तड़ित निरोधक (लाइटनिग अरेस्टर एलए) के लिए भू - संपर्कन तार (अर्थिंग लीड) किसी लोहे या इस्पात पाइप के जरिये न गुजारा जाए बल्कि उसे जितना व्यवहार्य हो मोड़ से बचाते हुए 650 वोल्ट से अधिक वोल्ट से अधिक वोल्टता के उप – केंद्र के लिए पहले से प्रावधित अर्थ - मैट के एक पृथक लंबित भू - इलेक्ट्रोड या जंकशन के किसी भी मेटल हिस्से को बिना छूए लाइटनिग अरेस्टर से सीधा ही जोड़ा जाए ।

**अप्रयुक्त ओवरहेड लाइनें : -**

जहां पर एक ओवरहेड लाइन एक विद्युत सप्लाई लाइन के रूप में प्रयोग में नहीं लाया जाता है वहाँ पर उसका स्वामी/मालिक उसे विनियमों के अनुरूप एक सुरक्षित यांत्रिक स्थिति में अभिरक्षित रखे या इसे हटा ले । वैद्युत निरीक्षक इसके स्वामी/मालिक को एक लिखित नोटिस के द्वारा उसे या तो इसके सुरक्षित यांत्रिक स्थिति में अभिरक्षण के निर्देश देगा या नोटिस मिलने की तारीख से तीन दिन के भीतर हटाने के लिए कहेगा ।

# 12

# विद्युत लाइन - अर्थिंग एवं वारबेड वायर (कंटीले तार), डेंजर बोर्ड

विद्युत लाइन – अर्थिंग एवं वारबेड वायर (कंटीले तार), डेंजर बोर्ड

विद्युत लाइन – अर्थिंग

- लाइन और बिजली के उपकरणों को अर्थ करना महत्वपूर्ण होता है । बिना अर्थिंग किये बिजली की दृष्टि से असुरक्षा होती है । पोल/किसी उपकरण के मुख्य अंश को ठोस रूप से मिट्टी से जोड़ देने को अर्थिंग कहा जाता है ।
- शॉर्ट सर्किट या लीकेज होने पर करेंट मिट्टी की तरफ कम से कम रजिसटेन्स के साथ आगे बढ़ेगा ताकि सर्किट के जरिए अधिकतम करेंट बढ़े जिससे फ्यूज उड़ जाएगा और सर्किट ब्रेकर ट्रिप कर जाएगा । इस कारण से फाल्टी लाइन या उपकरण लाइव/चालू सर्किट से अलग हो जाएगा ।
- एलटी लाइन के हर पांचवे पोल को अर्थ करना चाहिए । एलटी पोल की सभी धातु की बनी फिटिंग और स्टे को अर्थ किया जाना चाहिए और उसे न्यूट्रल से जोड़ देना चाहिए क्योंकि यह न्यूट्रल मल्टीपल अर्थ न्यूट्रल होता है ।
- क्रॉस आर्म, टॉप क्लैम्प, पीसीसी पोल के इंसुलेटर पिनों की अर्थिंग्ग पोल के साथ ही करनी चाहिए ।

अगर अर्थ इलेक्ट्रोड उपलब्ध न हो तो उसकी जगह 8 एसडब्ल्यूजी जीआई वायर की लीड 2.5 मीटर लम्बाई और अर्थिंग कोइल 115 टर्न 50 एमएम डाया/व्यास जीआई वायर का इस्तेमाल किया जाना चाहिए ।

अर्थिंग–

1. - ओवरहेड लाइनों की सारी मेटल सपोर्ट तथा सारी पुन: प्रचलित (रि - इन्फ़ोर्सिंड) तथा पूर्व दाब (प्री - स्ट्रेसड) सीमेंट कंक्रीट स्पोर्ट और इन पर लगी मेटेलिक फिट्टिंगस को एक सतत अर्थ वायर का प्रावधान कर के स्थायी रूप से तथा प्रभावी रूप में प्रत्येक खंभे से करने पर बांध कर तथा प्रत्येक किलोमीटर में तीन बिन्दुओं पर सामान्यत : धरती से कनेक्ट करके जितना संभव हो लगभग एक जितनी दूरी पर या प्रत्येक स्पोर्ट तथा 33 केव्ही पर मेटेलिक फिटिंगस को प्रभावी रूप से अर्थ किया जाएगा ।

2. - 650 वोल्ट से कम वोल्टता की ओवरहेड सर्विस लाइनों की स्पोर्टिंग इंसुलेटिड वायरों के लिए प्रयुक्त मेटेलिक वेयरर वायर को प्रभावी रूप से अर्थ या इंसुलेटिड किया जाएगा ।

3. - प्रत्येक स्टे - वायर को तब तक इसी प्रकार अर्थ किया जाएगा जब तक इनमें भूमि से कम कम 3.0 मीटर ऊंचाई पर इंसुलेटिड नही लगा दिए जाते हैं ।

4. - 650 वोल्ट से अधिक वोल्टता वाली प्रत्येक ओवरहेड लाइन का स्वामी/मालिक इस प्रकार की ओवरहेड लाइनों के स्पोर्ट जिन पर बिना एक सीढ़ी या विशेष उपसाधन के आसानी से चढ़ा जा सकता हो पर किसी अपदनामित व्यक्ति को चढ़ने से रोकने के लिए संगत भारतीय मानकों के अनुरूप पर्याप्त व्यवस्था करेंगें ।

स्पष्टीकरण: - इस विनियम के प्रयोजन के लिए रेल, पुन: प्रबलित सीमेंट कंक्रीट पोल तथा बिना सीढ़ी के पूर्व - दाबित सीमेंट कंक्रीट पोल, गोलाकार पोल, बिना पायदान के लकड़ी के स्पोर्ट, आई - सेकशन तथा चैनलों को स्पोर्ट के रूप में माना जाएगा कि जिन पर सहज रूप में ऊपर चढ़ा नहीं जा सकता है ।

अर्थ रजिस्टेंस –

क – अर्थ रजिस्टेंस निम्नलिखित बातों पर निर्भर करता है –

1. मिट्टी का प्रकार
2. जमीन/धरती का तापमान
3. मिट्टी में नमी
4. मिट्टी में खनिज
5. जमीन/धरती में इलेक्ट्रोड की लंबाई
6. इलेक्ट्रोड की शक्ल और आकार
7. दो इलेक्ट्रोड के बीच की दूरी
8. इलेक्ट्रोडो की संख्या
9. अर्थिग कितनी पुरानी है

ख – अधिकतम अर्थ रजिस्टेंस जिसकी अनुमति है –

1.  बड़े बिजली घर/पावर हाउस 0.5 ओहम
2.  बड़े सब स्टेशन/उपकेंद्र 1.0 ओहम
3.  छोटे सब स्टेशन/उपकेंद्र 2.0 ओहम
4.  न्यूट्रल बुसिंग 2.0 ओहम
5.  सर्विस कनेक्शन 4.0 ओहम
6.  एलटी लाइटनिंग अरेस्टर 4.0 ओहम
7.  एलटी पोल 5.0 ओहम
8.  एचटी पोल 10.0 ओहम
9.  टावर 20 से 30 ओहम

अगर अर्थ रजिस्टेंस ऊपर दिये गये मूल्य/मानक से ज्यादा है तो उसे कम करने के लिए निम्नलिखित उपाय किये जाने चाहिए –

1.  जोइंट्स पर ओक्सीडेशन हटा दें और जोड़ों को कस दें
2.  अर्थ इलेक्ट्रोड पर काफी पानी डालें/उड़ेल दें
3.  जहां तक हो सके, बड़े साइज का अर्थ इलेक्ट्रोड इस्तेमाल करें
4.  इलेक्ट्रोडों को समानान्तर कनेक्ट/जोड़ना चाहिए
5.  ज्यादा गहराई और चौड़ाई व ऊंचाई वाला अर्थ पिट/गड्डा बनाएँ
6.  अर्थ पिट/गड्डे में अर्थ पाउडर (बेंटोनाइड) मिट्टी में मिलाना चाहिए
7.  यदि उपकेंद्र पर खराब भूमि है तो वहां के पिट/गड्डे की मिट्टी बदल दें उसकी जगह ब्लेक कॉटन सॉइल (काली मिट्टी) का प्रयोग करें
8.  बोर अर्थिंग करके भी सुधार किया जा सकता है ।
9.  बहुत से हालातों में जबकि आदमी को बिजली का सदमा पहुँच जाता है, देखने में मृत प्रतीत होता है ऐसे हालातों में तुरंत कोशिश करके आदमी का जीवन नीचे लिखे उपायों से बचाया जा सकता है : -

नोट – नीचे लिखे डाक्टर, प्रभारी अधिकारी या निकतम अस्पताल जो भी पास में हो को खतरे के समय तुरंत सूचित करना/बुलाना चाहिए : -

**वारबेड वायर (कंटीले तार) –**

प्रत्येक पोल पर कंटीले वायर भी लगाए जाते हैं जिससे कोई अन्य/बाहरी व्यक्ति किसी पोल पर न चढ़े जिसका मानक निम्नानुसार है :-

कंटीले तार/वारवेड वायर, - पोल की जमीन से ऊंचाई जहां पर कांटेदार तार लपेटना है, - कंटीले तार लपेटने का स्पान, - हर 0.305 मीटर (एक फुट) पर घुमाओं (राउंड) की संख्या

एलटी लाइन. - 7.0 फीट/2.01 मीटर, - 0.6 मीटर/2 फीट, - 12 नंबर.

एचटी लाइन. - 7.0 फीट/2.01 मीटर, - 1.2 मीटर/4 फीट, 12 नंबर

डेंजर बोर्ड - उपरोक्त के साथ हर पोल पर डेंजर बोर्ड लगा जाता है जिससे कोई बाहरी व्यक्ति पोल पर न चढ़े, और दुर्घटना से बच सके ।

- डेंजर बोर्ड – खतरा पट्टिका – हर एचटी पोल पर नियमानुसार डेंजर बोर्ड लागाया जाना चाहिए ।

- सड़क के किनारे खड़े पोल पर लगाए जाने वाले डेंजर बोर्ड का मुंह सड़क की तरफ होना चाहिए ।

- किसी चौराहे, पावर लाइन, टेलीफोन क्रोसिंग, रेलवे, नदी क्रोसिंग पर डेंजर बोर्ड पोल के दोनों तरफ लगाये जाने चाहिए ।

- किसी गाँव या शहर में आधा किमी दूरी तक हर पोल के दोनों तरफ डेंजर बोर्ड लगाना चाहिए ।

- डेंजर बोर्ड की साइज एलटी लाइन के लिए 200 x150 एमएम तथा एचटी लाइन के लिए 250 x 200 एमएम निर्धारित की गई है ।

# 13

# विद्युत लाइन - कमीशनिंग

### विद्युत लाइन – कमीशनिंग

- जिस लाइन की कमीशनिंग करनी है पहले उसका सघन (गहराई से) निरीक्षण करना चाहिए । निरीक्षण के दौरान बारीकी से यह देख लेना चाहिए कि लाइन बनाते समय भारतीय विद्युत नियमों का पालन हुआ है, सभी स्थानों पर खाली जगह, गार्डिंग आदि की गहराई से चेकिंग करनी चाहिए । ध्यान से देखना चाहिए कि हर पोल की कोङ्क्रीटिंग ठीक हुई है, । सही टेंशन देखने के लिए हर स्टे की चेकिंग करनी चाहिए । डेंजर बोर्ड , फेज प्लेट की भी चेकिंग की जानी चाहिए । पोलों, एलए और हॉर्न गेप की अर्शिंग अशता ङीओ फ्यूज को भी ठीक से देख लेना चाहिए ।

- निरीक्षण के बाद और कमीशनिंग से पहले कुछ लाइन टेस्ट किए जाने चाहिए । फेज टू फेज और फेज टू न्यूट्रल के बीच में इंसुलेशन रजिसटेन्स के जांच मेगर से करके उसकी वैल्यू रजिस्टर में दर्ज करने चाहिए । निरीक्षण (गश्त) के दौरान पाए गए सभी दोष दूर करने चाहिए और मेगर के नतीजे सही पाने के बाद सीनियर अफसरों को लिखकर रिपोर्ट देनी चाहिए । किसी लाइन को चार्ज करने से पहले इलेक्ट्रिकल इंस्पेक्टर/प्राधिकृत अधिकारी की स्वीकृति (परमीशन) जरूरी है ।

- लाइन चालू होने से पहले क्षेत्र के लोगों को लाइन चालू होने की जानकारी से अवगत करना भी आवश्यक है जिससे कोई अप्रिय दुर्घटना न हो ।

जब लाइन संतोषजनक ढंग से चार्ज हो जाये तो कमीशनिंग को पूरी हो चुकी समझना चाहिए ।

# 14

# विद्युत लाइन - निर्माण एवं संधारण में प्रयुक्त उपकरण (टी एंड पी) का मानक, समय सीमा

विद्युत लाइन - निर्माण एवं संधारण में प्रयुक्त उपकरण (टी एंड पी) का मानक, समय सीमा

विद्युत लाइन/उपकेन्द्र निर्माण में उपयोग होने वाले औज़ार (टी एंड पी) निम्नानुसार है : -

- सब्बल (12 नग),
- गैंती (6 नग),
- फाबड़ा (6 नग),
- तगारी (4 नग),
- रिंग पानों का कंप्लीट सेट,
- दो मुंह वाले पाने का कंपलीट सेट,
- हेक्सा फ्रेम एक सेट,
- इंसुलेटिड कटिंग प्लायर 12 इंच (2 नग),
- डी शेकल स्टील (4 नग),
- चैन पुली ब्लॉक – दो टन - एक नग,
- सिंगल वे पुली ब्लॉक - एक नग,
- टु वे पुली ब्लॉक - एक नग,

- थ्री वे पुली ब्लॉक-एक नग,
- एल्यूमिनियम रोलर 230 एम एम - 15 नग,
- कम अलोंग क्लेम्प फॉर ए सी एस आर कंडक्टर - एक नग, कम अलोंग क्लेम्प फॉर जीआई वायर - एक नग
- क्रीम्पिंग टूल - एक सेट,
- बाल्टी - 4 नग,
- एल्यूमिनियम लेडर 11 मीटर लम्बी एक नग
- मेटेलिक टेप 30 मीटर - एक नग,
- स्टील टेप 2 मीटर - एक नग,
- टॉर्च – पाँच सेल - एक नग,
- टेंक - एक नग,
- त्रिपाल - एक नग,
- हथौड़ा (हेमर) 5 किलो (एक नग) एवं 2 किलो (एक नग),
- मनीला रोप (रस्सा) 25 एमएम (50 किलो), 20 एमएम (50 किलो),
- लाइनमेन सेफ़्टी बेल्ट (4 नग),
- हेलमेट (10 नग),
- कुल्हाड़ी, कटर - (एक - एक नग),
- टायटनर, रेचिट, टर्फर (एक - एक नग)


- **विद्युत लाइन – निर्माण कर्मचारी संख्या/गैंग -**
- एक गैंग में निम्नानुसार कर्मचारी रहते हैं : - -
- एलटी लाइन के कार्य हेतु – एक गैंग लीडर और 8 कर्मचारी
- एचटी लाइन एवं सब स्टेशन कार्य हेतु – एक गैंग लीडर और 12 कर्मचारी ।
- **सामान्य निर्माण कार्यकाल : -**
- एलटी लाइन निर्माण कार्य – 45 दिन प्रथम एक किमी के लिए और उसके बाद 15 दिन हर एक किमी के लिए ।
- एचटी लाइन निर्माण कार्य – 90 दिन (3 माह) प्रथम एक किमी के लिए और 30 दिन (1 माह) हर एक अतिरिक्त किमी के लिए ।
- वितरण ट्रांसफार्मर स्थापना कार्य – 60 दिन (2 माह)
- 33/11 केवी सब – स्टेशन निर्माण कार्य – 270 दिन (9 माह) व अतिरिक्त वे लिए 180 दिन (6 माह)
- 132/33 केवी सब – स्टेशन निर्माण कार्य – 365 दिन (12 माह/एक वर्ष)
- टिप्पणी - - निर्माण कार्यकाल की अवधि देश - काल, सामाग्री/कर्मचारी उपलब्धता तथा कार्य स्थल की स्थिति (वाद/विवाद) आदि के कारण घट - बढ़ सकती है ।

# 15

# विद्युत लाइन निर्माण के समय सुरक्षा सावधानियां

विद्युत लाइन निर्माण के समय सुरक्षा सावधानियां

सुरक्षा सावधानियाँ –

- विद्युतीय निर्माण/संधारण कार्य करते समय सुरक्षा सर्वोपरि है । लगन और इच्छा के साथ सावधानी से काम करें। जल्दबाज़ी से दुर्घटना हो सकती है । आप जिस कार्य करने को जा रहें हैं, उसकी पूरी जानकारी आपको होनी चाहिए, यदि नहीं है तो पूरी जानकारी प्राप्त करने के बाद ही कार्य पर जाएँ एवं निम्नलिखित सुरक्षा सावधानियाँ बरतें ।
- उपयोग में लेने के पूर्व समस्त सुरक्षा साधनों एवं औजारों, जैसे – रबर के दस्ताने, सीढ़ी, सेफ़्टी बेल्ट, इंसुलेटिड प्लायर, डिस्चार्ज रोड आदि की जांच करलें ।
- लाइन डिस्चार्ज करते समय अर्थ वायर को पहले अर्थिंग से जोड़े । उसके पश्चात ही अर्थ रोड लाइन के तारों से लगाएँ । कार्य हो जाने के पश्चात पहले रोड लाइन से अलग करें । इसके बाद अर्थ वायर को अर्थिंग से अलग करें । अर्थिंग से जोड़ते समय ध्यान रहे तारों को जंग अथवा मिट्टी तो नहीं लगी है । यदि जंग या मिट्टी लगी हो तो उसे साफ करके अर्थिंग से जोड़ें ।
- लाइन डिस्चार्ज करते समय ध्यान रखें कि अर्थ वायर शरीर के किसी भी हिस्से से न छूए । डिस्चार्ज रोड के तार को अपने शरीर से कम से कम 3 से 4 फुट दूर रखें ।
- जिस किसी पोल पर डबल लाइन हो या कट पॉइंट हो, उस पर दोनों तरफ से सप्लाई बंद कराकर अर्थिंग दोनों ही तरफ करें ।
- लाइन बंद करके अर्थ करने के बाद उस खंभे की सभी लाइन के तारों को शॉर्ट करके अर्थ करले । अपने कार्य करने के स्थान के दोनों ओर से लाइनों को शॉर्ट एवं अर्थ करके सेफ़्टी जोन का निर्माण करके ही कार्य करें ।

## विद्युत लाइन निर्माण – सुरक्षा/सेफ़्टी जोन बनाना –

- सुरक्षा जोन (सेफ़्टी जोन) बनाना –
- 33 केव्ही एवं 11 केव्ही लाइन जिस पर कार्य करना हो, सब स्टेशन (उप - केंद्र) से ही लिखित परमिट लेवें ।
- 11 केव्ही लाइन सब स्टेशन से ओसीबी या वीसीबी से बंद की गई हो तो उसको दोनों ओर के एवी स्वीच डायरेक्ट हो तो लाइन बंद कराकर डिस्चार्ज कर एबी स्वीच की डायरेक्ट की गई वाईंडिंग अलग कर एबी स्वीच खोलें ।
- बंद किए गए ओसीबी या वीसीबी और एबी स्वीच पर ऑपरेटर से तख्ती लगवायें जिस पर लिखा हो कि 'लाइन परमिट पर है, चालू न करें' ।
- डिस्चार्ज रोड में लगे तार को अर्थिंग रोड से एक - एक फेज पर टाँगकर लाइन डिस्चार्ज करें । ध्यान रहे कि डिस्चार्ज रोड का तार आपसे 3 से 4 फुट के दूरी पर रहे ।
- लाइन डिस्चार्ज करने के बाद के बाद लाइन के तारों को आपस में कंडक्टर की सहायता से शॉर्ट कर देवें एवं डिस्चार्ज रोड भी उपरोक्त शॉर्ट पर लटाकर रखें ।
- हमेशा दो डिस्चार्ज रोडों का प्रयोग करें । प्रत्येक रोड प्रत्येक क्षेत्र पर खंभे के दोनों ओर टांगें ।
-

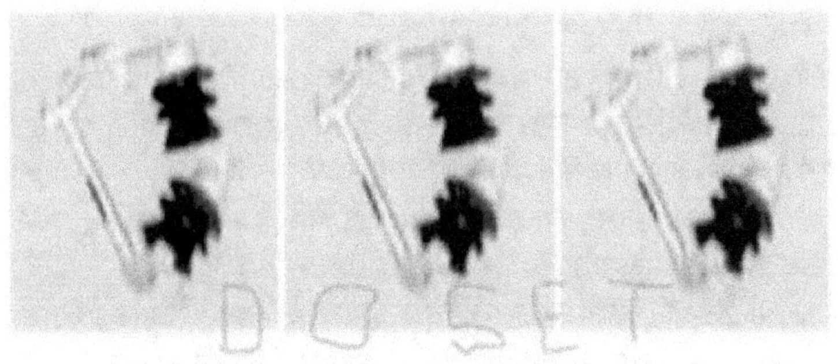

डी ओ सेट

# 16

# विद्युत लाइन संचालन एवं संधारण

### विद्युत लाइन संचालन एवं संधारण

**विद्युत लाइन चालू – बंद (ऑन – ऑफ) प्रक्रिया -**

- विद्युत की आपूर्ति (सप्लाई) फीडर के लिए निर्देशित समयानुसार फीडर को चालू किया जाता है ।
- 24 घंटे विद्युत आपूर्ति प्रवाहित करने वाले फीडर को हमेशा चालू रखना है, बशर्ते वह फीडर किसी व्यवधान/फाल्ट या पूर्व नियोजित/प्री अरेंजड कार्य हेतु निर्देशित समय को छोड़कर
- ऐसे फीडर जिनको निर्धारित समय के लिए विद्युत आपूर्ति प्रदाय किया जाना है, उस निर्धारित समय के लिए ही फीडर चालू रखना है । शेष समय के लिए फीडर बंद रखना है । इनमें मुख्यत: कृषि और मिक्स फीडर इस श्रेणी में आते हैं ।
- जब कोई फीडर व्यवधान (फाल्ट) के कारण बंद होता है तो व्यवधान दूर होने के बाद उसे चालू किया जा सकेगा ।
- जब कोई फीडर पूर्व नियोजित कार्य हेतु बंद होता है, कार्य पूर्ण होने के उपरांत तथा परमिट की प्रक्रिया का पालन करते हुए फीडर को चालू किया जाता है ।
- नवीन फीडर एवं उपकरण जिसका कार्य पूर्ण होता है उसको निर्धारित परीक्षण के उपरान्त निर्धारित निर्देशानुसार विद्युत आपूर्ति प्रदाय की जाती है ।

**विद्युत आपूर्ति प्रदाय बंद करना/होना**

- फीडर पर निर्धारित विद्युत आपूर्ति के समय के अतिरिक्त समय में फीडर को बंद किया जाता है।

- फीडर पर पूर्व आयोजित कार्य (संधारण कार्य एवं नवीन कार्य) करने हेतु फीडर को नियमानुसार परमिट की प्रक्रियाओं का पालन करते हुए उसे बंद किया जाता है ।
- फीडर पर ट्रिपिंग – फाल्ट आने के उपरांत यदि फीडर पुन: चालू नहीं होता है तब उसे फाल्टी (बाधित) फीडर घोषित कर उसे बंद कर दिया जाता है ।
- विशेष आपातकालीन स्थिति (तेज आंधी – तूफान, चक्रवात, बाढ़, आगजनी, दुर्घटना विशेष, दंगे आदि) में भी फीडर वरिष्ठ अधिकारियों के मार्गदर्शन के अनुरूप बंद किया जाता है ।
- फीडर व्यवधान मुख्यत: उत्पादन, पारेषण, उपकेंद्र, वितरण अथवा पूर्व नियोजित कारणों से होता है ।

## विद्युत लाइन बाधित/फाल्टी होना

- लाइन - लाइन का कोई फेज अर्थ होने पर, अर्थ फाल्ट के कारण बंद होती है –
- लाइन-लाइन के कोई फेज आपस में संपर्क होने से फेज टू फेज होने से ओवर करेंट फाल्ट के कारण बंद होती है –
- लाइन - लाइन अर्थ फाल्ट एवं ओवर करेंट फाल्ट दोनों के कारण भी बंद होती है –
- लाइन - लाइन के किसी फेज के जम्पर जलने, ए बी स्विच पार्ट जलने, लाइन के एक फेज के डीओ जलने आदि से ओपन सर्किट होता है, परंतु लाइन बंद नहीं होती है तब भी सप्लाई पूरी नहीं होने से बाधा आती है, ऐसे में उपकेंद्र ऑपरेटर के तीनों फेजों पर एक समान लोड नहीं होगा तथा जो फेज ओपन सर्किट हुआ है उस फेज से संबन्धित व थ्री फेज उपभोक्ताओं को विद्युत आपूर्ति/सप्लाई ठीक नहीं मिलेगी ।
- उपरोक्त सभी परिस्थितियों में कर्मचारी नियमानुसार परमिट लेकर, लाइन डिस्चार्ज कर, शॉर्ट करके, फाल्ट निकाल कर फिर शॉर्ट निकालकर, डिस्चार्ज हटाकर अपने सभी साथियों को अवगत कराते हुए परमिट केन्सिल/निरस्त कराकर लाइन चालू करेगा ।

## विद्युत आपूर्ति व्यवस्था (सप्लाई सिस्टम) का संधारण/अनुरक्षण (मेंटीनेंस) -

- वर्तमान में विद्युत ऊर्जा का उपयोग आम ब्यक्ति से लेकर समाज के हर स्तर के व्यक्तियों के लिए अत्यंत आवश्यक है । विद्युत के बिना किसी भी दैनिक क्रिया - कलाप की कल्पना भी संभव नहीं है ।
- वर्तमान में विद्युत शक्ति के रोज़मर्रा के साधन/इक्विपमेंट अधिक इस्तेमाल होने के कारण प्रत्येक घर/मकान/कार्यालय का विद्युत भार भी कई गुना बढ़ चुका है, परिणाम स्वरूप विद्युत लाइनों, ट्रांसफार्मरों एवं अन्य विद्युत प्रदाय के सब स्टेशन उपकरणों पर विद्युत भार बढ़ चुका है ।

- समय के साथ उपभोक्ताओं की संख्या तो बढ़ी ही है, साथ ही जागरूकता भी बढ़ी है, जिसके कारण उपभोक्ताओं को निर्बाध रूप से विद्युत सप्लाई दिया जाना अपेक्षित रहता है । परन्तु वर्तमान परिस्थितियों में कई बार विद्युत लाइनों, ट्रांसफार्मरों एवं संबन्धित उपकरणों में खराबी आने के कारण विद्युत व्यवस्था में व्यवधान पैदा हो जाते हैं । संधारण/अनुरक्षण/मेंटीनेंस पर ही ध्यान दिया जाकर विद्युत प्रदाय व्यवस्था में सुधार किया जा सकता है ।

विद्युत – संधारण/अनुरक्षण (मेंटीनेंस) –

- संधारण/मेंटीनेंस अर्थात सेवा में कार्यरत किसी विद्युत उपकरण का समय – समय पर किया गया निरीक्षण, परीक्षण, साफ – सफाई एवं एडजस्टमेंट का कार्य जिसके कारण उपकरण सुचारु रूप से कार्य करता रहे तथा किसी प्रकार का विद्युत अवरोध पैदा न करें । मेंटीनेंस का कार्य ब्रेक डाउन को कम करने हेतु किया जाता है, जो कि निश्चित अवधि के पश्चात किया ही जाना चाहिए । प्रिवेंटिव मेंटीनेंस एवं ब्रेक डाउन मेंटीनेंस में यही अंतर है कि ब्रेक डाउन मेंटीनेंस व्यवस्था भंग होने के पश्चात उपकरण को बंद करके रिपेयर/सुधार किया जाता है, जबकि प्रिवेंटिव मेंटीनेंस उपकरण को सेवा में रखते हुए तथा ब्रेक डाउन से बचाने के लिए किया जाता है ।

विद्युत व्यवस्था – संधारण/अनुरक्षण/मेंटीनेंस/सुधार

- विद्युत व्यवस्था सुधार की दृष्टि से तीन प्रकार के संधारण किए जाते है –
- 1- पीरिओडिकमेंटीनेंस/समय बद्ध संधारण– आमतौर पर एक वर्ष में दो बार (मानसून के बाद या दिवाली से पहले और दूसरा प्री मानसून/मानसून से पहले)
- 2 – करेक्टिव मेंटीनेंस/सुधारात्माक संधारण – जब कभी विद्युत व्यवस्था में ऐसी कमियाँ आ जाती हैं और समय रहते उनको सुधारा नहीं गया तो आगे आने वाले समय में व्यवधान होगा अतः ऐसे व्यध्यानों को पूर्व से ही सुधार लिया जाता है - जैसे पेड़ की डालियाँ, लूज जम्पर, ढीले तार और वे सभी कार्य जो पीरिओडिक मेंटीनेंस में किए जाते हैं ।
- 3 - ब्रेक डाउन मेंटीनेंस/व्यवधान संधारण – जब विद्युत व्यवस्था फाल्ट के कारण बाधित हो गई तब फाल्ट को दूर कर/निकालकर ही व्यवस्था नियमित होती है । पहले दोनों सुधार कार्यों में विद्युत व्यवस्था ब्रेक डाउन नहीं होती अपितु शट्डाउन लेकर सुधार कार्य किया जाता है ।

विद्युत संधारण – प्रिवेंटिव मेंटीनेंस

- प्रिवेंटिव मेंटीनेंस का कार्य मुख्य रूप से तीन भागों में विभाजित रहता है –
- 1- **निरीक्षण (इंसपेक्शन)** – किसी उपकरण को बगैर खोले, कार्य में रहते हुए आँखों से देखकर, आवाज सुनकर, सूंघकर या छूकर (जिनमें विद्युत प्रवाह नहीं होता) उसके कार्य निष्पादन तथा संभावित कमियों एवं भविष्यों में आने वाले फाल्ट का आंकलन करना होता है ।
- उदाहरण – लाइन का लोड चेक करके पता चलता है कि लाइन ओवर लोड तो नहीं है, ट्रांसफार्मर की बॉडी छूकर ठंडा अथवा गरम होने से लोड अथवा अन्य कोई डिफ़ेक्ट/ फाल्ट पता चलता है ।
- 2- **प्रिवेंटिव मेंटीनेंस** – समय –समय पर उपकरण की टेस्टिंग करके उसकी कार्य प्रणाली की जांच करना , उपकरण की इलेक्ट्रिकल/मैकेनिकल सुदृढ़ता की जांच करना कि उपकरण सेवा में रखने लायक हेतु कोई फाल्ट आने के पूर्व कोई संधारण कार्य करने ताकि उपकरण में फाल्ट न आए । जैसे ट्रांसफार्मर ऑइल चेक कर परीक्षण करके तदानुसार कार्यवाही करना । ऑइल फिल्टर करना अथवा ऑइल बदलना आदि ।
- 3- **ओवर हालिंग** – ओवरहालिंग के अंतर्गत उपकरण को सेवा से हटाकर , खोलकर आवश्यक दुरुस्ती कार्य का सम्पादन करना तथा जरूरत होने पर पुराने पुर्जे बदल कर नए पुर्जे लगाना शामिल है ।

**विद्युत संधारण – मानसून पूर्व (वर्षा से पहले)/मानसून बाद (दिवाली से पहले) -**

- वर्ष में दो बार मानसून के आने के पहले (सामान्यतः 16 अप्रैल से 31 मई) और मानसून के बाद (सामान्यतः 1 सितंबर से 15 अक्टूबर) बिजली की लाइनों का और उपकरणों को फिट रखना जरूरी है । इसलिए संधारण से पहले निरीक्षण किया जाता है । निरीक्षण के बाद प्रायोजित कार्यक्रम निर्धारित कर ग्राहकों/उपभोक्ताओं को भी पूर्व सूचना देकर, मेंटीनेंस सामग्री तैयार का विधिवत संधारण किया जाता है । जिनमें मुख्य कार्य किए जाते हैं –
- पेड़ों की डाल/टहनियाँ छांटना/काटना, पोलों से घोंसले निकालना, लाइनों के ढीले तार खींचना, टेढ़े/झुके पोल सीधे करना, वी क्रॉस आर्म आदि के नट – बोल्ट कसना, अर्थिंग ठीक करना, टूटे/क्रैक इंसुलेटरों को बदलना, कट पॉइंट के जम्पर ठीक करना, स्टे ठीक करना, निचले कंडक्टर की जमीन से नियमानुसार ऊंचाई रखना, गार्डिंग ठीक करना, जहां जरूरी हो वहां गार्डिंग करना, एबी स्विच/आइसोलेटर के प्वाइंट और जम्पर ठीक करना आदि ।

**विद्युत संधारण – पोल**

- टेढ़े/झुके खम्भे सीधे करना – जो पोल किसी भी कारण झुक गए हैं, इससे तार ढीले व आपस में टकराने लगते हैं जिससे लाइन फाल्ट होकर तार भी टूटते हैं । पोलों के आधार/बेस में पानी डालकर तथा रस्सी से खींचकर पोल सीधे किया जाने के बाद निचले सिरे की नींव में बोल्डर/पत्थर भरकर करने से सीधे किए गए पोल को मजबूती मिलती है ।
- आंधी तूफान प्रभावित क्षेत्रों में स्टार्म गाई पोलों के दोनों ओर लगाई जानी चाहिए ताकि आंधी तूफान के दौरान हवा के दबाव का असर पोल एवं तारों पर न होकर स्टे द्वारा झेल लिया जाए एवं पोल टूटने से बंचें तथा टूट – फूट एवं विद्युत आपूर्ति छिन्न –भिन्न होने से बचा जा सके ।
- ढीली स्टे को भी दुबारा खींच कर ठीक किया जावे
- पीसीसी पोल पर लगाई स्टे के बीच स्टे इंसुलेटर का लगा होना अति आवश्यक है, ताकि कोई विद्युत दुर्घटना न हो सके । यदि स्टे इंसुलेटर टूटा हुआ हो तो अवश्य बदला जावे । यह केवल एलटी लाइन के लिए ही है, अन्य वोल्टेज की लाइन के लिए नहीं क्योंकि वहां प्रत्येक पोल अर्थ किया जाता है और एलटी लाइन में हर पांचवाँ पोल अर्थ किया जाता है ।
- प्रत्येक पोल की अर्थिंग सही हालत में होना आवश्यक है । एलटी लाइन के न्यूट्रल की एल्यूमिनियम बॉबिन के द्वारा प्रत्येक पोल पर अर्थ करके लगातार न्यूट्रल अर्थिंग होना आवश्यक है । यदि पोल की अर्थिंग कटी/टूटी हो तो नई अर्थिंग की जाए
- उनस्थानों पर जहां लाइन का स्पान ज्यादा हो और तार अत्यधिक ढीले हों वहां पर मिड स्पान पोल लगाया जाए, ताकि तार आपस में न टकराएँ एवं जमीन से सुरक्षित दूरी बनी रहे ।
- यदि किसी वाहन की टक्कर या तूफान के कारण पीसीसी पोल क्रैक, लोहे के पोल टेढ़े हो जाए अथवा पोल जमीन से गल जाएंतो ऐसे पोलों को बदला जाना आवश्यक है ।

## विद्युत संधारण – लाइन -

- लाइन के ढीले तार खींचना, तारों में ज्यादा जोड़ हैं तो उन्हें बदलना, लोड बढ़ने के कारण तार पुराने व पतले हैं तो उचित साइज के तार बदलना, नदी, नाले, सड़क मार्गों पर गार्डिंग न हो तो करना, यदि ढीली है तो पुनः ठीक करना । लाइन के टूटे/क्रैक पिन/डिस्क इनुलेटर बदलना, उनकी साफ सफाई, बाइंडिंग ठीक करना, पिन का तिरछा होने पर सीधा करना ।
- क्रॉस आर्म पोल से ठीक कसना, यदि तिरछा हो तो ठीक करना,
- दो पोलों के बीच तारों में कट, जोड़ कमजोर न होना,
- तारों का वृक्षों की डगाल/टहनियों, मकान/भवनों से निर्धारित दूरी पर रखना तदानुसार सुधार करना

## विद्युत लाइन – पोल/खम्भा, डीपी – स्थल

- लाइनों के पोलों की स्थिति हेतु निम्नलिखित पर ध्यान देना आवश्यक है –
- जहां तक सम्भव हो लम्बाई के मध्य अंतर समान रखें । क्षैतिज ग्रेड की अवस्थिति की जानकारी रखें ।
- ऊंचे स्थानों पर पोलों को लगाने से छोटे पोलों का उपयोग किया जा सकता है और दूरी के मध्य में उचित भूमि अंतर बना रहेगा । अत्यधिक पहाड़ी या पहाड़ वाले गांवों में पोलों को टीलों पर लगाया जाता है जिससे उनके मध्य अंतर बढ़ता है तथा कंडक्टर पर पोलों में ज्यादा वृद्धि नहीं होती । ऐसा इसलिए सम्भव होता है क्योंकि सैग (झूल) को काफी बड़ा रखते हुए अपेक्षित भूमि अंतर बनाए रखा जा सकता है ।
- पोलों को कटाव या तटबंधों के किनारों पर अथवा जल धाराओं के किनारों के साथ नहीं रखा जाना चाहिए ।
- किसी खंड (सेक्शन) हेतु कट पॉइंट 1.6 किमी लम्बाई वाला हो सकता है (सिवाय विशेष मामलों के)जहां दोहरे पोल (डबल पोल /डीपी/जोड़ा) मुहैया करवाए जाने होते हैं, जिससे कंडक्टर पर दबाव कम हो । यह पहले ही अनुमान लगाया जा चुका है कि एचटी लाइनों के 1 किमी लम्बाई हेतु 10 पोल की जरूरत होती है अत: 1.6 किमी पर सेक्शन डीपी लगाते हैं । इसे ही लाइन डीपी कहते हैं यह 4 - 5 फुट सेंटर की होती है तथा 6 स्टे लगते हैं तथा दोनों के बीच क्रॉस एंगल भी लगाए जाते हैं ।
- डीपी - 33 केवी 5 फुट और 11 केवी 4 फुट सेंटर तथा वितरण ट्रांसफार्मर डीपी 8 फुट सेंटर पर होती है ।

## विद्युत लाइन – अर्थिंग -

- लाइन और बिजली के उपकरणों को अर्थ करना महत्वपूर्ण होता है । बिना अर्थिंग किये बिजली की दृष्टि से असुरक्षा होती है । पोल/किसी उपकरण के मुख्य अंश को ठोस रूप से मिट्टी से जोड़ देने को अर्थिंग कहा जाता है ।
- शॉर्ट सर्किट या लीकेज होने पर करेंट मिट्टी की तरफ कम से कम रजिसटेन्स के साथ आगे बढ़ेगा ताकि सर्किट के जरिए अधिकतम करेंट बढ़े जिससे फ्यूज उड़ जाएगा और सर्किट ब्रेकर ट्रिप कर जाएगा । इस कारण से फाल्टी लाइन या उपकरण लाइव/चालू सर्किट से अलग हो जाएगा ।
- एलटी लाइन के हर पांचवे पोल को अर्थ करना चाहिए । एलटी पोल की सभी धातु की बनी फिटिंग और स्टे को अर्थ किया जाना चाहिए और उसे न्यूट्रल से जोड़ देना चाहिए क्योंकि यह न्यूट्रल मल्टीपल अर्थ न्यूट्रल होता है ।
- क्रॉस आर्म, टॉप क्लैम्प, पीसीसी पोल के इंसुलेटर पिनों की अर्थिंग पोल के साथ ही करनी चाहिए ।

- अगर अर्थ इलेक्ट्रोड उपलब्ध न हो तो उसकी जगह 8 एसडब्ल्यूजी जीआई वायर की लीड 2.5 मीटर लम्बाई और अर्थिंग कोइल 115 टर्न 50 एमएम डाया/व्यास जी आई वायर का इस्तेमाल किया जाना चाहिए ।

## विद्युत लाइन – स्टे बाइंडिंग -

- स्टे बाइंडिंग – स्टे को जीआई वायर का उपयोग करते हुए खम्बे की अर्थिंग और अथवा न्यूट्रल वायर के साथ जोड़ा जाता है ताकि लीकेज करंट अर्थिंग या न्यूट्रल के माध्यम से जमीन तक पहुँच सके । ऐसी बाइंडिंग को 'स्टे बाइंडिंग' कहा जाता है ।
- याद रखें – अगर स्टे इंसुलेटर नहीं लगाया गया, तो 8 एसडब्ल्यूजी जीआई वायर का इस्तेमाल स्टे क्लैम्प के लिए किया जाये और उसे न्यूट्रल कंडक्टर के साथ जोड़ दिया जाये । जीआईवायर की लम्बाई इतनी काफी होनी चाहिए कि वह एलटी लाइन के मामले में स्टे वायर को एलटी लाइन/एचटी लाइन की अर्थिंग के न्यूट्रल से जोड़ सकें । इस जीआई वायर को अर्थिंग अथवा न्यूट्रल के साथ अच्छी तरह से बांध देना चाहिए ।
- स्टे इंसुलेटर को जमीन से 10 फुट/3 मीटर की दूरी से कम नहीं होना चाहिए ।
- स्टे की बाइंडिंग करते समय यह ध्यान रखना चाहिए कि पोल टेढ़ा न हो ।
- स्टे बाइंडिंग के लिए थिमबल जरूरी होता है ।अगर थिमबल उपलब्ध न हो तो आई बोल्ट का स्टे वायर का हिस्सा ठीक से बंधा होना चाहिए ।

# 17

# विद्युत केबिल

## विद्युत केबिल

**लाइन और केबिल -**

**विद्युत लाइन/फीडर -**

- विद्युत की आपूर्ति हेतु सुचालक कंडक्टर की आवश्यकता होती है तथा इसे विद्युत के कुचालक इंसुलेटरों के सहारे ले जाया जाता है । इस व्यवस्था को विद्युत लाइन/फीडर कहा जाता है ।

- लाइन/फीडर की पहचान लाइन के वोल्टेज से मुख्यत: पहचानी जाती है । यद्यपि लाइन की पहचान लाइन के पोल/खम्भे, लाइन के इंसुलेटर, क्रोस आर्म, कंडक्टर साइज से भी पहचानी जाती है ।

- डिस्कोम/वितरण कम्पनी अंतर्गत मुख्यत: 33 केवी, 11 केवी, 0.4 केवी तीन ही प्रकार की लाइन होती हैं ।

- प्राय: 33 व 11 केवी लाइन उच्च दाब/एचटी (हाई टेंशन) या मध्यम/मीडियम वोल्टेज और 0.4 केवी लाइन को निम्न दाब/एलटी (लो टेंशन) या वितरण/डिस्ट्रीब्यूशन लाइन कहलाती हैं ।

- एक परिपथ/सिंगल सर्किट तथा दो परिपथ/डबल सर्किट से भी लाइन की पहचान होती है ।

- कभी-कभी एक ही सपोर्ट पर एक से अधिक लाइन होने से उन्हें मिश्रित/मिक्स्ड फीडर/ लाइन कहते हैं ।

**केबिल –**

- विद्युत आपूर्ति करने वाला कंडक्टर यदि किसी इंसुलेशन से रहित/कवर्ड नहीं है तो उसे प्राय: खुले में पोलों पर खींचा जाता है । इस प्रकार की लाइन ओवर हेड (शिरोपरि/भूमि

ऊपर) लाइन कहलाती हैं ।

- परन्तु मार्ग में ऐसे मार्ग/स्थान होने पर जहां से सुरक्षात्मक दृष्टि से लाइन नहीं ले जा सकते वहाँ से इंसुलेशन कवर्ड कंडक्टर ले जाते हैं, इन्हें ही केबिल कहते हैं ।

- दोनों ही विद्युत आपूर्ति में उपयोग होते है, परन्तु जब केबिल भूमि के नीचे ले जाते हैं उन्हें अंडर ग्राउंड (भूमिगत) केबिल कहते हैं । और जब भूमि से ऊपर उपयोग करते हैं तब केबिल कहते हैं ।

कंडक्टर और केबिल – उपयोग –

क्रमांक, - विवरण, - कंडक्टर, - केबिल.

1. - ओवर हेड लाइन/शिरोपरि लाइन, मुख्यतः/अधिकतर उपयोग, - शहरी, ग्रामीण आबादी क्षेत्र, तंग गली, मकान/भवन से समुचित/पर्याप्त दूरी न होने पर, जंगल/वन क्षेत्र में पेड़ कटाई अनुमति न होने, जानवरों की विद्युत से सुरक्षा, लाइन फाल्ट कम होने के दृष्टिकोण से, - उपभोक्ता/कंज्यूमर सर्विस लाइन (मेंन लाइन से मीटर तक),

2. - अंडर ग्राउंड लाइन/भूमिगत लाइन, - उपयोग नहीं, विद्युत सुरक्षा नियमों के कारण, क्रॉसिंग (राष्ट्रीय राजमार्ग, राज्य राजमार्ग, रेल मार्ग), - विद्युत संस्थान – विद्युत उपकेंद्र/सब स्टेशन/पावर हाउस व अन्य स्थल, - एरोड्रम, शहरी क्षेत्र के ऐसे स्थान जहां से ओवर हेड लाइन ले जाना सुरक्षित अथवा अनुमति नहीं.

कंडक्टर और केबिल – तुलना –

क्रमांक, - विवरण, - कंडक्टर, - केबिल.

1. - निर्माण कार्य, - सरल, कम समय, - कठिन, अधिक समय.

2. - लागत/मूल्य/कीमत, - कम खर्च, - अधिक खर्च.

3. - स्पान/दूरी (पोल से पोल), - लम्बा स्पान (कम पोल), - छोटा स्पान (अधिक पोल).

4. - फाल्ट – होना, खोजना, हल करना व समय , - अधिक, आसान, आसान, कम समय, - कम, कठिन, कठिन, अधिक समय.

5. - तकनीकी हानि, - कम, - कुछ अधिक.

6. - विद्युत चोरी संभावना, - सामान्यतः अधिक, - बहुत कम.

7. - वायर का माप समान करेंट के लिए, - पतला वायर, - मोटा वायर.

केबिल के प्रकार-

इलेक्ट्रीकल केबिल एक या अधिक कंडक्टर शामिल होने वाली एक असेम्बली है, जिनके स्वयं के इंसुलेशन तथा स्क्रीन होती है जिसमें कवरिंग, असेम्बली बचाव, और रक्षात्मक कवरिंग शामिल है ।

केबिलों का नाम उनकी संरचना/बनावट, वोल्टेज, उपयोग, प्रयुक्त सामग्री के अनुसार रखा जाता है।

संरचना/बनावट के आधार – सिंगल/एक कोर, दो/डबल कोर, तीन कोर, साढ़े तीन कोर – पावर केबिल और उससे अधिक कोर अनुसार कंट्रोल केबिल

वोल्टेज अनुसार – हाई टेंशन/उच्च दाब, लो टेंशन/निम्न दाब केबिल

उपयोग अनुसार – पावर केबिल – सिंगल, डबल, थ्री, थ्री एंड हाल्फ कोर केबिल, कंट्रोल केबिल – 1 – सिंगल कोर, 2 – डबल कोर, 3 – थ्री कोर, 4 – फोर कोर, 6 – सिक्स कोर, 8 – ऐट कोर, 10 – टेन कोर, 12 - ट्वेलव कोर आदि

प्रयुक्त सामग्री के अनुसार – पीवीसी (पोली वाइनल कारबाइड) केबिल, पिलका (पेपर इंसुलेटिड लेड कवर्ड आर्मड) केबिल, एक्सएलपीई (क्रॉस लिंक पोली इथाइलीन) केबिल और एबी केबिल (एरीयल बंडल्ड/बंचड केबिल)

**कंट्रोल कॉपर केबिल – प्रकार –**

क्रमांक, - आर्मड, - अन आर्मड.

1. - 2 कोर 2.5 स्क्वायर एमएम, - 2 कोर 2.5 स्क्वायर एमएम.

2. - 4 कोर 2.5 स्क्वायर एमएम, - 4 कोर 2.5 स्क्वायर एमएम.

3. - 8 कोर 2.5 स्क्वायर एमएम,- 8 कोर 2.5 स्क्वायर एमएम.

4.- 10 कोर 2.5 स्क्वायर एमएम, - 10 कोर 2.5 स्क्वायरएमएम.

5. - 12 कोर 2.5 स्क्वायर एमएम,- 12 कोर 2.5 स्क्वायर एमएम.

**एल्यूमिनियम कंडक्टर केबिल 650/1100 वोल्ट एसी अन आर्मड पीवीसी/एक्सएलपीई केबिल–**

क्रमांक,   विवरण केबिल कंडक्टर राइज, - सिंगल कोर करंट (एग्पीयर ) पीवीसी, - सिंगल कोर करंट (एम्पीयर) एक्सएलपीई, - 3 -1/2 कोर केबिल करंट (एम्पीयर).

1. - 1.5 स्क्वायर एमएम, - 15 एम्पीयर, - 17 एम्पीयर, - 16 एम्पीयर.

2. - 2.5 स्क्वायर एमएम, - 21 एम्पीयर, - 23 एम्पीयर, - 22 एम्पीयर.

3. - 4 स्क्वायर एमएम, - 27 एम्पीयर, - 31 एम्पीयर, - 28 एम्पीयर.

4. - 6 स्क्वायर एमएम, - 35 एम्पीयर, - 39 एम्पीयर, - 36 एम्पीयर.

5. - 10 स्क्वायर एमएम, - 47 एम्पीयर, - 53 एम्पीयर, - 48 एम्पीयर.

6. - 16 स्क्वायर एमएम, - 64 एम्पीयर, - 73 एम्पीयर, - 61 एम्पीयर.

7. - 25 स्क्वायर एमएम, - 84 एम्पीयर, - 98 एम्पीयर, - 70 एम्पीयर.

8. - 35 स्क्वायर एमएम. - 105 एम्पीयर, - 121 एम्पीयर, - 92 एम्पीयर.

9. - 50 स्क्वायर एमएम, - 130 एम्पीयर, - 150 एम्पीयर, - 105 एम्पीयर.

10. - 70 स्क्वायर एमएम, - 155 एम्पीयर, - 187 एम्पीयर, - 130 एम्पीयर.

11. - 95 स्क्वायर एमएम, - 190 एम्पीयर, - 230 एम्पीयर, - 155 एम्पीयर.

12. - 120 स्क्वायर एमएम, - 220 एम्पीयर, - 268 एम्पीयर, - 180 एम्पीयर.

13. - 150 स्क्वायर एमएम, - 250 एम्पीयर, - 309 एम्पीयर, - 205 एम्पीयर.

14. - 185 स्क्वायर एमएम, - 290 एम्पीयर, - 360 एम्पीयर, - 240 एम्पीयर.

15. - 240 स्क्वायर एमएम, - 335 एम्पीयर, - 433 एम्पीयर, - 280 एम्पीयर.

16. - 300 स्क्वायर एमएम, - 382 एम्पीयर, - 501 एम्पीयर, - 315 एम्पीयर.

17. - 400 स्क्वायर एमएम, - 435एम्पीयर, - 595 एम्पीयर, - 375 एम्पीयर.

18. - 500 स्क्वायर एमएम, - 480 एम्पीयर, - 693 एम्पीयर, - 510 एम्पीयर.

## एक्सएलपीई केबिल -

क्रमांक. - विवरण सिंगल कोर, - सिंगल कोर 1100 वोल्ट अन आर्मर्ड, - 11 केवी अंडर ग्राउंड, - 33 केवी अंडर ग्राउंड, - रजिसटेन्स ओहम प्रति किमी.

1. - 16 स्क्वायर एमएम, - सिंगल कोर, - , -, - 2.42 ओहम.

2. - 25 स्क्वायर एमएम, - सिंगल कोर, - , - , - 1.54 ओहम.

3. - 35 स्क्वायर एमएम, - सिंगल कोर, - ,- ,- 1.11 ओहम.

4. - 50 स्क्वायर एमएम, - सिंगल कोर, - , - , - 0.822 ओहम.

5. - 70 स्क्वायर एमएम, - सिंगल कोर, - 3 x 70 स्क्वायर एमएम, - , - 0.566 ओहम.

6. - 95 स्क्वायर एमएम, - सिंगल कोर, - 3 x 95 स्क्वायर एमएम, - 3 x 95 स्क्वायर एमएम, - 0.411 ओहम.

7. - 120 स्क्वायर एमएम, - सिंगल कोर, - 3 x 120 स्क्वायर एमएम, - 3 x 120 स्क्वायर एमएम, - 0.325 ओहम.

8. - 150 स्क्वायर एमएम, - सिंगल कोर, - 3x 150 स्क्वायर एमएम, - 3x 150 स्क्वायर एमएम, - 0.265 ओहम.

9. - 185 स्क्वायर एमएम, - सिंगल कोर, - 3 x 185 स्क्वायर एमएम, - 3 x 185 स्क्वायर एमएम, - 0.211 ओहम.

10. - 240 स्क्वायर एमएम, - सिंगल कोर, - 3 x 240 स्क्वायर एमएम, - 3 x 240 स्क्वायर एमएम, -

11. - 300 स्क्वायर एमएम, - सिंगल कोर, - 3x 300 स्क्वायर एमएम, - 3x 300 स्क्वायर एमएम, - 0.130 ओहम.

12. - 400 स्क्वायर एमएम, - सिंगल कोर, - , - 3 x 400 स्क्वायर एमएम.

## एबी (एयर बंच्ड/एरियर बंडल्ड) केबिल–

क्रमांक.- 1100 वोल्ट ग्रेड एबी एक्सएलपीई केबिल, - 11 केवी एबी केबिल, - 33 केवी एबी केबिल.

1.- 3x150 + 1x35 +1x95 sq. mm (इंसुलेटिड न्यूट्रल मेसेंजर), - , - .

2. - 3x120+1x16 +1x70 Sq. mm. - , - 3x300 Sq.mm.

3. - 3x95 +1x16 +1x50 Sq. mm, - , -3x240 Sq.mm.

4. - 3x95 +1x16 +1x50 Sq.mm(बेयरमेसेंजर), - 3x185 +1x150 Sq.mm, - 3x200 Sq.mm.

5. - 3x70 +1x16 +1x35 Sq.mm, - 3x150 +1x120 Sq.mm, - 3x185 Sq.mm.

6. - 3x70 +1x16 +1x50 Sq.mm(बेयरमेसेंजर), - 3x150 +1x120 Sq.mm. , - 3x150 Sq.mm.

7. - 3x50+1x16 +1x35 Sq.mm(बेयरमेसेंजर), - 3x70 + 1x70 Sq.mm, - 3x95 Sq.mm.

8. - 3x35+1x16+1x35 Sq.mm(बेयरमेसेंजर), - 3x50 + 1x70 Sq.mm, - 3x50 Sq.mm.

9. - 3x35 +1x16+1x25 Sq.mm(बेयरमेसेंजर), - , - .

10. - 3x25 +1x16+1x35 Sq.mm(बेयरमेसेंजर), - , - .

11. - 3x25+1x16+1x25 Sq.mm (बेयरमेसेंजर), - , - .

12. - 3x16 +1x16+1x25Sq.mm., - , - .

13. - 3x25+1x16Sq.mm इंसुलेटिड न्यूट्रल कम मेसेंजर, - , - .

14. - 2x35 +1x16 Sq.mm, - , -.

15. -2x25 +1x16 Sq.mm, - , - .

16. - 1x35+1x16+1x25Sq.mm, - , - .

## केबिल – तुलना –

क्रमांक, - विवरण, - एक्सएलपीई केबिल, - पीई केबिल , - पीवीसी केबिल.

1. - रेटिड तापमान (डिग्री सेल्सियस में) - सामान्य, - 90, - 76, - 70.

इमरजेंसी, -130, - 90, - 95.

शॉर्ट सर्किट, -250, -140, -160.

2. - मेकेनीकल स्ट्रैंथ टेनसाइल स्ट्रैंथ (किग्रा/वर्ग एमएम), - 1.9, - 1.4, - 1.25 से 1.5.

तन्यता (एलास्टिसिटी) प्रतिशत, - 300 - 500, - 300 – 600, - 200 - 400.

3. - ताप शमन (150 डिग्री सेल्सियस पर), - उत्तम, - पिघलता है,- अच्छा नहीं.

4. - डाईइलेक्ट्रिक स्ट्रैंथ (केवी/एमएम),- 40 - 50, - 40 - 50,- 20 – 35.

5. - टेन डेल्टा (20 डिग्री सेल्सियस एवं 50 हर्टज़), - 0.0003, - 0.0003, - 0.08

6. - डाई इलेक्ट्रिक नियंताक/कॉस्टेंट, - 2.3, - 2.3, - 0.3.

7. - सोलवेंट रजिसटेन्स,- उत्तम, - उत्तम , - खराब.

## केबिल उपयोग –

- आमतौर पर पीआईएलसी (पिलिका) तथा एक्सएलपीई केबिल का उपयोग एचटी नेटवर्क और तेल भराव गैस भराव वाले ईएचवी नेटवर्क हेतु किया जाता है । इन केबिलों हेतु उचित केबिल सिरे वाले बक्सों का उपयोग किया जाना चाहिए । जब केबिल उपयोग में न हो तो इसके दोनों सिरों को उचित रूप से सील बंद किया जाना चाहिए ।

- पीवीसी आर्मर्ड केबिलों का उपयोग एलटी वितरण हेतु किया जाता है । ग्लैंड का उपयोग केबिल सिरे पर आर्मरिंग के साथ भूमि की निरंतरता बनाए रखने के लिए किया जाना चाहिए । ग्लैंड स्थिरता मुहैया करता है ताकि केबिल लटके नहीं और इंसुलेशन की क्षति,

ढीले कनेकशन से बचा जा सके । केबिल में जल के प्रवेश को रोकने के लिए एम-सील लगाएँ । केबिल क्षमता का चयन करते समय सुरक्षा के कारक को 1.5 लिया जाता है । भूमिगत केबिलों में प्रयुक्त होने वाले कंडक्टर एल्यूमिनियम तथा कॉपर के होते हैं ।

## 11 केवी हाई टेंशन केबिल –

- एक उच्च वोल्टेज केबिल (एचवी केबिल) 11 केवी आदि जैसे उच्च वोल्टेज पर विद्युत ट्रांसमीशन हेतु उपयोग के जाने वाली केबिल होते है । केबिल में एक कंडक्टर तथा उसका इंसुलेशन शामिल होता है जो आमतौर पर एक्सएलपीई (क्रॉस लिंक्ड पोली एथिलीन) होता है । केबिल का इंसुलेशन उच्च वोल्टेज तनाव, वायु में इलेक्ट्रिक डिस्चार्ज द्वारा उत्पन्न होने वाले ओज़ोन अथवा ट्रेकिंग के कारण क्षतिग्रस्त नहीं होना चाहिए । केबिल प्रणाली को अन्य वस्तुओं या व्यक्तियों के साथ उच्च वोल्टेज कंडक्टर के संपर्क को रोकना चाहिए और उसके द्वारा लीकेज करंट को रोक तथा नियंत्रित किया जाना चाहिए ।

## एक्सएलपीई केबिल- क्रॉस लिंक्ड पोली एथिलीन केबिल -

- मध्यम तथा उच्च वोल्टेज केबिलों हेतु इंसुलेशन के रूप में एक्सएलपीई का एक महत्वपूर्ण लाभ उनकी निम्न डाईइलेक्ट्रिक हानि होती है । डाईइलेक्ट्रिक हानिकारक पेपर इंसुलेटिड केबिल से लगभग एक दशमलव शक्ति और पीवीसी इंसुलेटिड केबिलों से लगभग दो दशमलव शक्ति कम होता है । क्योंकि डाईइलेक्ट्रिक स्थिरक अधिक अनुकूल भी है, एक्सएलपीई केबिलों की परस्पर कैपेसिटेन्स भी कम होती है और इस प्रकार बिना किसी कड़ी स्टार पॉइंट अर्थिङ्ग के नेटवर्क में चार्जिंग करंट तथा अर्थ लीकेज करंट को कम करती है ।

## पीवीसी पावर केबिल –

- एलटी पीवीसी विद्युत केबिल 1100 वोल्ट ग्रेड, सिंगल/मल्टीकोर, स्ट्रैंडिड और ग्रेड एच 2 के साथे एल्यूमिनियम कंडक्टर/श्रेणी – 2 स्ट्रैंडिड उच्च कंडक्टिविटीवाले साढ़े कॉपर कंडक्टर से कोम्पेक्ट की गई, पीवीसी इंसुलेटिड, प्रकार एसटी -1 के पीवीसी भीतरी शीथ पर बिछाई गई, मल्टीकोर केबिलों हेतु गैल्वनाइज्ड स्टील वायर/स्ट्रिप आर्मर और सिंगल कोर केबिल हेतु एल्यूमिनियम वायर आर्मर (आर्मर यदि लागू न हो) के साथ एसटी -1 प्रकार के एफआरएलएस, पीवीसी कम्पाउन्ड के बाहरी शीथ के साथ, सामान्यत: आईएस – 7098 भाग -2 के अनुरूप होती है ।

**केबिल ज्वाइंट –**

- विद्युत केबिल दो अथवा अधिक इलेक्ट्रीकल कंडक्टरों की एक असेम्बली होती है, जिन्हें आमतौर पर एक समग्र शीथ के साथ बांधा जाता है । असेम्बली का उपयोग विद्युत के ट्रांसमीशन के लिए किया जाता है । विद्युत केबिल को भवनों के अंदर स्थायी वायरिंग के रूप में, भूमि के अंदर, ओवरहेड में, अथवा खुले में स्थापित किया जाता है । केबिल में मुख्य 3 घटक होते हैं - कंडक्टर, इंसुलेशन और रक्षात्मक जैकेट । पृथक केबिलों की बनावट उपयोग के अनुसार भिन्न होती है । पावर केबिलें स्ट्रैंडिड कॉपर अथवा एल्यूमिनियम कंडक्टरों का उपयोग करतीं हैं, भले ही छोटी विद्युत केबिलें ठोस कंडक्टरों का उपयोग करती हैं ।

- विद्युत केबिलों के पहली बार उपयोग किए जाने के समय से ही यह समस्या आई है कि उन्हें किस प्रकार जोड़ा जाए । इंसुलेशन, टेनसाइल तथा क्रॉसिंग मजबूती की डिग्री प्राप्त करने के व्यवहार में अपेक्षित कंडक्टिविटी तथा एक्सेसेबिलिटी प्राप्त करने के लिए परम्परागत समाधान किसी प्रकार का जंक्शन बॉक्स रहा है । जंक्शन बॉक्स में आमतौर पर ये समाहित होते हैं – केबिल कंडक्टरों को सुरक्षित करने की कोई पद्धति (आमतौर पर सोल्डरिंग, स्क्रू – क्लैम्प या संकुचित फेरूल्स द्वारा), इंसुलेशन की कोई पद्धति जो वायु, तेल, बिटुमिन या टेप के रूप में लगाए गए इंसुलेशन की हो सकती है, और पर्यावरण संबंधी लागू होने वाले एनक्लोजर तथा बचाव की एक पद्धति । कार्य विनियमन 1989 के विनियम 10 में यह आवश्यक है कि विद्युत का प्रत्येक जाइंट तथा कनेक्सन यांत्रिक तथा इलेक्ट्रिक रूप से उपयोग हेतु उपयुक्त हो । इस संबंध में कंडक्टिविटी, इंसुलेशन, यांत्रिक शक्ति तथा बचाव के संबंध में जाइंट अथवा कनेक्सन उचित संरचना वाला होना चाहिए ।

- सख्त केबिल जाइंट – भूमिगत केबिलों को फेरुल (ट्विस्टिड या क्रिम्प्ड) द्वारा जोड़ा जाता है और बाहरी बचाव बाड़ा या बक्से को आम तौर पर प्लास्टिक या बिटुमिनस कंपाउंड से भरा जाता है । ऐसे ज्वाइंट का उपयोग अक्सर भूमि के ऊपर वाली सख्त केबिलों के लिए किया जाता है और उन्हें पर्याप्त बचाव तथा सपोर्ट मुहैया कराया जाता है । इन ज्वाइंटों के आधुनिक रूप इंसुलेटिंग और अथवा शीथिंग सामग्री के रूप में थर्मो – स्रीन्क स्लीविंग का उपयोग करते हैं, परंतु सिद्धान्त वही रहता है ।

- स्थिर वायरिंग स्थापनाओं में अन्य केबिलों को आमतौर पर उन्हें किसी प्रकार के बंद जंक्शन बॉक्स में जोड़ा जाता है । जिसमें कई मामलों में दबाब के प्रति केबिल को सुरक्षित रखने की कोई पद्धति शामिल नहीं होती ।

- लोचदार केबिलों में ज्वाइंट – लोचदार केबिलों में घरेली ज्वाइंट आमतौर पर संतोषजनक नहीं होते क्योंकि -

- 1 – स्ट्रैंडिड कंडक्टर ज्वाइंटिंग की कुछ पद्धतियों के अनुकूल नहीं होते

- 2 – यांत्रिक टेनसाइल शक्ति और क्रशिंग के प्रति प्रतिरोधकता को बनाए रखना कठिन होता है और
- 3 – थकान क्षति उत्पन्न हो सकती है जहां लोचशील केबिल किसी प्रतिकूल जाइंट में जा सकती है ।
- कुछ स्वामित्व वाले ज्वाइंट तथा कनेक्टर अधिक स्वीकार्य हैं, इनमें स्ट्रेंडिड कंडक्टर, प्लग हेतु प्रयोग किए जाने के समान डिजायन वाले केबिल क्लैम्प के लिए उपयुक्त होने वाले टर्मिनल या कंप्रेशन फिटिंग शामिल होती है । कनेक्टर में प्रवेश के स्थान पर केबिल की फ्लेक्सिंग को कम करने के लिए स्लीविंग शामिल होती हैं । जहां ये विशेषताएं मौजूद हैं और केबिलों को उचित रूप से बंद किया गया है, वहां यह दर्शाना कठिन होगा कि जाइंट कंडिविक्टिविटी, इंसुलेशन, तथा यांत्रिक शक्ति के संबंध में विनियम 10 के आवश्यकताओं को पूरा नहीं करता है । बक्से द्वारा मुहैया करवाए गए यांत्रिक बचाव की पर्याप्तता उस परिवेश पर निर्भर करते है जिसमें इन्हें जारी किया गया हो । कुछ मामलों में ऊष्मा से संकुचन होने वाली अथवा प्री –स्ट्रेच्ड स्लीविंग पर्याप्त हो सकती है परंतु अन्य परिस्थितियों में अतिरिक्त बचाव की आवश्यकता होगी ।

**केबिल ज्वाइंट तथा उपकरणों के प्रकार –**

- केबिल नेटवर्क में खराबी के अधिकतर मामलों का संबंध दोषपूर्ण केबिल जाइंट से होता है । अत: उचित ज्वाइंटिंग तकनीक, अच्छी गुणवत्ता वाली इंसुलेटिंग सामग्री और केबिल ज्वाइंटिंग हेतु मानक एसेसरीज़ का उपयोग आवश्यक होता है । केबिल जाइंट तीन प्रकार के होते हैं –
- सीधे थ्रू जाइंट – सीधे थ्रू जाइंट आज के विद्युत केबिल नेटवर्कों का अभिन्न हिस्सा है । ये जाइंट केबिल नेटवर्क ओपरेटरों की मांगों को पूरा करने के लिए विश्वसनीयता तथा लोचदार केबिल मुहैया करवाते हैं ।
- सीधे थ्रू जाइंट निम्नलिखित को मुहैया करवाते हैं -(शीघ्र केबिल तैयारी, उच्च इलेक्ट्रीकल इंसुलेशन, कोई नमी प्रवेश नहीं, अच्छी यांत्रिक मजबूती, कोम्पेक्ट आयाम) सीधे थ्रू ज्वाइंट को धातु जोड़ने की प्रक्रियाओं जैसे कि बेल्डिंग तथा सोल्डरिंग से बनाया जाता है ।
- टी – ज्वाइंट – इस प्रकार के जाइंट का उपयोग मुख्य केबिल से सर्विस केबिल की ब्रांचिंग हेतु किया जाता है । टी – जाइंट सहायक है क्योंकि केबिल को मोड़ने तथा तोड़ने से उसके बाहरी कोर को क्षति पहुंचाती है ।
- टर्मिनल ज्वाइंट – इस प्रकार के जाइंट केबिल को स्विच गीयर, ट्रांसफार्मर टर्मिनल अथवा किसी ओवरहेड लाइन से जोड़ते हैं ।

**केबिल जंक्शन बॉक्स–**

- एक इलेक्ट्रीकल जंक्शन बॉक्स बिजली के कनेक्शनों के लिए एक डिब्बा होता है जिसका उद्देश्य आमतौर पर उन्हें दिखने से छिपाना और छेड़-छाड़ को रोकना होता है ।कोई छोटा धातु या प्लास्टिक जंक्शन बॉक्स किसी इलेक्ट्रिक कंड्यूट अथवा थर्मोप्लास्टिक – शीथ्ड केबिल (टीपीएस) वायरिंग प्रणाली का हिस्सा हो सकता है । भूमिगत केबिलों को बिछाते समय जंक्शन बॉक्स का उपयोग ऐसे स्थान पर किया जाता है जहां दिशा में परिवर्तन हो अथवा अन्य किसी केबिल को एक भिन्न दिशा में बिछाया जाना हो ।

- भूमिगत केबिल प्रणाली के लाभ – मार्ग लंबाई का चयन आसान तथा सरल होता है, सुरक्षा कारक अत्यधिक उच्च होता है, रख-रखाव लागत लगभग नगण्य है, प्रणाली में अच्छा विद्युत कारक होता है, प्रणाली को टेढ़े - मेडे तथा तीव्र मोड वाले मार्गों में ध्यान पूर्वक बिछाया जाता है ।

- भूमिगत केबिल प्रणाली की हानियां – खराबी मामले में मरम्मत हेतु लगने वाला समय काफी अधिक होता है, ओवर हेड प्रणाली की तुलना में अत्यधिक महंगी क्योंकि इसकी प्रारम्भिक लागत तथा बिछाए जाने के तरीके महंगे हैं, विद्यमान केबिलों द्वारा अतिरिक्त लोड नहीं लिया जा सकता और इसलिए लोड विस्तार के मामलें में नई केबिलों को बिछाए जाने की आवश्यकता होती है ।

साथ – साथ विद्यमान होने वाली भूमिगत उपयोगिताएँ–

- यदि केबिलों का मार्ग सीवर लाइन, खुले नाले, नहर, पुल तथा अन्य उपयोगिता केबिल के गड्डे जैसी साथ-साथ विद्यमान होने वाली भूमिगत उपयोगिताओं के मध्य में आता है तो केबिल को 6 इंच जीआई पाइप अथवा केबिल के व्यास के अनुसार समूचे क्षेत्र में जीआई पाइप डालकर बचाया जाता है और दोनों तरफ की दीवार के सिरों को ईंट आदि लगाकर सील किया जाता है ताकि उनके संपर्क में आने से होने वाली क्षति को रोकने के लिए अतिरिक्त यांत्रिक शक्ति मुहैया कारवाई जा सके । यदि पुल के साथ केबिल का मार्ग आता है और हम पुल के पथ मार्ग पर गहराई को बनाए रखने में असमर्थ होते हैं तो केबिल को जी आई पाइप से कवर किया जाता है तथा उन्हें पुल के पथ मार्ग की साइड के दीवारों पर उचित रूप से क्लैम्प द्वारा रोका जाता है ।

केबिल बिछाना – केबिल –

- डी – रेटिंग हेतु विचार किए जाने वाले कारक – केबिल की गहराई, भूमि तथा परिवेशीय तापमान में अंतर, तापीय मृदा प्रतिरोधता, केबिलों के मध्य स्थान, संस्थापन की स्थिति

- केबिल बिछाए जाने वाले कार्यकलाप में प्रयुक्त होने वाले औज़ार तथा उपकरण – केबिल बिछाते समय विद्युत संबंधी कार्य हेतु आवश्यक सावधानियां तथा स्वास्थ्य और सुरक्षा व्यवहारों को अपनाया जान चाहिए।

- केबिल बिछाने हेतु अन्य औज़ार केबिल पुलिंग रिंच, केबिल गाइडिंग उपकरण और केबिल पुलिंग ग्रिप आदि केबिल ड्रम पहिया, केबिल रोलर स्टूल, एंगल रोलर के साथ उपयोग किए जाते हैं ।

**केबिल खींचने के लिए विभाग अनुमति व पद्धति –**

- केबिल बिछाते समय निम्नलिखित विभागों से सविधिक (नियमानुसार) स्वीकृतियां प्राप्त की जाएँ – दूर संचार, जलापूर्ति, जल निकासी तथा सीवरेज, रेलवे, नगर निगम, राष्ट्रीय/राज्य राज मार्ग, यातायात (पुलिस विभाग), रक्षा प्राधिकारी,
- केबिल खींचने की पद्धति – केबिल ड्रम को जैक पर चड़ाया जाए और केबिल को धीरे – धीरे कील तथा मोड से बचाते हुए धीरे – धीरे उतारा जाए । भारी केबिल के मामले में खुले सिरे को रिंच की सहायता से खींचा जाना चाहिए । खुले गड्डों में केबिल को बिछाने में कोई गंभीर कठिनाई नहीं आती । केबिल को पहले गड्डे अथवा उसके ऊपर की भूमि में बिछाए गए रोलर पर रखा जाता है जिसे फिर गड्डे के ताल पर अंतरित किया जाता है । पाइप तथा डक्ट में केबिल को बिछाते समय ध्यान दिया जाना चाहिए ताकि स्थापन के दौरान क्षति न पहुंचे ।
- भूमिगत केबिलों का परीक्षण – केबिलों में शॉर्ट सर्किट, निरंतरता/कंटीन्यूटी का अभाव, अर्थ दोष हेतु परीक्षण किया जाता है ।

**33 केवी केबिल लाइन - अंडर ग्राउंड रेलवे/राष्ट्रीय राज मार्गक्रॉसिंग (1+1 केबिल) –**

- 33 केवी एक्सएलपीई केबिल (3 कोर 300 स्क्वायर एमएम) -300 मीटर
- जीआई पाइप 150 एमएम बी ग्रेड ट्रेक के नीचे – 250 मीटर
- जीआई पाइप 150 एमएम ए ग्रेड डीपी (जोड़ा) के सहारे - 32 मीटर
- हीट सिंकेबिल केबिल जोईंटिंग किट लग्स सहित (33 केवी केबिल) - 4 सेट
- अर्थिंग सेट - 4 नंबर
- 33 केवी एलए (लाइटिनिंग अरेस्टर) गेपलेस टाइप - 6 नंबर
- जीआई वायर 6 एसडब्लूजी - 20 किग्रा
- बाई मेटेलिक क्लैम्पस - 6 नंबर
- एमएस नट और बोल्ट्स - 10 किग्रा
- एमएस फ्लेट - 45 किग्रा
- केबिल मार्कर - 10 नंबर

कोंक्रीटिंग (केबिल मार्कर) (0.2 सीएमटी प्रति केबिल मार्कर) (1:3:6) - 2 सीएमटी

**33 केवी अंडरग्राउंड केबिल लाइन(1+1केबिल) 300 एसक्यू एमएम एक्सएलपीई आर्मर्डकेबिल -1 किमी -**

- 33केवी 3 कोर 300 एसएक्यू एमएम एक्सएलपीई केबिल - 2.3 किमी
- जीआई पाइप 150 एमएम बी ग्रेड ट्रेक के नीचे – 100 मीटर
- जीआई पाइप 150 एमएम ग्रेड ए डीपी के सहारे – 32 मीटर
- हीट स्किंकेबिल केबिल जोईंटिंग किट लग्स सहित - 4सेट
- हीट स्किंकेबिल केबिल (स्ट्रेट थ्रू) जोईंटिंग लग्स सहित - 4 सेट
- अर्थिंग सेट – 4 नंबर
- 33 केवी एलए (लाइटिनिग अरेस्टर) गेपलेस टाइप - 6 नंबर
- जीआई वायर 6 एसडब्ल्यूजी - 20 किग्रा
- बाई मेटेलिक क्लैंप्स – 6 नंबर
- एमएस नट और बोल्ट्स - 37 किग्रा
- एमएस फ्लेट – 50 किग्रा
- केबिल मार्कर - 40 नंबर
- पीवीसी/एचडीपीई पाइप 8 इंच डाया - 20 मीटर
- रेत/सेंड भराव (फिलिंग) केबिल के ऊपर - 300 सीएमटी
- भट्टा ईंट/ब्रिक रेत के ऊपर – 30,000 नंबर
- कोंक्रीटिंग केबिल मार्कर (0.2 सीएमटी प्रति मार्कर) – 8 सीएमटी
- अन्य – एम-सील पुट्टी, एलपीजी, केरोसिन आदि

एबी (एरियल बंचड़) केबिल –

- एबी केबिल को उच्च वोल्टेज विद्युत ट्रांसमीशन में प्रयोग किए जाने वाले बंडल कंडक्टर नहीं समझा जाना चाहिए । एरियल बंचड़ केबिल ओवर हेड विद्युत लाइनें हैं जो कई एक साथ कस कर बंडल किए गए इंसुलेटिड फेज कंडक्टरों का उपयोग करते हैं, आमतौर पर एक बिलकुल न्यूट्रल कंडक्टर के साथ । यह वायु अंतरों द्वारा पृथक गैर – इंसुलेटिड कंडक्टरों का उपयोग किए जाने वाले परमपरागत व्यवहार के विपरीत हैं । परंपरागत डिजाइन में मुख्य आपति यह है कि मल्टीपल कंडक्टर दिखने में खराब लगते हैं और बाहरी कारकों से वे आपस में छूकर शॉर्ट – सर्किट कर सकते हैं । इससे निकलने वाली चिंगारी शुष्क जलवायु में झाड़ियों में लगने वाली आग का कारण बनी हैं । यह एक संभाव्य हानिकारक दोष स्थिति है । एबीसी के साथ सभी कंडक्टरों के साथ – साथ डिसकनेक्शन की संभावना अधिक रहती है । नमी वाली जलवायु में वृक्षों की वृद्धि ओवर हेड विद्युत लाइनों हेतु एक बड़ी समस्या बनी रहेगी, वृक्ष को काटे जाने की लागत कम की जा सकती है । लाइनों पर बड़े वृक्षों तथा टहनियों के गिरने वाले क्षेत्र

एरियल बंचड़ केबिलों हेतु एक समस्या है क्योंकि लाइन समय के साथ कमजोर होती है । अत्यधिक दबाव के कारण क्रेक उत्पन्न होते हैं और इंसुलेशन का टूटना शॉर्ट सर्किट विफलताओं में परिणत हो सकता है ।

**एबी केबलों के लाभ -**

- बाहरी कारकों द्वारा होने वाले शॉर्ट – सर्किटों से तब तक अपेक्षाकृत बचाव, जब तक कि इंसुलेशन घिस न जाए
- वृक्षों के निकट रह सकती है और छूए जाने पर चिंगारी नहीं निकलेगी
- आसान संस्थापन, क्योंकि क्रॉस बार तथा इंसुलेटरों की आवश्यकता नहीं होती
- कम उलझी हुई दिखावट
- एक सँकरे मार्ग के अधिकार में लगाई जा सकती है ।
- जंक्शन खंभों पर दोनों ओर गैर – इंसुलेटिड वायर से कनेक्ट किए जाने के लिए इंसुलेटिंग ब्रिजिंग वायर की आवश्यकता होती है । एबीसी इनमें से एक जोड़ की आवश्यकता को समाप्त कर सकता है ।
- वृक्ष या वाहन क्षति से केवल न्यूट्रल ब्रेक का कम जोखिम, जो टीएनसी प्रणालियों के साथसुरक्षा को बढ़ाता है ।
- विद्युत की चोरी को कठिन और पता लगाने में अधिक स्पष्ट बनाता है ।

**एबी केबिल – क्षतियां –**

- केबिल पर ही अतिरिक्त लागत
- सूर्य के प्रकाश के संपर्क में आने से इंसुलेशन कम होता है, यद्यपि तारों के मध्य महत्वपूर्ण इंसुलेशन को थोड़ा बहुत सूर्य के प्रकाश से बचाया जाता है ।
- अधिक वजन के कारण कम फैलाव तथा अधिक खंभे
- अधिक लाइन वजन, जिसके चलते मरम्मत के लिए बड़े तथा अधिक विशेषीकृत उपकरणों की आवश्यकता होती है, के कारण पहाड़ी क्षेत्रों में संस्थापनाओं हेतु अधिक मरम्मत समय लग सकता है ।
- पुराने संस्थापनाओं में ऐसे क्षेत्रों में आग लगते हुए देखा गया है जहां बड़े वृक्षों या शाखाओं के गिरने से नियमित रूप से लाइनों में या इंसुलेशन में व्यवधान उत्पन्न होता है । जो शॉर्ट सर्किट में परिणत होता है तथा लिजसके कारण इंसुलेशन का जलने, भूमि पर गिरने तथा भूमि पर आग लगने में परिणत हो सकता है ।

**एबी केबिल – स्ट्रिंगिंग तथा ज्वाइंटिंग –**

- स्ट्रिंगिंग – परमपरागत पद्धति में एबी केबिलों की स्ट्रिंगिंग के दौरान कोई कठनाई नहीं आती है, परंतु यह ध्यान रखा जाना चाहिए कि स्थापन के दौरान इंसुलेटिड कंडक्टर क्षतिग्रस्त न हों, एबी केबिल को भूमि पर घसीटे जाने से बचाया जाना चाहिए । स्ट्रिंगिंग के दौरान लगाई जाने वाली टेंशन मैसेंजर वायर के ब्रेकिंग भार का 25 प्रतिशत होना चाहिए । यह लाइन को निम्नतम परिवेशी तापमान के फैलाव के 1.5 प्रतिशत की निर्दिष्ट सीमा के अंदर सेग को अनुमेय बनाएगा

- ज्वाइंटिंग – जहां परंपरागत तकनीकी द्वारा एलटीएबी केबिल प्रणाली हेतु विस्तार के मध्य जोइंटिंग की अनुमति है, एक ऐसे प्रकार के जाइंट की सिफारिश की जाती है जो सपोर्ट पर जाइंट को ले आए । एचटी लाइनों के मामले में विस्तार के मध्य में जोड़ने की सिफ़ारिश बिलकुल नहीं की जाती, अपरिहार्य परिस्थितियों में सपोर्ट पॉइंट पर लाइन टैपिंग की अनुमति उचित रूप से बनाए गए क्लैम्प कनेक्टरों/पीजी क्लैम्प के माध्यम से दी जा सकती है । तीन फेज स्क्रीन को छोटा और उचित नॉन – लाइनर सर्ज अरेस्टर के माध्यम से अर्थ किया जाना चाहिए । ऐसे किसी क्षेत्र में जहां केतनारी टेंशन में है वहाँ विद्युत कंडक्टरों से टैपकिए जाने की सिफ़ारिश नहीं की जाती है ।

**एलटी लाइन 3 फेज 5 वायर एबी (एरियर बंच्ड) एक्सएलपीई केबिल – 1 किमी लाइन**

–

- पोल सपोर्ट (50 मीटर स्पान से अधिक नहीं) – 20 नंबर
- एबी केबिल एसेसरीज़ (एबी केबिल हेंगिंग क्लैम्प/टेंशन क्लैम्प गेलवज्नाइड -20 नंबर, सस्पेंशन क्लैम्प -16 नंबर, टेंशन क्लैम्प/डेड एंड -6 नंबर, न्यूट्रल क्लैम्प -20 नंबर, पायरेसिंग कनेक्टर टाइप 1- 60 नंबर, टाइप 2- 40 नंबर)
- 1100 वोल्टग्रेड एरियल बंचड एक्सएलपीई केबिल (5 % सेग सहित) साइज उपयोगितानुसार - 1.05 किमी
- स्टे सेट 16 एमएम कंप्लीट, स्टे क्लैम्प -12 नंबर, स्टे वायर 7/3.15 एमएम (5.5 किग्रा प्रति स्टे) – 66 किग्रा
- कोंक्रीटिंग पोल (0.3 सीएमटी प्रति पोल)(1:3:6)-6 सीएमटी, स्टे कोंक्रीटिंग (0.2 सीएमटी प्रति स्टे) - 2.4 सीएमटी
- स्प्रिंग लोडिड बस बार सिस्टम (1-इंकमिंग ,6 आउट गोइंग -1 फेस) - 10 नंबर
- स्प्रिंग लोडिड बस बार सिस्टम (1-इंकमिंग, 3 आउट गोइंग – 3 फेज) - 10 नंबर
- एमएस नट और बोल्ट्स -30 किग्रा,
- अर्थिंग कोइल (115 टर्न, 50 एमएम डाया, 2.5 मीटर लंबाई की लीड - 4 एमएम जीआई वायर)- 5 नंबर

**केबिल एसेसरीज़ –**

## केबिल एसेसरीज

केबिल टेंशन

केबिल ड्रम

केबिल कनेक्शन

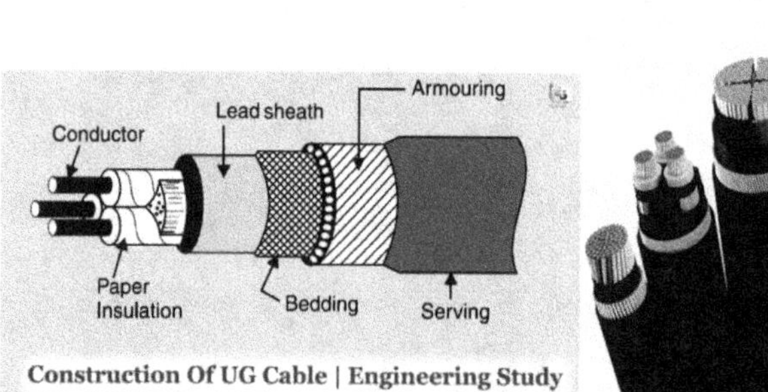

केबिल सेक्शन एवं विभिन्न केबिल

# 18

# विद्युत लाइनों का रख-रखाव

### विद्युत लाइनों का रख-रखाव

- **33 केवी लाइन का निर्माण** – निर्धारित मानक स्तर के सामानो के द्वारा स्टैंडर्ड कंस्ट्रकशन प्रैक्टिस के आधार पर लाइन का निर्माण किया जाता है । लाइन निर्माण के बाद टेस्टिंग कर नई लाइन को 33 केवी सप्लाई से चार्ज कए संचालित किया जाता है ।

- **33 केवी लाइन का संचालन** – 33 केवी लाइन बिना किसी अवरोध के सुदृढ़ एवं पूर्ण दक्षता के साथ सतत चालू रहें । इस प्रक्रिया को 33 केवी लाइन का संचालन कहते हैं ।

- 33 केवी लाइन का संचालन सुदृढ़ एवं पूर्ण दक्षता सतत बना रहे, इस व्यवस्था को बनाए रखने के लिए, लाइनों का ग्राउंड पेट्रोलिंग कर भविष्य में आने वाली खराबियों, कमियों एवं बाधाओं को चिन्हित कर रिकॉर्ड बना लेते हैं । इसके बाद लाइन सुधार के लिए सामान की व्यवस्था, कर्मचारियों की व्यवस्था, टी एंड पी (औज़ार) एवं सुरक्षा उपकरणों की व्यवस्था तथा वाहन व्यवस्था कर मेंटीनेस शेड्यूल प्रोग्राम दिनांक वार बनाते हैं । नियत दिनांक एवं समय पर लाइन का परमिट लेकर, सुरक्षा नियमों का पालन करते हुए लाइन का सुधार कार्य करते हैं । इस पूर्ण प्रक्रिया को लाइनों का रखा – रखाव कहते हैं ।

- रख – रखाव का महत्व – विद्युत लाइनों का प्रभावी रख – रखाव कार्य करने से विद्युत वितरण लाइनों में आने वाले ब्रेक डाउन (फाल्ट) में कमी आती है, एवं पावर सप्लाई का संचालन सतत बना रहता है ।

- 1 - प्रीवेंटिव मेंटीनेस (पूर्व आयोजित सुधार) - रख – रखाव –

- विद्युत लाइनों को सेवा में रखते हुए तथा ब्रेक डाउन से बचाने के लिए कार्य योजना बनाकर किया गया मेंटीनेंस प्रीवेंटिव मेंटीनेंस कहलाता है ।

- अ – प्री मानसून मेंटीनेन्स (मानसून पूर्व सुधार) – मेंटीनेन्स प्रोग्राम बनाकर सामान्यतः 16 अप्रैल से 31 मई तक रख – रखाव किया जाता है ।

- ब – पोस्ट मानसून मेंटीनेन्स (मानसून बाद सुधार, या दीपावली पूर्व सुधार) - बर्षात के बाद 01 सितम्बर से 15 अक्टूबर तक रख – रखाव कार्य किया जाता है ।

- 2 – करेक्टिव मेंटीनेन्स (सुधारात्मक रख – रखाव) – प्रीवेंटिव मेंटीनेन्स के बाद, यदि किसी कारण से लाइन में खराबी जैसे – पोल का टेढ़ा होना, तार ढीला होना, एबी स्विच पॉइंट में स्पार्क तथा लूज जमफर आदि हो जाता है । तब लाइन बन्द या इंट्रप्शन के पूर्व, शट डाउन व्यवस्था कर लाइन की खराबियों को सुधार कर लिया जाता है । इस प्रकार के रख – रखाव को सुधारात्मक रख – रखाव कहते हैं ।

- 3 – ब्रेक डाउन मेंटीनेन्स – किसी कारण से विद्युत लाइन में फाल्ट आता है, और लाइन बन्द हो जाती है तो इसे ब्रेक डाउन कहते हैं । ब्रेक डाउन के बाद लाइन को फाल्टी घोषित कर देते हैं । पावर सप्लाई को पुन: बहाल करने के लिए निम्न कार्य किया जाता है ।

## विद्युत संधारण – प्रिवेंटिव मेंटीनेंस

- प्रिवेंटिव मेंटीनेंस का कार्य मुख्य रूप से तीन भागों में विभाजित रहता है –

- 1- निरीक्षण (इंसपेक्शन) – किसी उपकरण को बगैर खोले, कार्य में रहते हुए आँखों से देखकर, आवाज सुनकर, सूंघकर या छूकर (जिनमें विद्युत प्रवाह नहीं होता) उसके कार्य निष्पादन तथा संभावित कमियों एवं भविष्यों में आने वाले फाल्ट का आंकलन करना होता है ।

- उदाहरण – लाइन का लोड चेक करके पता चलता है कि लाइन ओवर लोड तो नहीं है, ट्रांसफार्मर की बॉडी छूकर ठंडा अथवा गरम होने से लोड अथवा अन्य कोई डिफ़ेक्ट/ फाल्ट पता चलता है ।

- 2- प्रिवेंटिव मेंटीनेंस – समय – समय पर उपकरण की टेस्टिंग करके उसकी कार्य प्रणाली की जांच करना, उपकरण की इलेक्ट्रिकल/मैकेनिकल सुदृढ़ता की जांच करना कि उपकरण सेवा में रखने लायक हेतु कोई फाल्ट आने के पूर्व कोई संधारण कार्य करने ताकि उपकरण में फाल्ट न आए । जैसे ट्रांसफार्मर ऑइल चेक कर परीक्षण करके तदानुसार कार्यवाही करना । ऑइल फिल्टर करना अथवा ऑइल बदलना आदि ।

- 3- ओवर हालिंग – ओवरहालिंग के अंतर्गत उपकरण को सेवा से हटाकर, खोलकर आवश्यक दुरुस्ती कार्य का सम्पादन करना तथा जरूरत होने पर पुराने पुर्जे बदल कर नए पुर्जे लगाना शामिल है ।

विद्युत संधारण – मानसून पूर्व (वर्षा से पहले)/मानसून बाद (दिवाली से पहले) -

- वर्ष में दो बार मानसून के आने के पहले (सामान्यत: 16 अप्रैल से 31 मई) और मानसून के बाद (सामान्यत: 1 सितंबर से 15 अक्टूबर) बिजली की लाइनों का और उपकरणों को फिट रखना जरूरी है । इसलिए संधारण से पहले निरीक्षण किया जाता है । निरीक्षण के बाद प्रायोजित कार्यक्रम निर्धारित कर ग्राहकों/उपभोक्ताओं को भी पूर्व सूचना देकर, मेंटीनेंस सामग्री तैयार का विधिवत संधारण किया जाता है । जिनमें मुख्य कार्य किए जाते हैं –
- पेड़ों की डाल/टहनियाँ छांटना/काटना, पोलों से घोंसले निकालना, लाइनों के ढीले तार खींचना, टेढ़े/झुके पोल सीधे करना, वी क्रॉस आर्म आदि के नट – बोल्ट कसना, अर्थिंग ठीक करना, टूटे/क्रैक इंसुलेटरों को बदलना, कट पॉइंट के जम्पर ठीक करना, स्टे ठीक करना, निचले कंडक्टर की जमीन से नियमानुसार ऊंचाई रखना, गार्डिंग ठीक करना, जहां जरूरी हो वहां गार्डिंग करना, एबी स्विच/आइसोलेटर के प्वाइंट और जम्पर ठीक करना आदि ।

## विद्युत संधारण – पोल

- टेढ़े/झुके खम्भे सीधे करना – जो पोल किसी भी कारण झुक गए हैं, इससे तार ढीले व आपस में टकराने लगते हैं जिससे लाइन फाल्ट होकर तार भी टूटते हैं । पोलों के आधार/ बेस में पानी डालकर तथा रस्सी से खींचकर पोल सीधे किया जाने के बाद निचले सिरें की नींव में बोल्डर/पत्थर भरकर करने से सीधे किए गए पोल को मजबूती मिलती है ।
- आंधी तूफान प्रभावित क्षेत्रों में स्टार्म गाई पोलों के दोनों ओर लगाई जानी चाहिए ताकि आंधी तूफान के दौरान हवा के दबाव का असर पोल एवं तारों पर न होकर स्टे द्वारा झेल लिया जाए एवं पोल टूटने से बंचें तथा टूट - फूट एवं विद्युत आपूर्ति छिन्न - भिन्न होने से बचा जा सके ।
- ढीली स्टे को भी दुबारा खींच कर ठीक किया जावे
- पीसीसी पोल पर लगाई स्टे के बीच स्टे इंसुलेटर का लगा होना अति आवश्यक है, ताकि कोई विद्युत दुर्घटना न हो सके । यदि स्टे इंसुलेटर टूटा हुआ हो तो अवश्य बदला जावे । यह केवल एलटी लाइन के लिए ही है, अन्य वोल्टेज की लाइन के लिए नहीं क्योंकि वहां प्रत्येक पोल अर्थ किया जाता है और एलटी लाइन में हर पांचवाँ पोल अर्थ किया जाता है ।
- प्रत्येक पोल की अर्थिंग सही हालत में होना आवश्यक है । एलटी लाइन के न्यूट्रल की एल्यूमिनियम बॉबिन के द्वारा प्रत्येक पोल पर अर्थ करके लगातार न्यूट्रल अर्थिंग होना आवश्यक है । यदि पोल की अर्थिंग कटी/टूटी हो तो नई अर्थिंग की जाए
- उन स्थानों पर जहां लाइन का स्पान ज्यादा हो और तार अत्यधिक ढीले हों वहां पर मिड स्पान पोल लगाया जाए, ताकि तार आपस में न टकराएँ एवं जमीन से सुरक्षित दूरी बनी

रहे ।

- यदि किसी वाहन की टक्कर या तूफान के कारण पीसीसी पोल क्रैक, लोहे के पोल टेढ़े हो जाए अथवा पोल जमीन से गल जाएंतो ऐसे पोलों को बदला जाना आवश्यक है ।

विद्युत संधारण – लाइन -

- लाइन के ढीले तार खींचना, तारों में ज्यादा जोड़ हैं तो उन्हें बदलना, लोड बढ़ने के कारण तार पुराने व पतले हैं तो उचित साइज के तार बदलना, नदी, नाले, सड़क मार्गों पर गार्डिंग न हो तो करना, यदि ढीली है तो पुन: ठीक करना । लाइन के टूटे/क्रैक पिन/ डिस्क इनुलेटर बदलना, उनकी साफ सफाई, बाइंडिंग ठीक करना, पिन का तिरछा होने पर सीधा करना ।
- क्रॉस आर्म पोल से ठीक कसना, यदि तिरछा हो तो ठीक करना,
- दो पोलों के बीच तारों में कट, जोड़ कमजोर न होना,
- तारों का वृक्षों की डगाल/टहनियों, मकान/भवनों से निर्धारित दूरी पर रखना तदानुसार सुधार करना

**33 केवी एवं 11केवी लाइनों में किया जाने वाला रख – रखाव कार्य –**

- झुके/टेढ़े पोलों को सीधा करना
- खराब और टूटे पोलों को बदला जाना ।
- पोलों की अर्थिंग को सुधार करना ।
- टेढ़े वी क्रॉस आर्म और टॉप क्लैम्प को सीधा करना ।
- टूटे/क्रेक पिन इंसुलेटर एवं डिस्क इंसुलेटर को बदलना ।
- पिन इंसुलेटर की वाईंडिंग, जहां आवश्यक हो ।
- ढीले तार को कसना (खींचना) ।
- ढीले स्टे वायर को कसना (खींचना)
- खराब/कटे स्टे वायर को बदलना ।
- जले/खराब जम्पर को ठीक करना ।
- पेड़ों की डालियों की छंटाई करना, लाइन से नियमानुसार दूरी बनाना ।
- ढीले गार्ड वायर को कसना ।
- इंसुलेटरों/डिस्कों की साफ सफाई करना ।
- चिड़ियों के घोंसले हटाना ।
- एंटीक्लाइम्बिंग एवं डेंजर बोर्ड को व्यवस्थित करना ।
- पोलों के पास मिट्टी का भराव जहां आवश्यकता हो ।

## एलटी लाइन का संचालन – संधारण

एलटी लाइन 11/0.4 केवी वितरण ट्रान्सफार्मर (डीटीआर) से निकलती हैं । इनका संचालन एवं रख - रखाव कार्य, 11 केवी लाइनों के रख – रखाव जैसा महत्व होता है ।

- झुके/टेढ़े पोलों को सीधा करना ।
- पोलों के पास मिट्टी का भराव, जहां आवश्यक हो।
- खराब एवं टूटे पोलों को बदला जाना ।
- पोलों की कटी अर्थिंग को ठीक करना ।
- टूटे/खराब शेकल इंसुलेटर को बदलना ।
- जहां आवश्यक हो, शेकल इंसुलेटर की पुन: वाईंडिंग करना ।
- ढीले तारों को कसना ।
- ढीले स्टे तार को कसना ।
- **कटे/खराब एलटी जम्पर को बदलना**
- चिड़ियों के घोंसले हटाना ।
- ढीली गार्डिंग को सही करना ।
- सर्विस लाइन कनेक्शन के लिए डी – लूप लगाना ।
- एलटी स्पेसर/खिमंची बांधना ।
- पेड़ों की डालियों की छटाई करना । लाइन से दूरी बनाना ।
- ढीले, पोल टॉप बॉक्स/स्प्रिंग लोडेड बॉक्स को सही कसना ।
- लूज एलटी केबिल को पुन: कसना ।
- जले हुए एलटी केबिल को बदलना ।
- ढीली सर्विस लाइन को कसना ।
- न्यूट्रल कनेक्शन दुबारा से ठीक से करना ।

## विद्युत लाइनों की ग्राउंड पेट्रोलिंग

प्री एवं पोस्ट मानसून मेंटीनेंस कार्य योजना के पूर्व विद्युत लाइनों में खामियां एवं खराबियों को चिन्हित करने के लिए कर्मचारी द्वारा लाइनों के नीचे पैदल चकार पोल लोकेशन वार सूची बनाई जाती है । इस प्रक्रिया को ग्राउंड पेट्रोलिंग कहते हैं तथा सूची अनुसार लाइन मेंटीनेंस हेतु आवश्यक सामान की व्यवस्था की जाती है ।

टी एंड पी (टूल्स एंड प्लान) (औज़ार) – मेंटीनेंस कार्य के लिए मींम औजारों की आवश्यकता होती है ।

- सब्बल – 4 नग, गैंती – 2 नग, फावड़ा – 2 नग, तगाड़ी – 2 नग, रिंग पाना सेट – 1 सेट, फिक्स पाना सेट – 1 सेट, हेक्सा फ्रेम – 1 नग, कम एलोंग क्लैम्प (कमला क्लैम्प) – 1 नग, घन (हथौड़ा) 4 किग्रा – 1 नग, चैन पुली ब्लॉक 2 टन – 1नग, स्टील डी सैक़ल

– 1 नग, नायलॉन रोप 20 एमएम – 1 नग, कुल्हाड़ी – 2 नग,

- मेंटीनेंस हेतु आवश्यक सामान -
- पोल – आवश्यकतानुसार,
- पिन इंसुलेटर एवं जीआई पिन – आवश्यकतानुसार,
- डिस्क इंसुलेटर – आवश्यकतानुसार,
- तार एवं वाईंडिंग वायर – आवश्यकतानुसार,
- जीआई वायर (8 एसडब्ल्यूजी) अर्थिङ्ग एवं गर्डिंग सुधार के लिए,
- स्टे एवं क्लैम्प – आवश्यकतानुसार,
- स्टे सेट एवं स्टे वायर – आवश्यकतानुसार,
- एमएस नट बोल्ट- विभिन्न साइज के

## क्षेत्रीय भंडार से सामान प्राप्त करना एवं रिकॉर्ड रखना

- सहायक यंत्री/मेनेजर (प्रबन्धक) द्वारा ओ एंड एम योजना में प्राक्कलन (एस्टिमेट) तैयार करना
- कार्यपालन (डीई – उप महाप्रबन्धक)/अधीक्षण (एसई - महाप्रबंधक – जीएम – जनरल मेनेजर) यंत्री द्वारा प्राक्कलन की स्वीकृति एवं एलॉटमेंट ऑर्डर
- इंडेंडिंग अधिकारी (एई – प्रबन्धक) द्वारा इश्यू इंडेंट तैयार करना
- प्राप्त सामान को एई द्वारा एमएएस (मटेरियल एकाउंटिंग एंड स्टाक) रजिस्टर में दर्ज करना ।

## सामान को सहायक यंत्री के स्टोर में व्यवस्थित रखना
## सुरक्षा के नियम –

- लाइन क्लियर परमिट को वापिस लौटाते समय लाइन पर कोई औज़ार या सामान तो नहीं रह गया है, यह सुनिश्चित करना।
- कार्य पूर्ण होने के बाद परमिट लौटाने से पूर्व लाइन शॉर्ट को खोलना एवं अर्थ रोड को हटाया जाना ।
- सभी साथी कर्मचारियों को इकट्ठा करना । इसके बाद लाइन परमिट वापिस करना।
- महीने में एक बार कर्मचारियों के साथ सुरक्षा ड्रिल करना ।

**सुरक्षा उपकरण** – विद्युत लाइनों तथा उपकरणों पर सुरक्षित तरीके से कार्य करने में उपयोग किए जाने वाले उपकरणों को, सुरक्षा उपकरण कहते हैं ।

- डिस्चार्ज रोड,

- झूला/सेफ़्टी बेल्ट,
- हेलमेट,
- रबड़ दस्ताने,
- गम बूट,
- नियोन टेस्टर,
- इलेक्ट्रोनिक फेज टेस्टर,
- इंसुलेटिड कटिंग प्लायर एवं स्क्रू ड्राइवर,
- ऑपरेटिंग रोड,
- टार्च,
- मास्क,
- चश्मा,
- सीढ़ी

## सुरक्षा सावधानियां तथा सुरक्षा प्रबंधन

- जिस उपकरण या उपकरणों पर कार्य किया जाता है । उसकी पूरी जानकारी होना चाहिए ।
- लाइन पर कार्य करने से पहले विधिवत लिखित परमिट सक्षम कर्मचारी से लेना चाहिए ।
- लाइन परमिट के बाद डिस्चार्ज रोड से कार्य स्थल पर विधिवत सुरक्षा जोन बनाना चाहिए ।
- लाइन डिस्चार्ज करते समय डिस्चार्ज रोड के अर्थ वायर को पहले पोल अर्थिङ्ग या अस्थाई अर्थिङ्ग से जोड़ें । इसके पश्चात ही अर्थ रोड को लाइन के तारों से लगाएँ एवं तारों को आपस में कंडक्टर से शॉर्ट कर दें ।
- लाइन डिस्चार्ज करते समय ध्यान रखें किडिस्चार्ज रोड का वायर शरीर से कम से कम 3 फीट की दूरी रखे । शरीर के किसी हिस्से को न छूएँ ।
- जिस पोल या डीपीपर डबल सप्लाई हो या कट पॉइंट हो, उस पर दोनों तरफ से सप्लाई बंद कर अर्थ करें ।
- सुरक्षा उपकरणों को उपयोग से पहले जांच कर लें, अमानक स्तर का उपकरण उपयोग न करें ।
- अपने कर्तव्य पर उपस्थित होते समय सुरक्षा उपकरण (PPE - पीपीई – पर्सनल प्रोटेक्शन इक्यूपमेंट) साथ रखें ।
- खम्भे पर कार्य करते समय सीढ़ी अथवा झूले का उपयोग करें ।

- कार्य समाप्त होने के बाद यह जांच कर लेवें कि लाइन या उपकरण पर कोई सामान, औज़ार तो नहीं रह गया है ।
- कार्य पूर्ण होने के बाद शॉर्ट खोलें तथा लाइन के तार से डिस्चार्ज रोड निकालें। उसके बाद अर्थिंग्ग से डिस्चार्ज रोड का तार निकालें ।
- डिस्चार्ज रोड, डीओ ऑपरेटिंग रोड तथा एबी स्विच चालू बंद करते समय रबड़ दस्ताने एवं गम बूट अवश्य अपनाएँ ।
- कार्य पूर्ण होने के बाद अपने दल के आदमियों को इकट्ठा कर गिनती कर लें । उसके बाद विधिवत परमिट वापिस करें ।
- एलटी लाइन में कार्य करते समय स्ट्रीट लाइन का ध्यान रखें । स्ट्रीट लाइट फेज दूसरे ट्रांसफार्मर की सप्लाई से भी चालू हो सकता है । बंद करना सुनिश्चित करें ।
- प्रत्येक विद्युत लाइन एवं उपकरण को बिजली से मुक्त मानें, जब टककि स्वयं जांच न कर ली गई हो कि उसमें करेंट नहीं है । बिना जांच किए किसी पर कार्य नहीं करेगा ।
- सक्षम और अधिकृत व्यक्ति ही विद्युत लाइनों एवं उपकरणों पर कार्य करेगा ।
- समयावधि वाले परमिट लेकर कार्य पर न जायें। क्योंकि हो सकता है कार्य निश्चित समय में पूर्ण न हो पाये, और लाइन चालू हो जाये । दुर्घटना हो सकती है ।
- यदि वितरण ट्रांसफार्मर पर या एलटी लाइन में कैपेसिटर कनेक्ट हो, तो सप्लाई बंद करने के साथ – साथ कैपेसिटर बंद करें, तथा लाइन को अर्थ करें ।
- जहां लाइन का तार खींचने का कार्य किया गया है, वहाँ यदि कोई लाइन क्रॉस कर कर रही है, तो चालू लाइन का परमिट लेकर अर्थ कर कार्य करें ।
- कार्य स्थल पर अपने साथी कर्मचारियों से हंसी – मज़ाक न करें और न ही कार्य से ध्यान बटाएँ ।
- कार्य के समय ढीले – ढीले कपड़े, धोती कुर्ता एवं पाजामा न पहनें । सूती मोटे कपड़े पहनें ।
- कार्य के समय नशीला पदार्थ एवं मध्यपान न करें ।
- स्वस्थ मानसिकता एवं अनुशासित रह कर कार्य करें ।
- एबी स्विच एवं मेन स्विच काटने के बाद इस बात की जांच कर लें कि सही ढंग से कट गया है तथा एक सहकर्मी वहाँ बैठा देवें ।
- भारी वजन जैसे पोल, ट्रांसफार्मर व अन्य सामान उठाते समय या समय चौकाने एवं सतर्क रहें ।


- 33 केवी लाइन का रख – रखाव एवं संचालन ।
- 11 केवी लाइन का रख – रखाव एवं संचालन ।
- एलटी लाइन का रख – रखाव एवं संचालन ।
- उपरोक्त लाइनों की ग्राउंड पेट्रोलिंग एवं सामान की आवश्यकता ।

- मेंटीनेन्स हेतु टी एंड पी की जानकारी एवं उनका सही प्रकार से उपयोग करना तथा मेंटीनेन्स हेतु लगने वाले सामानों के विवरण की जानकारी ।
- सामान स्टोर से लेना, वापस करना एवं अपने स्टोर में रखना तथा व्यवस्थित रिकॉर्ड रखना ।
- सुरक्षा – विद्युत सुरक्षा एवं प्रबंधन सूचना प्रणाली की जानकारी
- लाइन डिस्चार्ज करने की विधि ।

मानव एवं उपकरणों की सुरक्षा में अर्थिंग की भूमिका ।

- **33 केवी लाइन** – 132 केवी उपकेंद्र से 33/11 केवी उपकेंद्र तक आने वाली लाइन को उप पारेषण लाइन कहते हैं । जो 33000 वोल्टेज की होती है । यह लाइन एक 33/11 केवी उपकेन्द्र से दूसरे 33/11 केवी उपकेन्द्र के लिए भी जाती है ।
- **33 केवी लाइन के मुख्य सामान का विवरण –**
- **लाइन सपोर्ट पोल** – पीसीसी 280 किग्रा 9.1 मीटर, रेल पोल, एचबीम, मोनो ब्लॉक पोल, लेटिस पोल (एंगल टावर)
- वी क्रॉस आर्म, टॉप क्लैम्प, जीआई पिन, पिन इंसुलेटर, अर्थिंग क्वाइल, बेक क्लैम्प, एमएस नट बोल्ट, डीसी क्रॉस आर्म 5 फीट सेंटर, टाई एंड ब्रेसिंग सेट, स्ट्रेन सेट (डिस्क हार्डवेयर, ग्रिपर) स्टे सेट 20 स्क्वायर एमएम (कंप्लीट सेट), स्टे वायर 7/8 एसडब्ल्यूजी, कंडक्टर (डॉग), कोंक्रीट मटेरियल, एंटी क्लाइमिंग डिवाइस एवं डेंजर बोर्ड, रेड ऑक्साइड एवं एल्यूमिनियम पेंट इत्यादि ।

- पिन - इन्सुलेटर

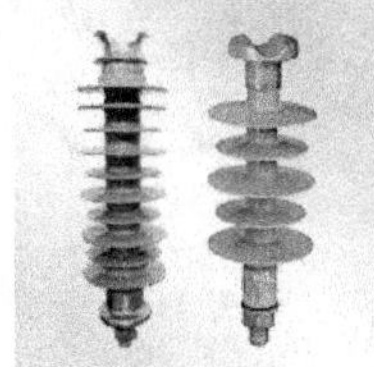

- 

आइसोलेटर और एबी स्विच

# 19

# विद्युत् - लाइन कर्मचारी

### विद्युत् - लाइन कर्मचारी

विद्युत् उत्पादन (जेनरेशन - पावर हाउस) से पारेषण (ट्रांसमीशन) (अति उच्च दाब पारेषण लाइन व उपकेंद्रों) के द्वारा विद्युत वितरण कम्पनी के माध्यम से उपभोक्ताओं को विद्युत वितरण की व्यवस्था की जाती है ।

उत्पादन (जेनरेशन) पारेषण (ट्रांसमीशन) वितरण (डिस्ट्रीब्यूशन)

जेनको (GenGen. Co.) ट्रान्स को (TransTrans. Co.) डिस्कोम (DISCOMDiscom)

विद्युत् वितरण व्यवस्था –

डिस्कोम वितरण कम्पनी के अन्तर्गत 33 केवी लाइन, 33/11 केवी उपकेन्द्रों में भेजकर पावर ट्रान्सफार्मर से 11 केवी लाइन निकाली जाती है। जो शहरों, गांवों, खेतों, कारखानों अथवा अन्य उपभोग में वितरण ट्रान्सफार्मर से एलटी लाइन व सर्विस लाइन के माध्यम से एलटी उपभोक्ताओं को मीटर के द्वारा विद्युत आपूर्ति की जाती है । उच्च दाब उपभोक्ताओं को सीधे उच्च दाब एवं अति उच्च दाब लाइन (11 केवी, 33 केवी, 132 केवी व 220 केवी आदि लाइन) से कनेक्शन दिया जाता है ।

132/33 केवी सब स्टेशन - - 33 केवी लाइन - 33/11 केवी पावर ट्रान्सफार्मर - - 11 केवी लाइन - 11/0.4 केवी वितरण ट्रान्सफार्मर - - एलटी लाइन – एलटी सर्विस लाइन

उपभोक्ता- सिंगल फेज मीटर (सिंगल फेज उपभोक्ता), थ्री फेज मीटर (थ्री फेज उपभोक्ता)

उच्च दाब उपभोक्ता – 11 केवी, 33 केवी, 132 केवी, 220 केवी अथवा अधिक दाब के उपभोक्ता

एलटी लाइन – 400 वोल्ट फेज टू फेज, 230 वोल्ट फेज टू फेज. (सामान्यत: सभी लाइन वोल्टेज फेज टू फेज ही होते हैं, एलटी लाइन को छोड़कर)

कर्मचारी दायित्व (जबावदारी) –

132 केवी उपकेन्द्र से निकले 33 केवी फीडर से लेकर उपभोक्ता तक विद्युत खपत के लिए विद्युत् मीटर का उपयोग करते हैं । प्रत्येक कर्मचारी को 11 केवी फीडर का उत्तरदायित्व सौंपा जाता है । अत: 11 केवी फीडर की सामान्य जानकारी निम्नानुसार रखना आवश्यक है –

1. राजस्व संभाग (मंडल) (कमिश्नरी) से सम्बंधित 11 केवी फीडर ।
2. जिला फीडर – जिला मुख्यालय को विद्युत आपूर्ति देने वाले 11 केवी फीडर ।
3. तहसील फीडर – तहसील मुख्यालय को आपूर्ति देने वाले 11 केवी फीडर ।
4. ग्रामीण क्षेत्र के फीडर - 3 भागों में वितरण किया गया है -

अ – 11 केवी आबादी फीडर (घरेलू फीडर – DL&F फीडर)

आ – 11 केवी कृषि (सिंचाई) फीडर

ई – 11 केवी मिश्रित (मिक्स) फीडर

11 केवी फीडरों की विद्युत् आपूर्ति व्यवस्था –

1. कृषि (सिंचाई) फीडर – 10 घंटे तीन फेज चालू तथा 14 घंटे बंद (अथवा समय के निर्देशानुसार)
2. मिश्रित (मिक्स) फीडर – 10 घंटे तीन फेज चालू तथा 14 घंटे सिंगल फेजिंग व्यवस्था (अथवा समय के निर्देशानुसार)
3. अन्य फीडर – ग्रामीण आबादी, तहसील, जिला एवं संभाग मुख्यालय के सभी फीडर 24 घंटे विद्युत् आपूर्ति व्यवस्था करना (अथवा समय के निर्देशानुसार)

**11 केवी फीडर की सामान्य जानकारी –**

1 – 33/11 केवी उपकेन्द्र का नाम (जहां से 11 केवी फीडर निकलता है) ।

2 – 11 केवी फीडर का नाम ।

3 – 11 केवी फीडर की लम्बाई (किमी) ।

4–11 केवी फीडर का सामान्य औसत भार (एवरेज लोड) व अधिकतम भार (लोड) एम्पीयर में ।

5 – 11 केवी फीडर पर स्थापित वितरण ट्रांसफार्मर (डीटीआरDTR) का विवरण, क्षमता वार, कुल ट्रान्सफार्मर संख्या तथा क्षमता (केवीए) । सामान्यत: केवीए और अश्व शक्ति (हॉर्सपावरHP) बराबर मानते हैं जबकि पावर फेक्टर 0.746 होने पर ।

6 – 11 केवी फीडर से सम्बन्धित एलटी लाइन (केबिल लाइन, ओवर हेड कंडक्टर लाइन, सिंगल फेज लाइन, थ्री फेज 4 वायर लाइन, थ्री फेज 5 वायर लाइन आदि किमी में) ।

7 – 11 केवी फीडर से सम्बन्धित कुल उपभोक्ता संख्या (श्रेणी वार – केटेगरी वाइज भी) ।

8 – 11 केवी फीडर का मासिक इनपुट यूनिट, मासिक सेल (विक्रित) यूनिट, मासिक राजस्व मांग (रेवेन्यू डिमांड) तथा संग्रहण (वसूली – कलेक्शन) एवं केश आर पी यू (RPU रुपये प्रति यूनिट ) ।

**टी एंड डी हानियां (टेक्नीकल एंड डिस्ट्रीब्यूशन लोसेस – तकनीकी एवं वितरण हानियां) एक माह में –**

वितरण कम्पनी के 132 केवी उपकेन्द्र से निकले 33 केवी फीडर से एक माह में आपूर्ति की गयी, विद्युत् यूनिट (इनपुट यूनिट) तथा समस्त उपभोक्ताओं को विक्रित यूनिट के अन्तर को तकनीकी एवं वितरण हानि कहते हैं ।

टी एंड डी हानि = ( 33 केवी फीडर का 132 केवी उपकेन्द्र से मासिक इनपुट यूनिट) – ( समस्त उपभोक्ताओं की मासिक खपत, विक्रित यूनिट)

**तकनीकी एवं वितरण हानि – कहां से कहां तक, कारण एवं सुधार –**

कहां से कहां तक - 33 केवी फीडर, 33/11केवी उपकेन्द्र, 11 केवी फीडर, वितरण ट्रांसफार्मर (डीटीआर), एलटी लाइन, उपभोक्ता सर्विस लाइन तक होने वाली हानि ।

कारण एवं सुधार –

फीडरों पर निर्धारित अवधि से अधिक आपूर्ति करना।

1- 11 केवी कृषि (सिंचाई) फीडर पर 10 घंटे से ज्यादा आपूर्ति करना ।

2 – मिश्रित फीडर को केवल 10 घंटे 3 फेज आपूर्ति से ज्यादा करना, शेष समय 14 घंटे से कम फीडर को सिंगल फेजिंग आपूर्ति करना ।

3 – हर माह फीडरों में से अधिकतम हानियों वाले फीडर का चयन कर उनका संधारण (मेंटीनेंस) करना ।

प्रायोजित (पूर्व निर्धारित – प्री डिसाइडिड) संधारण करना –

1.  लाइनों के संपर्क में आने वाले पेड़ों की डालियों टहनियों को छांटना ।
2.  कमजोर जीर्ण शीर्ण जम्पर बदलना ।
3.  ढीले तार खींचना ।
4.  एबी स्विच के खराब पार्ट बदलना ।
5.  बाई मेटेलिक पार्ट बदलना ।
6.  कमजोर जोड़ वाले पतले तार को मोटे तार एवं बिना जोड़ वाले तार से बदलना ।
7.  सामान्यत: अधिकभार 100 – 150 एम्पीयर से अधिक लोड के फीडर को दो फीडरों में विभाजित करना ।
8.  लम्बे फीडर (अधिक लम्बाई) को छोटे – छोटे फीडरों में विभाजित करना, अधिक दूरी के लोड को नजदीक के उपकेन्द्र से जोड़ना जिससे फीडर की लम्बाई कम हो जाए ।

9.  कैपेसिटर का उपयोग करना ।
10. सही उचित गणना हेतु उचित मीटर रीडिंग व गुणांक उपयोग करना । गणना हेतु लगे जले, बन्द, खराब मीटर बदलना ।

उदाहरण –

11 केवी फीडर जिनका सामान्यत: लोड 150 एम्पीयर से अधिक हो अथवा फीडर लम्बाई 15 किमी से अधिक हो, उनका लोड कम करना, लम्बाई कम करना, एक फीडर को दो फीडर में बांटना, दूसरे ट्रांसफार्मर पर लोड डालकर फीडर लोड तथा लम्बाई कम करना, एक नया ट्रांसफार्मर लगा कर फीडर लोड और लम्बाई कम करना ।

उदाहरण – एक फीडर का लोड 200 एम्पीयर तथा दूसरे फीडर का लोड 100 एम्पीयर है । सामान्यत: हानि (करेंट x करेंट x प्रतिरोध x लाइन लम्बाई) करेंट और फीडर लम्बाई पर निर्भर करती है । यदि प्रतिरोध (रजिस्टेंस) और लम्बाई को एक, एक मान लें तब तक हानि सीधे – सीधे करेंट में करेंट का गुणा होगा । ऐसी स्थिति में 200 एम्पीयर वाले फीडर का लोस 40,000 (200 x 200) (चालीस हजार) हुआ और 100 एम्पीयर वाले फीडर का लोस 10,000 (100 x100) (दस हजार) हुआ । अब 200 एम्पीयर वाले फीडर को दो 100, 100 एम्पीयर वाले फीडर बना दिए तब लोस केवल बीस हजार (दस हजार + दस हजार) होगा जो पहले की तुलना में चालीस हजार से बीस हजार होने पर आधा हो जाता है ।

राजस्व (रेवेन्यू) हानि ( कॉमर्सियल – वाणिज्यिक हानि ) –

प्रत्येक माह उपभोक्ताओं की मासिक रीडिंग लेकर बिल जारी करवाना जिससे उपभोक्ता मासिक बिल नियमित रूप से बिल जमा करता रहे । यह कार्य एमबीसी (मीटरिंग, बिलिंग, कलेक्शन) कहलाता है ।

अपने 11 केवी फीडर के उपभोक्ताओं से सम्बन्धित कार्यवाही : -

1.  प्रत्येक उपभोक्ता की उचित मासिक रीडिंग करना ।
2.  प्रत्येक उपभोता का निर्धारित तिथि अनुसार मासिक बिल भेजना ।
3.  बकायादार उपभोक्ता में सबसे अधिक बकायादारों (अधिक माह से बिल का भुगतान न करना) के कनेक्शन विच्छेदन (काटना) ।
4.  जले मीटर बदलना ।
5.  बन्द/खराब मीटर बदलना ।
6.  विद्युत् के उचित उपभोग के अनुसार बिलिंग कराना (उद्देश्य बदलना – चेंज ऑफ़ परपज), उचित टैरिफ का उपयोग करना ।
7.  स्वीकृत भार से अधिक भार का उपयोग करने पर उसके अनुसार बिलिंग कराना ।
8.  कैपेसिटर का उपयोग न करने पर सरचार्ज की बिलिंग करना ।
9.  मीटर का गुणांक उचित प्रयोग, सीटी मीटर का सम्पूर्ण उचित गुणांक प्रयोग करना ।

10. निशुल्क पात्रक उपभोक्ताओं को नियमानुसार बिलिंग करना ।

11. शासकीय सब्सिडी का लाभ सम्बन्धित उपभोक्ताओं को नियमानुसार कार्यवाही कर प्रदान करना ।

12. उच्च गुणवत्ता, उच्च तकनीकी, (एएमआर – ओटोमेटिक मीटर रीडिंग, रिमोट मीटरिंग, प्री पेड मीटरिंग, स्पॉट बिलिंग, एलपीआर मीटर) का उपयोग ।

13. कनेशन होते हुए विद्युत् का मीटर के अतिरिक्त अनाधिकृत दुरुपयोग करने वाले के विरुद्ध कार्यवाही ।

14. जो विद्युत् उपभोता नहीं हैं – उन्हें उचित मार्गदर्शन करते हुए विद्युत कनेक्शन प्रदाय कराना । अ - जो विद्युत् उपभोक्ता नहीं हैं और विद्युत का उपयोग नहीं करते हैं उन्हें सरलता से कनेक्शन प्रदाय कर सम्माननीय उपभोक्ता बनाना। प्रत्येक माह प्रत्येक कर्मचारी एक निर्धारित लक्ष्य (कम से कम 5 से 10 कनेक्शन) के अनुसार प्रगति करना । आ – ऐसे व्यक्ति जो विद्युत् का अनाधिकृत उपयोग करते हैं उनके विरुद्ध विभागीय नियमानुसार कार्यवाही करते हुए क्षतिपूर्ति की राशि वसूलने की कार्यवाही एवं नवीन कनेक्शन की सुविधा सुलभ कराना ।

**11 केवी फीडर की मासिक जानकारी विवरण -**

1. तकनीकी हानि – 33/11 केवी उपकेन्द्र से 11 केवी फीडर का मासिक इनपुट यूनिट, 11 केवी फीडर से सम्बन्धित उपभोक्ताओं को विक्रित यूनिट, इन दोनों का अन्तर तकनीकी हानि (लाख यूनिट में)

2. राजस्व हानि – 11 केवी फीडर के समस्त उपभोक्ताओं की मासिक राजस्व मांग (बिलिंग डिमांड ) रुपये में, माह में संग्रहण राशि (कलेक्शन अमाउंट – मंथली कलेक्शन ), रुपये में, मासिक केश आर पी यू

**मासिक प्रगति कार्य -**

1 – नवीन कनेक्शन प्रदाय किये गए (संख्या)

2 – विद्युत् चोरी प्रकरण बनवाये गए (संख्या)

3 – बकायादार उपभोक्ताओं के कनेक्शन विच्छेदन की कार्यवाही (संख्या, राशि रुपये में)

4 – काटे गए कनेक्शनों से वसूली की जानकारी (संख्या, राशि रुपये में)

5 – जले, बंद, खराब मीटर की जानकारी (संख्या)

6 – जले, बंद, खराब मीटर बदलने की जानकारी (संख्या)

7 – 11 केवी फीडर पर किए गए संधारण (मेंटीनेंस) के कार्य की जानकारी .

# 20

# कर्मचारी सामान्य निराकरण - आपसी चर्चा एवं सहयोग

कर्मचारी सामान्य निराकरण – आपसी चर्चा एवं सहयोग

चर्चा/सुझाव/समस्या निराकरण/आपसी सहयोग –

प्राय: दो कहावत चर्चित होती हैं - 1- अकेला चना भाड़ नहीं फोड़ सकता और 2 – एक मछली सारे तालाब को गंदा कर देती है । सोंचें दोनों एक दूसरे के विरोधी विचार हैं । एक अच्छा कर्मचारी कितनी मेहनत करे सफलता नहीं मिलती हैं, एक कर्मचारी की गलती/गलतियों से पूरा विभाग बदनाम होता है । इसका निराकरण है आपसी सहयोग ।

उदाहरण – एक 33/11 केवी विद्युत उप केन्द्र से 6 नम्बर 11 केवी फीडर निकलते हैं इन सभी फीडरों की देखभाल के लिए एक फीडर पर एक ही कर्मचारी पदस्थ है जो उसका संचालन एवं संधारण के साथ अन्य विभागीय कार्य भी करता है । संधारण हेतु और कर्मचारी न मिलने से फीडरों का मेंटीनेंस नहीं हो पा रहा है, सभी 6 फीडरों आपूर्ति व्यवस्था से कर्मचारी एवं उपभोक्ता परेशान हैं । एक विशेष विवेचना के समय सभी फीडरों की ट्रिपिंग जानकारी निम्नानुसार है : -

क्रमांक, - फीडर का नाम, - फीडर कर्मचारी नाम, - एक माह फीडर पर ट्रिपिंग संख्या, - निराकरण (फीडर मेंटीनेंस क्रम).

1. - फीडर नम्बर एक, - अ, - 47 नम्बर, - च - 6 (छठवां सप्ताह).

2. - फीडर नम्बर दो, - आ, - 68 नम्बर, - घ – 4 (चौथा सप्ताह).

3. - फीडर नम्बर तीन, - इ, - 92 नम्बर, - क – 1 (पहला सप्ताह).

4. - फीडर नम्बर चार, - ई, - 76 नम्बर, - ग – 3 (तीसरा सप्ताह).

5. - फीडर नम्बर पांच, - उ, - 57 नम्बर, - इ- 5 (पांचवा सप्ताह).

6. - फीडर नम्बर छ, - ऊ, - 82 नम्बर, - ख – 2 (दूसरा सप्ताह).

**समस्या निराकरण – फीडर संधारण (मेंटीनेंस) –** उपरोक्त से स्पष्ट है कि सभी 11 फीडरों पर ट्रिपिंग संख्या अधिक होने से बिजली व्यवस्था सुचारु रूप से नहीं हो रही हैं । एक फीडर पर एक ही कर्मचारी है जिसे और भी विभागीय कार्य करने होते हैं, और कर्मचारी भी उपलब्ध नहीं हो पा रहे हैं । ऐसे में कहते है कि अकेला चना भाड़ नहीं फोड़ सकता हैं । आपसी चर्चा एवं सहयोग से यह निष्कर्ष निकला कि सभी 6 फीडरों के कर्मचारी सप्ताह के एक दिन बुधवार को इकट्ठे (एकत्रित) होकर एक फीडर का मेंटीनेंस करेंगे । उससे पहले प्रत्येक फीडर से सम्बन्धित कर्मचारी अपने फीडर की ग्राउंड पेट्रोलिंग कर यह जानकारी तैयार कर लेगा कि फीडर से सम्बन्धित क्या – क्या कार्य होने जरूरी हैं । जिनमें मुख्य कार्य – पेड़ की टहनियाँ/डालियां छांटना, ढीले/खराब जम्पर बदलना, पिन/डिस्क इंसुलेटर बदलना, वी क्रॉस आर्म, टॉप क्लैम्प, डीपी चैनल, पोल आदि सीधा करना, ढीले तार खींचना, स्टे संबन्धित कार्य और अन्य कार्य जो जरूरी हैं ।

यह सब करने के बाद सबसे पहले उस फीडर का संधारण (मेंटीनेंस) करना है जिस पर सबसे अधिक ट्रिपिंग हो रही हैं फिर ट्रिपिंग के घटते क्रम में उपरोक्त सारणी अनुसार फीडर का मेंटीनेंस करेंगे तब केवल 6 सप्ताह के 6 दिन (बुधवार) में अकेले उन्हीं कर्मचारियों ने अपने सभी फीडरों का संचालन (मेंटीनेंस) कर लिया । आपसी सहयोग से सभी फीडरों के संधारण होने से निश्चित रूप से ट्रिपिंग कम होगी और बिजली व्यवस्था में सुधार आयेगा । किसी के द्वारा कोई अतिरिक्त कार्य नहीं करना पड़ा और सभी के फीडरों का संधारण भी हो गया । परन्तु प्रत्येक कर्मचारी अपने – अपने फीडर पर 6 दिनों में इतना संधारण कार्य नहीं कर सकेगा क्योंकि कहावत है कि अकेला चना भाड़ नहीं फोड़ सकता ।

**कर्मचारी पर कार्य का दबाव और मानसिक सन्तुलन –**

अधिकतर कर्मचारी काम का दबाव अधिक मानते हुए मानसिक सन्तुलन भी खराब कर लेते हैं । परन्तु उपरोक्त जैसी व्यवस्था, आपसी सहयोग से समस्या हल हो जाती है । इसके अतिरिक्त भी साधारण प्रक्रिया में प्रत्येक कर्मचारी को इन विचारों पर सोचना पड़ता है –

1 – **स्वयं (खुद) का सोच** - कि मुझे कौन – कौन सा कार्य आज करना है ।

2 – **अधिकारी का सोच (निर्देश)** - जब कर्मचारी कार्यालय (ऑफिस/दफ्तर) जाता है वहां पदस्थ कर्मचारी उसे निर्देश देता है कि यह कार्य आज करना है ।

3 – **उपभोक्ता का सोच** – जब कर्मचारी कार्यालय पहुंचता है तो वहां उपस्थित उसके क्षेत्र का उपभोक्ता अपनी समस्या का निराकरण चाहता है जो कर्मचारी को आज करना हैं ।

4 - **पारिवारिक/सामाजिक सोच** – कर्मचारी एक सामाजिक प्राणी हैं, सामाजिकता, पारवारिक ज़िम्मेदारी का भी स्थित अनुसार कार्य करना होता हैं । यह भी कर्मचारी सोचता है ।

उपरोक्त चार प्रकार के सोच के दबाव के कारण कभी – कभी कर्मचारी अपना संतुलन खो देते हैं और कोई भी कार्य न होने से और मानसिकता बिगड़ती है । जिसका निराकरण

केवल स्वयं का सोच और आपसी चर्चा, सहयोग ही है ।

अक्सर जब हम श्रीमद भगवत गीता "पुस्तक पर चर्चा करते हैं और गहराई के बिन्दुओं को छोड़कर सामान्य चर्चा यह आती है कि जब भी कोई असुविधा/परेशानी/कठिनाई हो तो आपस में चर्चा कर एक दूसरे का सहयोग करे । दोनों (अर्जुन और श्रीकृष्ण) के विचार एक दूसरे के विपरीत (एक कहता है कि लड़ाई नहीं लड़ना/कार्य नहीं करना, दूसरा कहता है लड़ाई लड़ना/कार्य करना) जिसके लिए इस पुस्तक में 18 अध्याय और 700 श्लोक हैं । जिससे आपसी चर्चा से यह निश्चय हुआ कि लड़ाई लड़ी (कार्य किया) जावे । परिणाम सबको मालूम है । और तभी कहते हैं कि योग करो न करो परन्तु एक दूसरे को सहयोग अवश्य करो । सारथी बनो या न बनो परन्तु सहयोगी अवश्य बनो ।

उदाहरण – एक कर्मचारी उपरोक्त वर्णित स्थिति के अनुसार चार सोचो (कार्यों) के साथ अपने दैनिक कार्यों पर जाता है –

पहला स्वयं का सोच – मुझे राजस्व (बिल) वसूली करना है ।

दूसरा सोच अधिकारी का – कर्मचारी को बिल जमा न करने वालों के कनेक्शन काटना है ।

तीसरा सोच – उपभोक्ता का – कर्मचारी से उसे अपने घर बिजली न आने की समस्या ठीक करानी है ।

चौथा सोच – पारिवारिक/सामाजिक – पारिवारिक घरेलू सामान लाना अथवा शाम को एक सामाजिक कार्यक्रम में उपस्थित होना ।

समझदार कर्मचारी वह है जो समयानुसार उसके कार्य क्षेत्र में जो कार्य पहले आता है उसे करता हुआ तीनों विभागीय कार्य कर लेता है अथवा परिस्थिति अनुसार पहले उपभोक्ता की शिकायत, बकायादार उपभोक्ता के कनेक्शन काटते हुए राजस्व (बिल) वसूली के कार्य कर लेता है और शाम को पारिवारिक/सामाजिक कार्य संपादित कर प्रसन्न चित्त रहता । अन्यथा तरह तरह के तर्क - वितर्क/सोच - विचार के कारण अपने कार्य न करने की कारण मानसिक सन्तुलन खो बैठता है ।

समस्या/निराकरण - आपसी चर्चा और स्थल भ्रमण से –

समस्या – वर्षात के समय में एक नदी को क्रॉस करने वाली डबल सर्किट 11 केवी लाइन बाढ़ में डूबने के कारण लाइन बन्द हो गई । नदी के दूसरे किनारे के फीडर से संबन्धित गाँव की बिजली तब तक के लिए बन्द रहेगी जब तक बाढ़ का पानी नीचे इतना उतर जाय की 11 केवी लाइन नदी के पानी के स्तर से ऊपर हों ।

निराकरण – एक वरिष्ठ कर्मचारी ने अपने साथी कर्मचारियों और अपने अधिकारी से अनुरोध किया कि स्थल का मौका मुआना कर लें और कोई हल निकाल ले । सभी की सहमति बनी और सभी ने स्थल निरीक्षण किया, अधिकतर इसी पक्ष/राय/विचार में थे कि बाढ़ का पानी उतरने पर ही लाइन चालू हो सकेगी । परन्तु वरिष्ठ कर्मचारी ने कहा कि लाइन अभी चालू हो सकती है । सभी ने असहमत होते हुए उनसे जानना चाहा कि यह कैसे संभव है

? उसने अपने विचारों को बताया और सभी सहमत हुए और उसके विचार अनुसार व्यवस्था कर बिजली आपूर्ति बहाल कर दी गई, सभी क्षेत्रीय उपभोक्ताओं ने उनके सराहनीय कार्य के प्रति कृतज्ञता प्रकट की ।

लाइन कैसे चालू की गई ? स्थल निरीक्षण पर देखा कि लाइन डबल सर्किट हैं लेकिन दोनों लाइनों के केवल नीचे वाले एक - एक फेज पानी में डूबने से दोनों लाइन बन्द है । वरिष्ठ कर्मचारी ने अपने विचार से एक सर्किट (ऊपर के दोनों सर्किट के एक - एक तार को दो फेज और तीसरे फेज को बीच के उस तार को जो ज्यादा खींचा हुआ था अर्थात कम सेग था उसको तीसरा फेज बना कर) चालू कर बिजली व्यवस्था नियमित कर दी गई । इसके लिए केवल दोनों डीपी नदी के दोनों तरफ जम्पर बदल कर एक सर्किट से लाइन चालू कर बिजली व्यवस्था नियमित की गई ।

**समस्या/निराकरण - आपसी चर्चा और स्थल भ्रमण से –**

**समस्या** - एक अत्यधिक भीड़, जन समूह, मेला कार्यक्रम, विशेष आयोजन हो रहा था रात्रिकालीन समय था । अचानक 11 केवी फीडर की डीपी का सब - स्टेशन के पास जम्पर जल गया । जिससे एक फेज न जाने के कारण आयोजन स्थल की विद्युत व्यवस्था से कई स्थानों की बिजली डिम हो गई । यदि जम्पर जोड़ने के लिए लाइन बन्द करने का परमिट लेकर कार्य किया जाता है तो समारोह स्थल पर किसी भी प्रकार की अप्रिय घटना घटित हो सकती हैं, यदि व्यवस्था आयोजन समय तक ऐसी ही रहने दी जाय तो विद्युत व्यवस्था सुचारु न रहने के कारण कोई भी कार्यवाही प्रस्तावित कर सकेगा । दोनों ही स्थिति ठीक नहीं हैं । ऐसे समय में सब स्टेशन आपरेटर ने लाइन कर्मचारियों से अपने विचार के बारे में अवगत कराया, सभी आम सहमति के साथ तदानुसार व्यवस्था कर समारोह स्थल की बिजली आपूर्ति समुचित कर दी गई ।

**निराकरण** – उपरोक्त स्थिति में परमिट देकर लाइन का जम्पर जोड़ने और यथा स्थिति से समारोह स्थल पर अप्रिय घटना घटित होने की सम्भावना अधिक है । सब स्टेशन आपरेटर ने 2 डीओ रोड लेकर दोनों के बीच एक इंसुलेटिड केबिल जिसकी करेंट केपेसिटी लाइन के तार से अधिक हो को बांधकर पहले डीओ रोड के हुक को आउट गोइंग पर डाला और बाद में दूसरी डीओ रोड के हुक को इंकमिंग जम्पर वाले तार पर डाला, यह कार्य दो निपुण कर्मचारियों द्वारा सुरक्षा नियमों का पालन करते हुए किया । क्योंकि यह कार्य अत्यन्त जोखिम पूर्ण परन्तु चुनौती भरा कार्य है, सुरक्षा और सावधानी बरतने की जरूरत है । जिससे अस्थाई जम्पर से बिजली आपूर्ति बहाल हो गई । जिसे समारोह हो जाने के बाद विधिवत जम्पर कार्य कर विद्युत नियमित की गई ।

**एलए (लाइटिनिंग अरेस्टर – सर्ज/तरंग निरोधक) – का मेंटीनेंस : -**

लाइटिनिंग अरेस्टर की पोर्सलीन इंसुलेटर को मेंटेनेंस के समय सफाई कर क्रेक चेक करना चाहिए । तथा अर्थ भी टाइट करना चाहिए । अर्थ की आईआर वैल्यू नियमानुसार करना चाहिए । इसका रजिसटेंट (प्रतिरोध) जीरो (शून्य) ओहम रखा जाना चाहिए।

उपकेंद्र पर 33 केवी एवं 11 केवी के लाइटिनिंग अरेस्टर पावर ट्रांसफार्मर की सुरक्षा के लिए लगाए जाते हैं । ये ट्रांसफार्मर के पास 33 केवी एवं 11 केवी दोनों तरफ निकट लगाए जाते हैं । उपकेंद्र में जोड़ने वाली मीलों लंबी 33 केवी एवं 11 केवी मीलों लंबी लाइनों पर बादलों द्वारा आकाशीय विद्युत का चार्ज पैदा होता है जिसकी तीव्रता विद्युत लाइन के वोल्टेज से कई हजार गुना अधिक होती है जिससे ट्रांसफार्मर को नुकसान पहुँच सकता है । 33 केवी एवं 11 केवी के तरफ क्रमश: 30 केवी (आरएमएस) एवं 9 केवी (आरएमएस) क्षमता के लाइटिनिंग अरेस्टर लगाने से आकाशीय विद्युत का चार्ज लाइटिनिंग अरेस्टर के माध्यम से अर्थ हो जाता है, जिससे ट्रांसफार्मर को नुकसान से बचाव होता है । इनकी डबल अर्थिंग अलग से अर्थ पिट बनाकर करना चाहिए ।

प्राय: यह पाया जाता है कि जब लाइटिनिंग सर्ज से या तो केवल एक लाइटिनिंग अरेस्टर अथवा तीनों लाइटिनिंग अरेस्टर बर्स्ट (जलना/खराब होना) हो जाते हैं । तब लाइन फाल्ट के कारण बन्द हो जाती है । उसके बाद पेट्रोलिंग अथवा अथवा निरीक्षण के बाद उन खराब लाइटिनिंग अरेस्टर को लाइन से दूर कर (हटाकर/कनेक्शन काटकर) लाइन को चालू कर देते हैं, यदि उस समय लाइटिनिंग अरेस्टर उपलब्ध नहीं होते है । अन्यथा उपलब्ध होने पर खराब की जगह उन्हें बदल देते हैं ।

**आवश्यक कार्य जो करना चाहिए -**

जब केवल एक लाइटिनिंग अरेस्टर खराब होता है तब यह अधिकतर बीच का खराब होता हैं क्योंकि बीच का कंडक्टर सबसे ऊपर रहता है और वह ऊपर से लाइटिनिंग सर्ज से प्रभावित होता और बर्स्ट हो जाता है । ऐसी स्थिति में लाइटिनिंग अरेस्टर उपलब्ध न होने पर खराब लाइटिनिंग अरेस्टर को लाइन से डिस्कनेक्ट कर लाइन को चालू कर देते हैं जो कि एक गलत प्रक्रिया है । क्योंकि ऐसी स्थिति में लाइन तो चालू हो जाएगी परन्तु पुन: दोबारा लाइटिनिंग होने पर बीच का लाइटीनिंग अरेस्टर न होने पर लाइन अथवा कोई उपकरण ट्रान्सफार्मर आदि क्षति ग्रस्त हो जाते/सकते हैं ।

**सुझाव – समझदार विद्युत कर्मचारी -**

समझदार विद्युत कर्मचारी वह होता है जो पहली बार लाइटिनिंग अरेस्टर खराब होने पर उसके स्थान पर दूसरे बाहरी फेजों पर उपलब्ध लाइटिनिंग अरेस्टर बीच वाले फेज पर लगा देता है तो वह पुन: दुबारा लाइटिनिंग सर्ज के कारण से होने से होने वाली क्षति से बचा जा सकता हैं, यह कार्य विद्युत कर्मचारी की कुशल बुद्दमिता का परिचायक है । समझदार विद्युत कर्मचारी वह होता है जो लाइन/उपकरण के लिए लगे लाइटिंग अरेस्टरों में से यदि एक भी लाइटिनिंग अरेस्टर उपलब्ध है तो वह उसे बीच के फेज पर लगा देगा/देता है जिससे लाइटिनिंग से होने वाले क्षति को रोका जाता/सकता है ।

**उप – केंद्र/सब - स्टेशन – कैपेसिटर -**

33/11 केवी उपकेंद्र पर प्राय: 1500 केवीएआर और 1200 केवीएआर क्षमता के केपेसिटर लगे/स्थापित होते हैं, ये 11 केवी साइड में बस या 11 केवी फीडर विशेष पर लगे/

स्थापित होते है । 1500 केवीएआर क्षमता के केपेसिटर ओटोमेटिक होते हैं और फीडर लोड के अनुसार कार्य करते हैं । 1200 केवीएआर क्षमता के केपेसिटर लोड के अनुसार मेनुअल रूप से उपयोग में लाते हैं, 100 एम्पीयर लोड से अधिक होने पर 1200 केवीएआर क्षमता का प्रयोग करते है । जब लोड 75 से 100 एम्पीयर हो तब प्रत्येक फेज की तीन - तीन यूनिट (900 केवीएआर क्षमता) चालू रखते हैं, और लोड जब 50 से 75 एम्पीयर हो तब प्रत्येक फेज की दो - दो यूनिट (600 केवीएआर क्षमता) चालू रखते हैं । जब लोड 50 एम्पीयर से कम हो तब केपेसिटर बंद रखते है ।

नोट - प्रायः यह देखा गया है कि यदि केपेसिटर की एक यूनिट (100 केवीएआर क्षमता) किसी भी कारण से खराब/बंद हो गई है तब पूरा केपेसिटर बंद कर देते हैं और एक नई यूनिट की मांग कर/भेज देते है ।

परंतु समझदार कर्मचारी/ऑपरेटर उस केपेसिटर के दो अन्य फेज के एक - एक यूनिट के फ्यूज निकालकर उसे 900 केवीएआर क्षमता पर प्रयोग कर बिजली की बचत/पावर फेक्टर में सुधार कर लेगा और जब तक खराब यूनिट के बदले नई यूनिट आ जाएगी तब उसे बदलकर 1200 केवीएआर क्षमता पर प्रयोग कर लेगा । इसी प्रकार किसी दूसरे अन्य उपकेंद्र पर भी 1200 केवीएआर क्षमता के केपेसिटर की एक यूनिट (100 केवीएआर) खराब होने पर उसे दो और यूनिट दूसरे एक - एक फेज की बंद करके चलाने के बजाय, आपसी चर्चा, सामंजस्य से पहले वाले उपकेंद्र से एक केपेसिटर (100 केवीएआर) का मांगकर/लाकर अपना उपकेंद्र 1200 केवीएआर पर एक खराब यूनिट को बदल कर चला सकता है । तात्पर्य यह है कि दो उपकेन्द्रों पर एक-एक यूनिट केपेसिटर (100 केवीएआर) की खराब होने पर केपेसिटर बंद रखना उचित नहीं है, उचित है एक उपकेंद्र के केपेसिटर को 900 केवीएआर क्षमता पर तथा दूसरे उपकेंद्र के केपेसिटर को 1200 केवीएआर क्षमता पर चलाना उचित एवं लाभप्रद है । यदि तीसरे उपकेन्द्र पर एक यूनिट खराब होने पर, वह भी पहले उपकेन्द्र पर शेष बची एक यूनिट को मंगाकर/लाकर अपना कैपेसिटर बैंक भी 1200 केवीएआर क्षमता पर चला लेगा ।

निष्कर्ष – आपसी सामंजस्य - उपरोक्त से यह निष्कर्ष निकला की यदि 3 उपकेन्द्रों पर एक – एक यूनिट कैपेसिटर (100 केवीएआर) खराब होने पर भी 2 उपकेन्द्र के कैपेसिटर 1200 केवीएआर और 1 उपकेन्द्र का कैपेसिटर 900 केवीएआर क्षमता पर चलेगा जबकि तीनों उपकेन्द्रों के कैपेसिटर बंद रखने के बजाय या तीनों उपकेन्द्रों के कैपेसिटर 900 केवीएआर क्षमता के उपयोग करने से । केवल आपसी तालमेल और आपसी चर्चा व सामंजस्य की आवश्यकता है ।

पावर केपेसिटर – लाभ/फायदा -

केपेसिटर उप केन्द्रों और वितरण ट्रांसफार्मरों तथा उपभोक्ता परिसर में मीटर के बाद इंडक्सन मोटर पर लगाए जाते हैं । इनका मुख्य कार्य पावर फेक्टर में सुधार करना होता, यद्यपि पावर फेक्टर सुधार के साथ - साथ वोल्टेज सुधार भी होता है, बिजली की खपत कम

होती है जिससे बिजली बिल भी कम होता है और एक समान लोड के लिए बिना केपेसिटर व केपेसिटर सहित, करंट केपेसिटर सहित स्थित में कम होगा और केपेसिटर रहित स्थिति में करंट ज्यादा होगा । एक 11 केवी फीडर पर लोड 120 एम्पीयर है बिना केपेसिटर के तो केपेसिटर चालू रखने की स्थित में वह 100 एम्पीयर होगा अर्थात 20 एम्पीयर करंट की बचत होगी ।

एचटी कैपेसिटर उपयोग से बचत का आंकलनऔर आपरेटर - कर्मचारी योगदान -– जब एक फीडर पर केपेसिटर चालू रहता है तब लगभग 20 एम्पीयर की बचत होती है, जब फीडर का लोड बिना केपेसिटर के 120 - 150 एम्पीयर रहता है । यह फीडर 11 केवी लाइन होती है । पहले हम गणना कर चुके हैं कि 11 केवी फीडर का एक एम्पीयर करंट 20 केवीए के लगभग होता है और पावर फेक्टर 0.8 मान लें तब किलोवाट (20) (0.8) केवीए कोस फ़ाई = 16 किलोवाट लोड इस लोड को एक घंटे प्रयोग करते हैं तब यूनिट = 16 किलोवाट आवर = 16 यूनिट हुई और उसकी कीमत रुपये 6 प्रति यूनिट से रुपये 96 हुए जिसे रुपये 100 मान लेते हैं । कहने का आशय यह है कि एक एम्पीयर लोड एक घंटे में 16 किलोवाट लोड कम करता है और रुपए 100 की बचत करता है । फीडर पर 20 एम्पीयर बचत के समय एक घंटे में 320 किलोवाट लोड कम और रुपये 2000 की बचत करेगा । यदि यही लोड 10 घंटे चला तो बचत रुपये 20,000 (बीस हजार) प्रतिदिन होगी और एक माह की बचत (20,000)(30)=600,000 (छ : लाख) रुपये की होगी । जो कि कई कर्मचारियों के मासिक वेतन से अधिक है । यह बचत उपकेंद्र पर पदस्थ कर्मचारी/ऑपरेटर का योगदान है । इससे केपेसिटर की उपयोगिता स्वतः सिद्ध होती है । उसी प्रकार उपभोक्ता द्वारा केपेसिटर प्रयोग करने से आर्थिक लाभ के साथ वोल्टेज सुधार भी होता है ।

केपेसिटर पर कार्य करने से पूर्व यह सुनिश्चित करले कि केपेसिटर डिस्चार्ज अवश्य हो ।

# लाइन - संचालन - संधारण  - प्रपत्र

लाइन - संचालन - संधारण - प्रपत्र

33/11 केवी उपकेंद्र में संधारित किया जाने रिकार्ड (अभिलेख)/रजिस्टर एवं चार्ट –

1. लोगशीट
2. शिफ्ट रजिस्टर
3. पावर ट्रांसफार्मर मेंटीनेंस रजिस्टर
4. बैटरी मेंटीनेंस रजिस्टर
5. ट्रिपिंग/इंटरप्शन रजिस्टर (फीडर वाइज़)
6. मैसेज बुक (निर्देश -पुस्तिका)
7. वीसीबी मेंटीनेंस रजिस्टर
8. परमिट बुक (अनुज्ञा पत्रक)
9. आथराइजेशन चार्ट, शॉक ट्रीटमेंट चार्ट, फ़र्स्ट ऐड बॉक्स ,उपकरणों के रखरखाव का चार्ट, लाइन डाइग्राम व उपकरणों से संबन्धित निर्देश बुक आदि ।
10. उपकेंद्र हिस्ट्री रजिस्टर (जिसमें जमीन के रिकार्ड से संबन्धित सामान्य जानकारी तथा उपकरणों के स्थापना/उन्नयन संबन्धित जानकारी का विवरण भी इस रजिस्टर में होना चाहिए) ।
11. एमएएस रजिस्टर -
12. टेलीफोन डायरेक्टरी /टेलीफोन /मोबाइल नंबर रजिस्टर

संधारण योजना (मेंटीनेंस प्लान) – प्री और पोस्ट मानसून मेंटीनेंस रजिस्टर -

एमआरएल - क – 33 केवी और 11 केवी लाइन मेंटीनेंस प्लान –

क्रमांक, मेंटीनेंस दिनांक, डिवीजन/सब डिवीजन/वितरण केंद्र का नाम, 33 केवी फीडर का नाम, 33 केवी फीडर की लम्बाई (किमी), मेंटीनेंस प्रभारी का नाम व पद, रिमार्क

एमआरएसएस - ख – प्री और पोस्ट मानसून मेंटीनेंस प्लान – 33/11 केवी उपकेंद्र –

क्रमांक, मेंटीनेंस दिनांक, 33/11 केवी उपकेंद्र का नाम, उपकेंद्र प्रभारी अधिकारी नाम पद, उपकेंद्र क्षमता, पीटीआर क्षमता व संख्या, 33 केवी ब्रेकर संख्या, कैपेसिटर बैंक स्थापित - संख्या/क्षमता, कैपेसिटर बैंक कार्यरत – संख्या/क्षमता, रिमार्क

एमआर डीटीआर व एलटी - ग – प्री और पोस्ट मानसून मेंटीनेंस प्लान एलटी लाइन और वितरण ट्रान्सफार्मर –

क्रमांक, मेंटीनेंस दिनांक, 11 केवी फीडर नाम, डीटीआर लोकेशन व लोकेशन कोड, डीटीआर क्षमता, प्रभारी मेंटीनेंस नाम पद, एलटी फीडर संख्या, एलटी स्पान, रिमार्क

प्रपत्र – कर्मचारी द्वारा लाइन/फीडर ग्राउन्ड पेट्रोलिंग –

पेट्रोलिंग की दिनांक -

समय -

फीडर का नाम-

वितरण केन्द्र/उप संभाग/संभाग का नाम -

पेट्रोलिंग दल के प्रमुख का नाम व पद -

पेट्रोलिंग सेक्शन का नाम (कहाँ से कहाँ तक) –

1. - प्रथम लोकेशन सिंगल पोल या डीपी

2. - पोल का प्रकार रेल पोल, एच बीम, आरएस ज्वाइस्ट, पीसीसी पोल व लम्बाई

3. - पोल झुका है या सीधा है

4. - अर्थिंग ठीक है या नही हैं

5. - वी क्रॉस आर्म ठीक है/झुका है/बदलने योग्य है

6. - टॉप क्लैम्प ठीक है/झुका है । बदलने योग्य है

7. - पोल टॉप क्लैम्प, वी क्रॉस आर्म/अन्य लोहे के फिटिंग पेंटेड हैं या नहीं

8. - इंसुलेटर का प्रकार

9. - इंसुलेटर की स्थिति

10. - इंसुलेटर वाईंडिंग जाली है/टूटी है/कमजोर है/खुली दिख रही है

11. - डीपी पर जम्पर ठीक हैं/जले हैं/लूज दिख रहे हैं

12. - स्टे टूटे हैं/सभी ठीक हैं/कितने टूटे या खुले हैं/या लूज हैं/स्टे इंसुलेटर की स्थिति

13. - जीआई पिन के नट ढीले हैं या नहीं/या ठीक दिखते हैं

14. - पेड़ की डाली या पेड़ यदि तारों से 10 फीट से कम हैं तो स्थिति स्पष्ट लिखें

15. - लाइन की भू सतह से ऊर्ध्वाधर दूरी मानक सुरक्षित मापदंड के अनुसार है अथवा नहीं

16. - पोल का प्रकार रेल पोल/एचबीम/आरएस ज्वाइस्ट/पीसीसी पोल के स्थान पर जमीन गीली पोली अथवा वर्षा जल से क्षतिग्रस्त है अथवा सही है

17. - मफिंग अथवा बेस कोंकरीट क्षतिग्रस्त है अथवा सही है

18. - रोड क्रॉस/रेलवे लाइन क्रॉसिंग की स्थिति क्या है, ओवर हैड है अथवा अंडर ग्राउंड

19. - ओवर हेड लाइन की स्थिति में सड़क/रेलवे लाइन से सुरक्षित मानक ऊर्ध्वाकार दूरी है अथवा नहीं

20. - ओवर हैड लाइन की स्थिति में सड़क/रेलवे लाइन गार्डिंग की स्थिति ठीक है अथवा नहीं व गार्डिंग को दो अलग – अलग अर्थ से संयोजित (जुड़े) अथवा नहीं

21. - अंडर ग्राउंड लाइन की स्थिति में दोनों केबिल पैरेलल में संयोजित हैं अथवा नहीं/उनके लिए लगे एलए एवं उनकी अर्थिंग की स्थिति

22. - अंडर ग्राउंड लाइन की स्थिति में दोनों छोर पर लाइटीनिंग अरेस्टर व उनकी अर्थिंग ठीक है अथवा नहीं

23. - अंडर ग्राउन्ड लाइन की स्थिति में दोनों केबिल क्षतिग्रस्त/बदलने लायक हैं या ठीक हैं

24. - नदी/घाटियों के क्रॉसिंग में दोनों छोर पर लगे पोल/स्ट्रैक्चर के होरिजोंटलव क्रॉस ब्रेसिंग अथवा अन्य फिटिंग में सुधार की जरूरत है

25. - अन्य समदाब/अति उच्च दाब/निम्न दाब कम्यूनिकेशन लाइन से सुरक्षित दूरी है अथवा नहीं

26. - नदी के डूब क्षेत्र लोकेशन पर अधिकतम बाढ़ के जल स्टार से लाइन की दूरी सुरक्षित है या नहीं

27. - नदी के डूब क्षेत्र के पोल/टावर के जमीन के स्थान पर कटाव अथवा भराव की स्थिति

28. - अन्य विशेष


प्रपत्र - लाइन मेंटीनेंस हेतु ग्राउंड पेट्रोलिंग श्येड्यूल –

दिनांक व समय -

फीडर का नाम –

वितरण केन्द्र/उप संभाग/संभाग का नाम –


1. - फीडर/लाइन में खम्बे की लोकेशन

2. - पोल सही है/गला है/क्रेक है (बदलने की आवश्यकता है या नहीं)

3. - पोल टेड़ा

4. - वी क्रॉस आर्म टेड़ी

5. - टॉप क्लैम्प टेड़ा

6. - स्टे ढीला/कटा

7. स्टे इंसुलेटर सही/फूटा

8. - पिन इंसुलेटर फूटा

9. - तार ढीला आर/वाई/बी फेज

10. - चैनल टेड़ी

11. - डिस्क फूटी/आर/वाई/बी फेज

12. - पेड़ की डाल तारों को छू रही है/पास है (क्लीयरेन्स कम है)

13. - रोड से तारों की क्लीयरेन्स कम है

14. - बिल्डिंग की क्षैतिज दूरी कम है

15. - अन्य लाइन के क्रॉसिंग में क्लीयरेन्स कम है/ठीक है

16. - डीपी में जम्पर की क्लीयरेन्स कम है/ठीक है

17. -- डीपी में जम्पर (स्थिति) क्लैम्प लगे हैं या वाईंडिंग है

18. - गार्डिंग है या नहीं

19. - गार्डिंग है तो उसकी स्थित

20. - अन्य विशेष

हस्ताक्षर, - दिनांक, - समय

दल प्रमुख

दल सदस्य – 1

दल सदस्य – 2

दल सदस्य – 3

दल सदस्य – 4

प्रपत्र – एलटी लाइन का गाउण्ड पेट्रोलिंग प्रारुप –

सर्वे दिनांक एवं समय –

11 केवी फीडर का नाम -

वितरण केंद्र का नाम –

वितरण केन्द्र प्रभारी का नाम -

वितरण ट्रान्सफार्मर की लोकेशन –

संधारण में कार्यरत कर्मचारियों के नाम –

लाइन का प्रकार – (सिंगल फेज 2 वायर, सिंगल फेज 3 वायर, 3 फेज 4 वायर, 3 फेज 5 वायर, अथवा केबिल) –

लाइन की लम्बाई –

लाइन का कंडक्टर/केबिल साइज –

1. - फीडर/लाइन में पोल की स्थिति
2. - पोल सही है, गला है/क्रेक है (बदलने की आवश्यकता है या नहीं)
3. - पोल टेड़ा
4. - स्टे वायर सही/खराब
5. - स्टे इन्सुलेटर सही/फूटा
6. - तार ढीला आर/वाई/बी फेज
7. - पेड़ की डाल तारों को छू रहीं है/पास है (क्लीयरेन्स कम है)
8. - रोड से तारों की क्लीयरेन्स कम है
9. - बिल्डिंग की क्षैतिज दूरी कम है
10. - अन्य लाइन के क्रॉसिंग में क्लीयरेन्स कम है/ठीक है
11. - रोड क्रॉसिंग/लाइन क्रॉसिंग में गार्डिंग है या नहीं (गार्डिंग का प्रकार भी लिखें)
12. - गार्डिंग के लेसेस सही हैं या नहीं
13. - गार्डिंग चैनल टेड़ी है या नहीं
14. - लाइन के तारों में ज्वाइंट बीच स्पान में हैं या पोल के पास

15.    - स्पान(दो पोल के बीच) में कंडक्टर सही है या खराब

16.    - शैकल इन्सुलेटर ठीक है/फूटा है

17.    - तार के बीच का अन्तर (दूरी) सही/कम है

18.    - कट प्वाइंट के जम्पर की हालत ठीक है/बदलने की जरूरत है

19.    - डायमंड गार्डिंग है या नहीं

20.    - सपोर्ट केबिल का वायर सही है या टूटा है

21.    - केबिल की हालत (ज्वाइंट है या सही है/ज्वाइंट खुलते है या एम सील लगी है)

22.    - अन्य विशेष


हस्ताक्षर, - दिनांक, - समय

दल प्रमुख

दल सदस्य – 1

दल सदस्य – 2

दल सदस्य – 3

दल सदस्य – 4

प्रपत्र – 33 केवी अथवा 11 केवी लाइन/फीडर संधारण/अनुरक्षण/मेंटीनेंस रजिस्टर

-

फीडर का नाम –

फीडर प्रभारी का नाम

दिनांक –

अधिकारी का नाम जिसने पेट्रोलिंग की –

उपकेन्द्र का नाम, जहां से लाइन निकलती है –

कर्मचारियों के नाम –

परमिट (लेने का दिनांक व समय और वापस करने का दिनांक व समय, परमिट संख्या) –

कर्मचारी का नाम जिसने लाइन डिस्चार्ज कर अर्थ/शॉर्ट की और सेफ़्टी जोन बनाया –


1.    - फीडर/लाइन में पोल की स्थिति

2.    - पोल सही है/क्रेक है (बदलने की जरूरत है या नहीं)

3.    - पोल टेढ़ा

4.    - वी क्रॉस आर्म टेढ़ी

5.    - टॉप क्लैम्प टेढ़ा

6.    - स्टे ढीला/कटा

7.    - स्टे वायर सही/फूटा

8.    - स्टे इन्सुलेटर सही/फूटा

9. - पिन इन्सुलेटर फूटा

10. - तार ढीला आर/वाई/बी फेज

11. - चैनल टेड़ी

12. - डिस्क फूटी आर/वाई/बी फेज

13. - पेड़ की डाल तारों को छू रही है/पास है (क्लीयरेन्स कम है)

14. - रोड से तारों की क्लीयरेन्स कम है

15. - बिल्डिंग की क्षैतिज दूरी कम है ।

16. - अन्य लाइन के क्रॉसिंग में क्लीयरेन्स कम है/ठीक है

17. - डीपी में जम्पर की क्लीयरेन्स कम है/ठीक है

18. - डीपी में जम्पर ढीले हैं या नहीं, क्लैम्प लगे हैं या वाईंडिंग है

19. - रोड क्रॉसिंग/लाइन क्रॉसिंग में गार्डिंग है या नहीं (गार्डिंग का प्रकार भी लिखें)

20. - गार्डिंग के लेसेस सही हैं या नहीं

21. - गार्डिंग के चैनल टेड़ी है या नहीं

22. - लाइन के तारों में ज्वाइंट बीच स्पान में या पोल के पास

23. - स्पान (दो पोल के बीच की दूरी) में कंडक्टर सही है या खराब

24. - कर्मचारी का नाम

25. – हस्ताक्षर

26. - अन्य विशेष


परमिट बुक - विद्युत उपकरणों अथवा लाइनों पर कार्य करने की अनुज्ञा (परमिट) - मुख्य पृष्ठ

मध्य प्रदेश मध्य क्षेत्र विद्युत वितरण कंपनी लिमिटिड

अनुज्ञा बुक क्रमांक ---------,

अनुज्ञा सरल क्रमांक/दिनांक - - - - -

उपकेंद्र/उपसमभाग/संभाग - - - -

विद्युत उपकरण या लाइन पर काम हेतु अनुज्ञा (परमिट)

नाम (जिसे जारी किया गया) - - - - -

मैं एतद द्वारा घोषणा करता हूँ कि निम्नांकित उपकरण/लाइन निष्क्रिय कर दी गई हैं और उन्हें सभी विद्युतमय विद्युत परिचालकों (कंडक्टर) से अलग थलग कर दिया है ।

सभी जरूरी और नियंत्रक पर "सावधान" के फ़लक/पट्टी लगा दिये हैं । जिन उपकरणों/लाइनों पर काम करना सुरक्षित है उनका स्पष्ट उल्लेख करिये - -


• - - - - - - - - - - - - - - -

यहाँ उन स्थानों को स्पष्ट लिखिये जहां लाइन/उपकरण अर्थ किये गये हैं - - - - - - - - - - - - - -

अन्य सभी उपकरण/लाइनें विद्युतमय हैं

जारी करने वाले अन्य विशिष्टि निर्देश - -

दिनांकित हस्ताक्षर, समय, पद (जब अनुज्ञा फोन पर दी गई हो तो विपरीत छोर पर अधिकृत व्यक्ति का नाम लिखना ही चाहिए) - - - - - - -

- - - - - - जारी कर्ता
- - - - - - (प्रेषक छोर)
- - - - - - अभिग्राही छोर

(यदि टेलीफोन पर अनुज्ञा निवेदन हो तो इसका पृष्ठ भाग देखिये)

मुख्य पृष्ठ

मध्य प्रदेश मध्य क्षेत्र विद्युत वितरण कंपनी लिमिटिड

अनुज्ञा बुक क्रमांक - - - - -

अनुज्ञा सरल क्रमांक/दिनाक - - - -

उपकेन्द्र/उपसमभाग/संभाग - - - -

विद्युत उपकरण या लाइन पर काम हेतु अनुज्ञा (परमिट)

नाम (जिसे जारी किया गया) - - - -

मैं एतद द्वारा घोषणा करता हूँ कि निम्नांकित उपकरण/लाइन निष्क्रिय कर दी गई हैं और उन्हें सभी विद्युतमय विद्युत परिचालकों (कंडक्टर) से अलग थलग कर दिया है ।

सभी जरूरी और नियंत्रक पर "सावधान" के फ़लक/पट्टी लगा दिये हैं । जिन उपकरणों/लाइनों पर काम करना सुरक्षित है उनका स्पष्ट उल्लेख करिये - -

- - - - - - - - - - - - - - - - - - -

यहाँ उन स्थानों को स्पष्ट लिखिये जहां लाइन/उपकरण अर्थ किये गये हैं - - - - - - - - - - - - - -

अन्य सभी उपकरण/लाइनें विद्युतमय हैं

जारी करने वाले अन्य विशिष्टि निर्देश - -

दिनांकित हस्ताक्षर , समय , पद (जब अनुज्ञा फोन पर दी गई हो तो विपरीत छोर पर अधिकृत व्यक्ति का नाम लिखना ही चाहिए) - - - - - - - -

- - - - - जारी कर्ता
- - - - - (प्रेषक छोर)

• - - - - - अभिग्राही छोर

(यदि टेलीफोन पर अनुज्ञा हो तो इसका पृष्ठ भाग देखिये)

पृष्ठ - 2

टिप्पणी – 1- कार्यवाही करने के लिए सक्षम व्यक्ति द्वारा हस्ताक्षर करने के बाद अधिकृत कार्यप्रभारी को यह पत्रक दिया जाना चाहिए और उसके पास उस समय तक रहना चाहिए जब तक कि अधिकृत व्यक्ति द्वारा काम बंद नहीं कराया जाता या काम पूरा नहीं हो जाता ।

2- मुख पृष्ठ पर उल्लिखित विद्युत उपकरण/लाइन उस समय तक विद्युतमय नहीं किया जाना चाहिए जब तक कि कार्यप्रभारी द्वारा यह पत्रक हस्ताक्षर कर अनुज्ञा जारी कर्ता को वापिस नहीं हो जाता ।

मैं एतद द्वारा घोषित करता हूँ कि मेरे संरक्षण के सभी व्यक्ति, अर्थिंग तथा सामान, लाइन/उपकरण से अलग हटा दिये गये हैं और सभी व्यक्तियों को सावधान कर दिया गया है कि अब आगे इस पत्रक में उल्लिखित उपकरण / लाइन पर काम करना सुरक्षित नहीं है ।

दिनांक - - - -

हस्ताक्षर - - - - - -

समय - - - - - -

पद - - - - - - - - - -

मैं एतद द्वारा इस पत्रक को निरस्त करता हूँ ।

दिनांक - - - - - - -

हस्ताक्षर - - - - - -

समय - - - - - - -

पद - - - - - -

पृष्ठ - 2

(जब अनुज्ञा टेलीफोन पर आवेदित हो तब इसका उपयोग करें)

आवेदन

प्रेषक - - - - - - प्रति - - - - - -

- - - - - - - - - -

(स्थान)

- - - - - - -

(समय) - - - - -

कृपया निम्नांकित करने की अनुज्ञा जारी करें

- - - - - - - - - -

- - - - - - - - - -

हस्ताक्षर - - - -

पद - - - - - -

त्रैमासिक - लाइनों के निरीक्षण/इंस्पेकशन/देखभाल का चार्ट

निरीक्षण किया, किये जाने वाले उपकरण/सामान, - निरीक्षण/इंस्पेकशन/देखभाल करने के बिन्दु, - निरीक्षण रिपोर्ट रिमार्क

अ – पोल –

1. - पोल में टूटफूट , जमीन में गाड़े स्थान पर कटाव , जंग लगने के कारण नुकसान होने से पोल लाइन का भार संभालने की स्थिति में है या नहीं

1. झुके हुए या टेढ़े पोल अधिक / कम कसाव के कारण
2. अवैध निर्माण , पोल दीवाल या मकान के किसी निर्माण का हिस्सा तो नहीं बचा है । अथवा पोल पर कोई अन्य तारों का खिंचाव तो नहीं है
3. पोल किसी वाहन के कारण अथवा जानवरों / बाहरी तत्वों का नुकसान तो नहीं झेल रहा है
4. पोल की नींव की स्थिति मजबूत है या नहीं
5. स्टील पोल की मफिंग है या नहीं
6. स्टील पोल की पेंटिंग की जाने की आवश्यकता है ताकि जंग न लगे

आ – स्टे सेट –

1. - स्टे की दिशा तथा एंगल लाइन के मान से सही है या नहीं
2. स्टे सेट ढीला , टूटा हुआ अथवा किसी प्रकार से बिगड़ा तो नहीं है
3. क्या स्टे सेट की अर्थिंग है या नहीं
4. क्या स्टे रोड जंग लगने से जीर्ण तो नहीं हो चुका है

इ - क्रॉस आर्म एवं स्टे फिटिंग

1. क्रॉस आर्म/क्लैम्प/ब्रेसिंग/टाई ब्रेसिंग अपनी जगह से खिसक तो नहीं गये हैं
2. अधिक/कम तनाव के कारण क्रॉस आर्म टेढ़ा तो नहीं हो गया है
3. जंग लगने के कारण क्रॉस आर्म/ब्रेसिंग कमजोर तो नहीं हो चुकी है
4. क्रॉस आर्म/ब्रेसिंग के नाट बोल्ट ढीले तो नहीं हैं

ई - इंसुलेटर एवं हार्डवेयर

1. - टूटाफूटा इंसुलेटर तो नहीं लगा है
2. इंसुलेटर घूम तो नहीं गया है

3. इंसुलेटर के ऊपर धूल/नमक/कोयला या अन्य केमीकल पदार्थ तो नहीं जमा है
4. इंसुलेटर के हार्डवेयर फिटिंग जंग के कारण कमजोर तो नहीं हो चुकी है

### उ - कंडक्टर तथा अर्थ वायर

1. कंडक्टर इंसुलेटर के द्वारा क्रॉस आर्म एवं पोल से सही बंधा/खींचा है
2. कंडक्टर/निकटवर्ती मकान, पेड़ अथवा अन्य स्थानों से सुरक्षित दूरी पर है या नहीं
3. कंडक्टर अन्य विद्युत लाइनों/टेलीफोन लाइन से सुरक्षित दूरी पर है अथवा नहीं
4. कंडक्टर/जम्पर में यदि जोड़ लगा है तो सही स्थिति में है या नहीं
5. कंडक्टर के स्टेंड टूटे तो नहीं हैं
6. कंडक्टर की इंसुलेटर पर सही बाईंडिंग की गई है अथवा लूज/ढीली है
7. मिड स्पान जाइंट क्रेक अथवा कमजोर तो नहीं है
8. कंडक्टर के जोईंटिंग क्लैम्प/जोईंटिंग स्लीव सही हाल में हैं या नहीं

### ऊ - जम्पर एवं लाइन एसेसरीज़

1. जम्पर के दोनों सिरे पी जी क्लैम्प से सही कसे हैं या नहीं
2. जम्पर के तीनों फेस के मध्य के सुरक्षित दूरी है अथवा नहीं
3. जम्पर एवं स्टील सेक्शन/स्टे सेट के मध्य सुरक्षित दौरे है अथवा नहीं
4. जम्पर के ऊपर पीवीसी इंसुलेशन लगा है अथवा नहीं
5. जम्पर के अत्यधिक गर्म होने या जलने के निशान तो नहीं हैं
6. पीजी क्लैम्प के नट बोल्ट लूज/ढीले तो नहीं हैं

निरीक्षण किया, किये जाने वाले उपकरण/सामान, - निरीक्षण करने के उपरांत, कार्यवाही हेतु बिन्दु, - रिमार्क - किया गया सुधार कार्य

### अ – पोल –

1. टूटे तथा खराब पोल बदलना
2. टेढ़े पोल सीधे करना एवं बोल्डर भरकर पोल के निचले सिरे की जमीन को मजबूत करना
3. रास्ते के बीच/नजदीक पोल जहां दुर्घटना की संभावना रहती है, सुरक्षित स्थान पर शिफ्ट करना
4. पोल पर पोल नंबर डालना
5. पोल की नींव मजबूत करना एवं स्टील पोल की मफिंग करना
6. जंग लगने की स्थिति में स्टील पोल पर रेड ऑक्साइड एवं एल्यूमिनियम पेंट करना

आ – स्टे – सेट –

1. ढीली स्टे सेट/टाइट करना
2. टूटी एवं ख़राब स्टे बदलना
3. स्टे की अर्थिंग ठीक करना
4. स्टे सेट पर कांटे की तार/क्रेडिल गार्ड लगाना ताकि गाय/भैंस आदि जानवर स्टे को नुकसान न पहुचायें

इ - क्रॉस आर्म –

1. टूटे फूटे क्रेक एवं झुके हुए क्रॉस आर्म बदलना
2. खिसके हुए क्रॉस आर्म/ब्रेसिंग/क्लैम्प सही स्थान पर कसना
3. क्रॉस आर्म/ब्रेसिंग एवं क्लैम्प आदि को जंग से बचाने हेतु पेंट करना

ई – इंसुलेटर -

1. - इंसुलेटर की धूल मिट्टी पोंछवाना, यदि इंसुलेटर टूटे या क्रेक अथवा पंचर हो तो बदलना

उ - कंडक्टर एवं अर्थ वायर –

1. ढीली वाईंडिंग कसना एवं खराब/जाली की जगह दोबारा वाईंडिंग करना
2. कंडक्टर एवं इंसुलेटर के जोड़ वाले हिस्से में यदि जंग लगा हो तो साफ करके दोबारा वाईंडिंग करना
3. कंडक्टर के टूटे हुए स्ट्रेंडयदि दिखाई दें तो रिपेयर स्लीव या वाईंडिंग से रिपेयर करना
4. कंडक्टर यदि मुड़ (ट्विस्ट) गया हो या फैल गया हो तो रिपेयर करना आवश्यक है
5. यदि मिड स्पान ज्वाइंट ढीला हो या क्रेक हो तो बदलना

ऊ - जम्पर एवं लाइन एसेसरीज़

1. टूटे हुए एवं जले हुए जम्पर के स्ट्रेंड चेक करना एवं जरूरत होने पर जम्पर बदलना
2. जम्पर के मेटेरियल की एवं साइज की जांच कर सही साइज के जम्पर से बदलना
3. जम्पर के लूज/ढीले कनेकशन तथा जलने के निशान होने पर बदलना
4. जम्पर की वाईंडिंग वायर की जगह पी जी क्लैम्प लगाकर कसना
5. जम्पर के ऊपर की स्लीव चेक करना एवं यदि खराब हो तो बदलना

ए - एलटी स्विच –

1. - एलटी लाइन का विद्युत भार नापना, यदि अधिक भार हो तो एलटी केबिल के स्थान पर नई उचित क्षमता की केबिल लगाना

2. - खराव/जली हुई एलटी केबिल के स्थान पर नई केबिल लगाना

3. - एलटी स्विच सही काम कर रहा है, चेक करना यदि आवश्यक हो तो जरूरी रिपेयर करना

4. - जले/टूटे फूटे कट आउट बदलना

5. - एलटी स्विच के कोनटेक्ट खराब हो चुके हों तो बदलना

6. - पुराने फ्यूज बदल कर सही क्षमता के नये फ़्यूज लगाना

7. - सभी कनेकशन टाइट करना

8. - केबिल का सिरा जो कि स्विच से जुड़ता है उसमें प्लास्टिक कम्पाउन्ड डालकर सील करके बारिश के पानी को अंदर आने से रोकना

9. - स्विच यूनिट के अंदर एवं आस – पास लगे जालों एवं घोंसले निकालकर साफ करना

विद्युत लाइन – कंडक्टर तालिका –

क्रमांक, - कंडक्टर नाम, - सांकेतिक एल्यूमिनियम क्षेत्र (वर्ग एमएम), - समतुल्य सांकेतिक कॉपर क्षेत्र (वर्ग एमएम), - एल्यूमिनियम के एमएम में स्ट्रेंडिंग तथा वायर व्यास (एमएम), - स्टील के एमएम में स्ट्रेंडिंग तथा वायर व्यास (एमएम), - ब्रेकिंग लोड किग्रा, - कंडक्टर का वजन किग्रा प्रति किमी, - 20 डिग्री सेल्सियस पर गणना की गई रजिसटेन्स ओहम्स प्रति किमी में, - 30 डिग्री अनुकूल तापमान से ऊपर 40 डिग्री सेल्सियस पर करंट बहने की क्षमता (एम्पीयर).

1. - स्क्वीरल, - 20 वर्ग एमएम, - 13 वर्ग एमएम, - 6/2.11 वर्ग एमएम, - 1/2.11,- 771किग्रा, - 85 किग्रा प्रति किमी, - 1.394 ओह्म, - 75 एम्पीयर

2. - वीजल, - 30 वर्ग एमएम, - 20 वर्ग एमएम, - 6/2.59 वर्ग एमएम, - 1/2.59,- 1136 किग्रा, - 128 किग्रा प्रति किमी, - 0.9289 ओह्म, - 102 एम्पीयर .

3. - रेबिट, - 50 वर्ग एमएम, - 30 वर्ग एमएम, - 6/3.59 वर्ग एमएम, - 1/3.59,- 1860 किग्रा, - 214 किग्रा प्रति किमी, - 0.5524 ओह्म, - 150 एम्पीयर .

4. - रैकून, - 75/80 वर्ग एमएम, - 48 वर्ग एमएम, - 6/4.09 वर्ग एमएम, - 1/4.09,- 2746 किग्रा, - 318 किग्रा प्रति किमी, - 0.3712 ओह्म, - 202 एम्पीयर .

5. - डॉग, -100 वर्ग एमएम, - 65 वर्ग एमएम, - 6/4.72 वर्ग एमएम, - 1/4.72 ,- 3299 किग्रा, - 394 किग्रा प्रति किमी, - 0.2792 ओह्म, - 250 एम्पीयर.

लाइनों की सुरक्षात्मक दूरी मानक : - -

क्रमांक, - विवरण, - एलटी लाइन, - 11 के वी लाइन, - 33 केवी लाइन.

1. - ग्रामीण बिना आबादी क्षेत्र/खुले मैदान/जंगल - पोल से पोल की दूरी, - 65 मीटर, - 100 मीटर, - 125 मीटर.

2. - ग्रामीण/शहरी आबादी क्षेत्र -पोल से पोल की दूरी, - 50 मीटर, - 80 मीटर, - 100 मीटर.

३. - लाइन डीपी, - नहीं, - 1.6 किमी पर, - 1.6 किमी पर.

4. - डीपी पोल से पोल की दूरी, - नहीं, - 4 फीट सेंटर /1.22 मीटर, - 5 फीट सेंटर /1.5 मीटर.

5. - ग्रामीण खुले मैदान/जंगल - क्षेत्र - लाइन की जमीन से कम से कम ऊंचाई, - 15 फीट/4.57 मीटर , - 15 फीट /4.57 मीटर,- 17 फीट /5.18 मीटर

6. - सड़क के किनारे लाइन की ऊंचाई, - 18 फीट/5.5 मीटर, - 19 फीट /5.8 मीटर, - 19 फीट / 5.8 मीटर.

7. - सड़क पार (क्रासिंग) करते समय लाइन की ऊंचाई, - 19 फीट /5.8 मीटर, - 20 फीट /6.1 मीटर, - 20 फीट /6.1 मीटर.

8. - मकान के ऊपर से गुजरती लाइन की ऊंचाई, - 8 फीट / 2.5 मीटर, - 10 फीट /3.04 मीटर, - 12 फीट /3.66मीटर.

9. - मकान के पास (आड़े) से गुजरती लाइन की दूरी, - 4 फीट / 1.2 मीटर, - 6 फीट /1.83 मीटर, - 8 फीट/2.5 मीटर .

10. - पेड़ की डाली से दूरी, - 4 फीट /1.2 मीटर, - 6 फीट /1.83 मीटर, - 8 फीट /2.5 मीटर.

11. - 33 केवी लाइन से दूरी, - 10 फीट / 3.0 मीटर, - 10 फीट / 3.04 मीटर, - 10 फीट / 3.04 मीटर.

12. - लाइन के फेस से फेस की दूरी, - 1 फीट/ 0.3048 मीटर , - 3.5 फीट /1.07 मीटर, - 5 फीट/1.52 मीटर .

13. - कंडक्टर एवं गार्ड वायर से दूरी, - 1 फीट, - 2 फीट 3 इंच , - 2 फीट 6 इंच.

14. - अर्थिंग व उसकी वेल्यू, - 6 ठवाँ पोल , 10 ओम, - प्रत्येक पोल , 5 ओम, - प्रत्येक पोल , 5 ओम.

**वितरण लाइनों में उपयोगी कंडक्टर्स एवं करंट लेने की क्षमता**

क्रमांक, - कंडक्टर का नाम एसीएसआर, - सांकेतिक तार का क्षेत्रफल एल्यूमिनियम समतुल्य वर्ग मिमी में, - सांकेतिक तार का क्षेत्रफल कॉपर समतुल्य वर्ग मिमी, - तारों के करंट की क्षमता एम्पीयर में, - एसीएसआर तारों का वजन प्रति किमी में, - एएएसी तारों का वजन प्रति किमी में, - उपयोग.

1. - स्क्वायरल, - 20 वर्ग मिमी, - 13 वर्ग मिमी, - 70 एम्पीयर, - 85 किग्रा, - 60 किग्रा , - एलटी लाइन.

2. - वीजल, - 30 वर्ग मिमी, - 20 वर्ग मिमी, - 100 एम्पीयर, - 128 किग्रा, - 94 किग्रा , - एलटी व 11 केवी लाइन.

3. - रेबिट . - 50 वर्ग मिमी, - 30 वर्ग मिमी, - 148 एम्पीयर, - 214 किग्रा, - 149 किग्रा , - एलटी व 11 केवी लाइन.

4. - रेकून. - 75 वर्ग मिमी, - 48 वर्ग मिमी, - 197 एम्पीयर, - 318 किग्रा, - 218 किग्रा , - 33 केवी लाइन.

5. - डॉग, - 100 वर्ग मिमी, - 65 वर्ग मिमी, - 254 एम्पीयर, - 394 किग्रा, - 273 किग्रा , - 33 केवी लाइन.

6. - पेंथर, - 200 वर्ग मिमी, - 130 वर्ग मिमी, - 510 एम्पीयर, - 976 किग्रा, - - - , - 132 केवी लाइन.

7. - जेब्रा, - 400 वर्ग मिमी, - 260 वर्ग मिमी, - 740 एम्पीयर, - 1621 किग्रा, - - - , - 220 केवी लाइन.

8. - मूस, - 500 वर्ग मिमी, - 325 वर्ग मिमी, - 840 एम्पीयर, - 1996 किग्रा, - - - , - 400 केवी लाइन.

9. - नेट एएसी, - 25 वर्ग मिमी, - - - , 115 एम्पीयर, - 73 किग्रा, - - - , - एलटी व 11 केवी लाइन.

नोट -1- सामान्यतः एक ड्रम एएसी कंडक्टर में लगभग रेबिट - 6 किमी, रेकून 4.75 किमी तथा डॉग - 3.5 किमी होता है । एसीएसआर कंडक्टर रेबिट में लगभग 4 किमी होता है ।

वर्तमान में एलटी लाइनों में ओवर हेड कंडक्टर के स्थान पर एलटी केबिल का प्रयोग किया जा रहा है । तथा एसीएसआर (एलुमिनियम कंडक्टर स्टील रिइनफोर्सड) कंडक्टर के स्थान पर एएसी कंडक्टर प्रयोग किया जाता है क्योंकि एएसी (आल एल्यूमिनियम एलोय कंडक्टर) कंडक्टर चोरी के बाद बिकता नहीं है और न कोई उपयोग होता है ।

-

-

# विद्युत् लाइन सामग्री

विद्युत् लाइन सामग्री
सारणी (टेबिल)

33 के वी लाइन 1 किमी में लगने वाले सामान -

क्रमांक, - विवरण/सामान का नाम, - मात्रा.

1. - पीसीसी पोल(280 केजी/9.1मीटर), - 8 नम्बर.

2. - 33 केवी वी क्रॉस आर्म, - 8 नम्बर.

3. - 33 केवी टॉप क्लैम्प, - 8 नम्बर.

4. - 33 केवी पिन इंसुलेटर, - 24 नम्बर.

5 . - 33 केवी जी आई पिन, - 24 नम्बर.

6. - अर्थिङ्ग सेट क्वाइल, - 8 नम्बर.

7. - एसीएसआर/एएसी कंडक्टर. - (80 वर्गएमएम - डॉग), - 3.10 किमी

8. - ज्वाइंटिंग स्लीव, - 6 नम्बर.

9. - स्टे सेट (20 वर्ग एमएम), - 3 नम्बर.

10. - बेक - फिलिंग ऑफ पोल, - 8 नम्बर.

11. - कोंक्रीटिंग ऑफ पोल/स्टे , - (0.3सीएमटी प्रति स्टे, 0.05प्रति पोल) , - 1.4सीएमटी

12. - बारवेड वायर (कंटीले तार), - एंटीक्लाइम्बिंग डिवाइस , - 16 किग्रा / 8 नम्बर

13. - डेंजर बोर्ड (खतरा पट्टिका)(33 केवी), - 8 नम्बर.

14. - नट - बोल्ट (विभिन्न साइज), - 16 किग्रा.

15. - बाइंडिंग वायर/टेप , - 3.5 किग्रा.

16. - जीआई वायर (तार), - 5 किग्रा.

विशेष – 33 केवी लाइन में रेल पोल (52.5 केजी प्रति मीटर) तथा एचबीम (152 वाय 152 एमएम, 37.1 केजी प्रति मीटर भी प्रयोग करते हैं) ।

11 केवी लाइन 1 किमी में लगने वाले सामान -

क्रमांक, - विवरण/सामान का नाम, - मात्रा.

1. - पीसीसी पोल (140 केजी/8 मीटर), - 10 नंबर.

2. - वी क्रॉस आर्म (11 केवी), - 10 नंबर.

3. - टॉप क्लैम्प (11 केवी), - 10 नंबर.

4. - 11 केवी पिन इंसुलेटर, - 30 नंबर.

5. - जीआई पिन, - 30 नंबर.

6. - एसीएसआर/एएसी कंडक्टर, - (50 वर्ग एमएम रेकून) , - 3.10 किमी

7. - स्टे सेट (16 एमएम) कम्पलीट, - 4 नंबर.

8. - नट- बोल्ट (विभिन्न साइज), - 20 किग्रा.

9. - जीआई वायर (तार)(8 एसडब्ल्यूजी), - 15 किग्रा.

10. - बारवेड वायर (कंटीले तार), - (एंटीक्लाइम्बिंग डिवाइस), - 20 किग्रा /10 नम्बर.

11. - 11केवी डेंजर बोर्ड (खतरा पट्टिका )(साइज 250वाय200 एमएम), - 10 नंबर.

12. - एल्यूमिनियम पेंट, - 2 लीटर.

13. - रेड ऑक्साइड पेंट, - 2 लीटर.

14. - बाइंडिंग वायर एंड टेप, - 5 किग्रा.

15. - ज्योइंटिंग स्लीव (50वर्गएमएम कंडक्टर) , - 6 नम्बर.

16. - पोल हेतु बेक – फिलिंग बोल्डर, - 10 नम्बर प्रतिपोल.

17. - कोंक्रीटिंग (पोल व स्टे), - 0.8सीएमटी

**विशेष – 11 केवी लाइन में आरएस जोईस्ट (175 वाय 85 एम एम) तथा रेल पोल भी उपयोग करते हैं ।**

**11 केवी डीपी (डबल पोल), टेपिंग डीपी, टीपी (ट्रिपल पोल) - पीसीसी पोल लाइन (1 डीपी प्रति 1 किमी लाइन)**

क्रमांक, - विवरण/सामान का नाम, - मात्रा., - डीपी, - टेपिंग डीपी, - टीपी.

1. - पीसीसी पोल (140 किग्रा, 8 मीटर लम्बाई), - 2 नंबर, - 1 नंबर, - 3 नंबर.

2. - डीसी चैनल (100x50 एम एम) 4 फुट सेन्टर, - 1 सेट, - 1 सेट, - 2 सेट.

3. - क्लैंप (पीसीसी पोल), - 1 सेट , - 1 सेट , - 4 सेट.

4. - 11 केवी स्ट्रेन सेट एवं हार्ड वेयर फिटिंग, - 6 नंबर. - 3 नंबर, - 6 नंबर.

5. - 11 केवी डिस्क इंसुलेटर (पॉलीमर), - 6 नंबर, - 3 नंबर , - 6 नंबर.

6. - 11 केवी पिन एवं पिन - इंसुलेटर, - 2 नंबर सेट, - 2 नंबर सेट, - 4 नंबर.

7. - होरीजेंटल और क्रॉस ब्रेसिंग 4 फुट सेन्टर, - 1 सेट , - 1 सेट , - 2 सेट.

8. - क्लैंप (पीसीसी पोल), - 4 सेट , - 4 सेट , - 4 सेट.

9. - स्टे - सेट 16 स्क्युयायर एमएम कंपलीट, टर्न बक्कल, - 6 नंबर, - 2 नंबर, - 6 नंबर.

10. - स्टे वायर 7/3.15 एमएम (5.5 किग्रा प्रति स्टे सेट), - 33 किग्रा , - 11 किग्रा , - 33 किग्रा.

11. - स्टे क्लैंप (पीसीसी पोल), - 6 सेट , - 2 सेट, - 6 सेट.

12. - कोंक्रीटिंग - पीसीसी पोल (0.5 सीएमटी प्रति पोल) बेस पेडिंग व मफिंग (अनुपात/रेशो 1:3:6), - 1 सीएमटी , - 0.5 सीएमटी , - 1 सीएमटी.

13. - कोंक्रीटिंग - स्टे (0.2 सीएमटी प्रति स्टे)(अनुपात/रेशो 1:3:6), - 1.2 सीएमटी , - 0.4 सीएमटी , - 1.2 सीएमटी.

14. - अर्थिंग कोइल (115 टर्न, 50 एमएम डाया, 2.5 मीटर लीड 4 एमएम, जी आई वायर), - 2 नंबर , - 1 नंबर , - 3 नंबर.

15. - अर्थिंग - पीसीसी पोल 4 एमएम, 8 एसडब्ल्यूजी, जीआई वायर (0.8 किग्रा प्रति पोल), - 1.6 किग्रा , - 0.8 किग्रा , - 2.4 किग्रा.

16. - रेड ऑक्साइड पेंट, - 0.6 लीटर, - 0.6 लीटर , - 1 लीटर.

17. - एल्यूमिनियम पेंट, - 0.6 लीटर , - 0.6 लीटर , - 1 लीटर.

18. - एंटी क्लाइबिंग डिवाइस, - 2 नंबर , - 2 नंबर , - 3 नंबर.

19. - डेंजर बोर्ड (खतरा पट्टिका) एनेमिल्ड टाइप 11 केवी (250x200 एमएम), - 1 नंबर , - 1 नंबर , - 2 नंबर.

20. - एमएस नट और बोल्ट , - 6 किग्रा , - 6 किग्रा , - 10 किग्रा.

**विशेष** – प्राक्लन (इस्टीमेट) बनाते समय स्टोर इन्सीडेंटल चार्जेज(2.5%), कंटेंजेंसीज (5%), वर्क चार्ज एस्टेब्लिशमेंट (2.5%), टी एंड पी (1.5%) के साथ लेबर चार्जेज (20%), ट्रांसपोर्टेशन चार्जेज (14%) और जीएसटी भी लगाई जाती है ।

33 केवी 1 किमी लाइन - एचबीम 13 मीटर, एबी केबिल (औसत स्पान 50 मीटर)

क्रमांक , - विवरण/सामान का नाम , - एचबीम 13 मीटर.

1. - एच - बीम (152x152 एमएम) 37.1 किग्रा प्रति मीटर, 13 मीटर लंबाई , - 20 नंबर.

2. - 33 केवी सस्पेंशन क्लैम्प, एबी केबिल अटेचमेंट सहित , - 20 सेट.

3.- अर्थिंग कोइल (115 टर्न्स 50 एमएम डाया, 2.5 मीटर लीड 4.0 एमएम जीआई वायर), - 20 नंबर.

4 . - 33 केवी टेंशन क्लैम्प (डेड एंड क्लैम्प, एंकर क्लैम्प) एबी केबिल अटेचमेंट सहित , - 10 सेट.

5 . - 33 केवी - 95 स्क्यूार एमएम एरियल बंच केबिल, 5 % सेग सहित , - 1.05 किमी.

6 . - स्ट्रेट थ्रुह हीट सिंकेबिल केबिल जोईंटिंग किट लग्स सहित - 33 केवी ग्रेड एक्सएलपीई - 3 कोर/120 स्क्यूायर एमएम , - 2 नंबर.

7 . - आउट डोर हीट सिंकेबिल केबिल जोईंटिंग किट लग्स सहित - 33 केवी ग्रेड एक्सएलपीई - 3 कोर 95/120 स्क्यूायर एमएम, - 2 नंबर.

8 . - स्टे - सेट 20 एमएम कंपलीट टर्न बक्कल , - 8 नंबर.

9 . - स्टे वायर 7/4.0 एमएम (8.5 किग्रा प्रति स्टे सेट) , - 68 किग्रा.

10 . - स्टे - क्लैंप - एच बीम , - 8 सेट.

11 . - कोंक्रीटिंग एचबीम (0.65 सीएमटी प्रति पोल) बेस पेडिंग, मफिंग सहित (अनुपात 1:3:6), - 13 सीएमटी.

12. - कोंक्रीटिंग स्टे (0.3 सीएमटी प्रति स्टे )(अनुपात 1:3:6), - 2.4 सीएमटी.

13 . - रेड ऑक्साइड पेंट, - 20 लीटर .

14 . - एल्यूमिनियम पेंट , - 20 लीटर.

15. - एंटीक्लाइम्बिंग डिवाइस , - 20 नंबर.

16 . - डेंजर बोर्ड एनेमिल्ड 33 केवी , - 20 नंबर.

17 . - एमएस नट और बोल्ट , - 30 किग्रा.

विशेष – प्राक्लन (इस्टीमेट) बनाते समय स्टोर इन्सीडेंटल चार्जेज (2.5%), कंटेंजेंसीज (5%), वर्क चार्ज एस्टेब्लिशमेंट (2.5%), टी एंड पी (1.5%), लेबर चार्जेज़ (13%) ट्रांसपोर्टेशन चार्जेज़ (8%)

33 केवी अंडर ग्राउंडिंग रेलवे क्रॉसिंग/नेशनल/स्टेट हाई वे क्रॉसिंग (1+1 केबिल), ओवर हेड क्रॉसिंग (नेशनल/स्टेट हाई वे छोड़कर)(70 मीटर स्पान) तथा अंडर ग्राउंड लाइन 1 किमी (1+1केबिल) -

क्रमांक . - विवरण/सामान का नाम , - अंडर ग्राउंडिंग (1+1 केबिल) रेलवे क्रॉसिंग , - ओवर हेड क्रॉसिंग (नेशनल / स्टेट हाई वे छोड़कर) , - अंडर ग्राउंड क्रॉसिंग (1+1 केबिल)1 किमी.

1. - एच - बीम (152xx152 एमएम) 37.1 किग्रा प्रति मीटर, 13 मीटर लंबाई , - -, - 2 नंबर , - - .

2. - 33 केवी 3 कोर 3x300 स्क्यायर एमएम एक्सएलपीई केबिल , - 300 मीटर , - -, - 2300 मीटर.

3. - जीआई पाइप 150 एमएम 'बी' ग्रेड अंडर ट्रेक , - 250 मीटर , - - , - 100 मीटर.

4. - जीआई पाइप 150 एमएम 'ए ' ग्रेड डीपी के सहारे , - 32 मीटर , - - , - 32 मीटर.

5 . - हीट स्रिंकेबिलकेबिल जोईंटिंग किट, लग्स सहित (33 केवी ग्रेड एक्सएलपीई केबिल 3 कोर 3x300स्क्यायर एमएम), - 4 सेट , - -, - 4 सेट.

6. - हीट स्रिंकेबिल केबिल (स्ट्रेट थ्रू) जोईंटिंग किट लग्स सहित 33 केवी ग्रेड एक्सएलपीई केबिल 3कोर 300 स्क्यायर एमएम, - - , - -, - 4 सेट.

7. - अर्थिंग सेट, - 4 सेट , - -, - 4 सेट.

8. -33 केवी लाइटिनिंग अरेस्टर -गेपलेस टाइप , -6 नंबर , - -, - 6 नंबर.

9. -जीआई वायर 6 एसडब्ल्यूजी(8 मीटर प्रति किग्रा) , - 62 किग्रा , - 25 किग्रा , - 20 किग्रा.

10. - जीआई वायर 8 एसडब्ल्यूजी(9.8 मीटर प्रति किग्रा), - - , - 12 किग्रा , - - .

11. - बाई - मेटेलिक क्लैम्प, - 6 नंबर , - -, - 6 नंबर.

12. - एमएस नट और बोल्ट्स , - 10 किग्रा , - 5 किग्रा , - 37 किग्रा.

13. - एमएस फ्लेट , - 50 किग्रा , - - , - 50 किग्रा.

14. - केबिल मार्किर , - 10 नंबर , - -, - 40 नंबर.

15. - पीवीसी/एचडीपीई पाइप 8 इंच डाया , - - , - -, - 20 मीटर.

16 . - सेंड फिलिंग ओवर केबिल , - -, - -, - 300 सीएमटी

17 . - भट्टा ब्रिक/ईंट कवरिंग ओवर सेंड फिलिंग , - -, - - , - 30,000 नंबर.

18 . - कोंक्रीटिंग - केबिल मार्कर (0.2 सीएमटी प्रति केबिल मार्कर) (अनुपात 1:3:6), - 2 सीएमटी , - -, - 8 सीएमटी.

19 . - 33 केवी 'वी' ब्रिडिल क्रोस्स आर्मस(75x75x6 एमएम एंगल), - - , - 2 नंबर , - -.

20 . - बेक क्लैम्प (75x75x6 एमएम एंगल), - - , - 2 नंबर , - -.

21 . - 33 केवी ब्रिडिलिंग टॉप क्लैम्प (75x75x6 एमएम एंगल), - - , - -2 नंबर, - -.

22 . - अर्थिंग कोइल (115 टर्न्स50 एमएम डाया, 2.5 मीटर लीड 4.0 एमएम जीआई वायर), - -, - 2 नंबर , - - .

23 . - 33 केवी पिन इंसुलेटर (पॉलीमर), - -, - 6 नंबर , - - .

24 , - कंडक्टर - डॉग (100 एमएम) एएएसी, 3 % सेग सहित , - - , - 0.217 किमी , - - .

25 . - 33 केवी गार्डिंग चेनल (75x40x6 एमएम) , - -, - 1 सेट , - - .

26 . - जोईंटिंग स्लीव्स डॉग कंडक्टर , - -, - 10 नंबर , - - .

27 . - स्टे - सेट 20 एमएम कंपलीट टर्न बक्कल , - -, - 2 नंबर , - - .

28 . - स्टे वायर 7 /4.0 एमएम (8.5 किग्रा प्रति स्टे सेट) , - -, - 17 किग्रा , - -.

29 . - क्लैंप – स्टे (एचबीम), - -, - 2 सेट , - - .

30 . - कोंक्रीटिंग एचबीम (0.65 सीएमटी प्रति पोल) बेस पेडिंग, मफिंग सहित (अनुपात 1:3:6), - - , - 1.3 सीएमटी, - - .

31 . - कोंक्रीटिंग स्टे (0.3 सीएमटी प्रति स्टे)(अनुपात 1:3:6), - - ,- 0.6सीएमटी , - -

32 , - रेड ऑक्साइड पैंट , - - , - 1.5 लीटर, - - .

33 . - एल्यूमिनियम पैंट , - - , - 1.5 लीटर , - - .

34 . - एंटीक्लाइम्बिंग डिवाइस , - -, - 2 नंबर , - - .

35 . - डेंजर बोर्ड एनेमिल्ड 33 केवी , - -, - 2 नंबर , - -

.36 . - बाइंडिंग वायर और टेप , - -, - 5 किग्रा , - - .

37 . - आई - बोल्ट 20 एमएम , - -, - 8 नंबर , - - .

**विशेष** – प्राक्लन (इस्टीमेट) बनाते समय स्टोर इन्सीडेंटल चार्जेज (2.5%), कंटेंजेंसीज (5%), वर्क चार्ज एस्टेब्लिशमेंट (2.5%), टी एंड पी (1.5%), लेबर चार्जेज़ (8%) ट्रांसपोर्टेशन चार्जेज़ (5%)

एलटी लाइन 1 किमी 3 फेज 5 वायर लाइन में लगने वाले सामान –

एरीयल बन्चड एक्सएलपीई केबिल, अधिकतम स्पान - 50 मीटर शहरी क्षेत्र (आरएस जोइस्ट सपोर्ट)

क्रमांक. - विवरण/सामान का नाम , - 1100 वोल्ट ग्रेड एबी केबिल 3x25 स्क्यायर एमएम मात्रा , - 1100 वोल्ट ग्रेड एबी केबिल 3x35 स्क्यायर एमएम मात्रा, - 1100 वोल्ट

ग्रेड एबी केबिल 3x50 स्क्यायर एमएम मात्रा

1. - आरएस जोईस्ट (गर्डर) साइज 175x85x6 एमएम 9.3 मीटर लम्बाई (19.6 किग्रा प्रति मीटर), - 20 नंबर , - 20 नंबर, - 20 नंबर.

2. - एबी केबिल हेंगिंग क्लैंप/टेंशन क्लैंप , - 20 नंबर , - 20 नंबर , - 20 नंबर.

3. - सस्पेंशन क्लैंप कंपलीट, - 16 नंबर ,- 16 नंबर , - 16 नंबर.

4 . - टेंशन क्लैंप (डेड एंड क्लैंप) कंपलीट , - 6 नंबर , - 6 नंबर ,- 6 नंबर.

5 . - क्लैंप – न्यूट्रल हेतु , - 20 नंबर , - 20 नंबर ,- 20 नंबर.

6. - पायरेसिंग कनेक्टर टाइप-1 सिंगल /थ्री फेज (मैन-16-50 स्क्यायर एमएम , टेप -16-50 स्क्यायर एमएम) , - 60 नंबर , - 60 नंबर , - 60 नंबर.

7 . - पायरेसिंग कनेक्टर टाइप-2 सिंगल / थ्री फेज (मैन-16-50 स्क्यायर एमएम , टेप -16-50 स्क्यायर एमएम ) , - 40 नंबर , - 40 नंबर , - 40 नंबर.

8 . - 1100 वोल्ट ग्रेड एरीयल बंचड एक्सएलपीई केबिल (5 % सेग सहित)

3x25 +1x16 +1x35 स्क्यायर एमएम , - 1.05किमी , - -, - - .

3x35 +1x16 +1x35 स्क्यायर एमएम, - -, - 1.05 किमी , - - .

3x50 +1x16 +1x35 स्क्यायर एमएम, - - , - - , - 1.05 किमी.

9 . - स्टे सेट 16 एमएम कंपलीट, टर्न बक्कलस , - 12 नंबर , - 12 नंबर , - 12 नंबर.

10 . - स्टे वायर 7/3.15 एमएम (5.5 किग्रा स्टे वायर प्रति स्टे सेट), - 66 किग्रा , - 66 किग्रा , - 66 किग्रा.

11 . - स्टे क्लैंप - आरएस जोईस्ट हेतु , - 12 सेट , - 12 सेट - 12 सेट.

12 . - पोल कोंक्रीटिंग(0.3 सीएमटी प्रति पोल- बेस पेडिंग + मफिंग)(अनुपात/रेशो 1:3:6) , - 6 सीएमटी , - 6 सीएमटी , - 6 सीएमटी.

13 . - स्टे - कोंक्रीटिंग (0.2 सीएमटी प्रति स्टे) , - 2.4 सीएमटी , - 2.4 सीएमटी , - 2.4 सीएमटी.

14 . - एमएस नट और बोल्ट , - 30 किग्रा , - 30 किग्रा , - 30 किग्रा.

15 . - अर्थिंग कोइल (115 टर्न्स, 50 एमएम डाया और 2.5 मीटर लीड 4 एमएम - जीआई वायर), - 5 नंबर , - 5 नंबर , - 5 नंबर

16. - स्प्रिंग लोडिड बसबार सिस्टम (1 इंकमिंग, 6 आउट गोइंग सिंगल फेस सर्किट), - 10 नंबर , - 10 नंबर , - 10 नंबर.

17. - स्प्रिंग लोडिड बसबार सिस्टम (1 इंकमिंग, 3 आउट गोइंग थ्री फेस सर्किट), - 10 नंबर , - 10 नंबर , - 10 नंबर

**विशेष –** प्राक्लन (इस्टीमेट) बनाते समय स्टोर इन्सीडेंटल चार्जेज (2.5%), कंटेंजेंसीज (5%), वर्क चार्ज एस्टेब्लिशमेंट (2.5%), टी एंड पी (1.5%) के साथ लेबर चार्जेज (10%), ट्रांसपोर्टेशन चार्जेज (6%) और जीएसटी भी लगाई जाती है ।

एलटी लाइन 1 किमी 3 फेज 5 वायर लाइन में लगने वाले सामान –

**एरीयल बन्चड एक्सएलपीई केबिल, अधिकतम स्पान - 50 मीटर (पीसीसी पोल)**

क्रमांक . - विवरण/सामान का नाम, - 1100 वोल्ट ग्रेड एबी केबिल 3x16 स्क्यायर एमएम मात्रा , - 1100 वोल्ट ग्रेड एबी केबिल 3x25 स्क्यायर एमएम मात्रा , - 1100 वोल्ट ग्रेड एबी केबिल 3x35 स्क्यायर एमएम मात्रा, - 1100 वोल्ट ग्रेड एबी केबिल 3x50 स्क्यायर एमएम मात्रा.

1 . - पीसीसी पोल 140 किग्रा, 8 मीटर लम्बाई , - 20 नंबर , - 20 नंबर , - 20 नंबर, - 20 नंबर.

2. - एबी केबिल हेंगिंग क्लैंप/टेंशन क्लैंप , - 20 नंबर , - 20 नंबर , - 20 नंबर , - 20 नंबर.

3 . - सस्पेंशन क्लैंप कंपलीट , - 16 नंबर , - 16 नंबर , - 16 नंबर , - 16 नंबर.

4 . - टेंशन क्लैंप (डेड एंड क्लैंप)कंपलीट , - 6 नंबर , - 6 नंबर , - 6 नंबर , - 6 नंबर.

5 . - क्लैंप – न्यूट्रल हेतु , - 20 नंबर , - 20 नंबर , - 20 नंबर , - 20 नंबर.

6 . - पायरेसिंग कनेक्टर टाइप-1 सिंगल/थ्री फेज (मैन-16-50 स्क्यायर एमएम, टेप -16-50 स्क्यायर एमएम) , - 60 नंबर , - 60 नंबर , - 60 नंबर , - 60 नंबर.

7 . - पायरेसिंग कनेक्टर टाइप-2 सिंगल/थ्री फेज (मैन-16-50 स्क्यायर एमएम, टेप -16-50 स्क्यायर एमएम) , - 40 नंबर , - 40 नंबर , - 40 नंबर , - 40 नंबर.

8 . - 1100 वोल्ट ग्रेड एरीयल बंचड एक्सएलपीई केबिल (5 % सेग सहित)

3x16 +1x16 +1x25 स्क्यायर एमएम , - 1.05 किमी , - - , - - , - - .

3x25 +1x16 +1x35 स्क्यायर एमएम, - - , - 1.05 किमी , - - , - - .

3x35 +1x16 +1x35 स्क्यायर एमएम, - -, - -, - 1.05 किमी , - - .

3x50 +1x16 +1x35 स्क्यायर एमएम , - -, - -, - -, - 1.05 किमी .

9 . - स्टे सेट 16 एमएम कंपलीट, टर्न बक्कलस , - 12 नंबर , - 12 नंबर , - 12 नंबर , - 12 नंबर .

10 . - स्टे वायर 7/3.15 एमएम (5.5 किग्रा स्टे वायर प्रति स्टे सेट), - 66 किग्रा , - 66 किग्रा , - 66 किग्रा , - 66 किग्रा.

11 . - स्टे क्लैंप -140 किग्रा पीसीसी पोल हेतु , - 12 सेट , - 12 सेट , - 12 सेट , - 12 सेट.

12 . - बोल्डर – पीसीसी पोल - बेक फिलिंग , - 20 नंबर , - 20 नंबर , - 20 नंबर , - 20 नंबर.

13 . - पोल कोंक्रीटिंग (0.05 सीएमटी प्रति पोल- बेस पेडिंग + मफिंग)(अनुपात/रेशो 1:3:6)

, - 1 सीएमटी , - 1 सीएमटी , - 1 सीएमटी , - 1 सीएमटी.

14 . - स्टे - कोंक्रीटिंग (0.2 सीएमटी प्रति स्टे) , - 2.4 सीएमटी , - 2.4 सीएमटी , - 2.4 सीएमटी , - 2.4 सीएमटी.

15 . - एमएस नट और बोल्ट , - 30 किग्रा , - 30 किग्रा , - 30 किग्रा , - 30 किग्रा .

16 . -अर्थिंग कोइल (115 टर्न्स, 50 एमएम डाया और 2.5 मीटर लीड 4 एमएम - जीआई वायर) ,- 5 नंबर , - 5 नंबर , -5 नंबर , - 5 नंबर .

17 . - पीसीसी पोल अर्थिंग- 4 एमएम, 8 एसडब्ल्यूजी - जीआई वायर , - 16 किग्रा , - 16 किग्रा , - 16 किग्रा , - 16 किग्रा .

18 . - स्प्रिंग लोडिंड बसबार सिस्टम (1 इंकमिंग ,6 आउट गोइंग सिंगल फेस सर्किट), - 10 नंबर , - 10 नंबर , - 10 नंबर , - 10 नंबर .

19 . - स्प्रिंग लोडिंड बसबार सिस्टम (1 इंकमिंग, 3 आउट गोइंग थ्री फेस सर्किट), - 10 नंबर , - 10 नंबर , - 10 नंबर , - 10 नंबर .

विशेष – प्राक्लन (इस्टीमेट) बनाते समय स्टोर इन्सीडेंटल चार्जेज(2.5%), कंटेंजेंसीज (5%), वर्क चार्ज एस्टेब्लिशमेंट (2.5%), टी एंड पी (1.5%) के साथ लेबर चार्जेज (20%), ट्रांसपोर्टेशन चार्जेज (12%) और जीएसटी भी लगाई जाती है ।

एलटी लाइन 1 किमी 1 फेज 3 वायर लाइन में लगने वाले सामान –

एरीयल बन्चड एक्सएलपीई केबिल, अधिकतम स्पान - 50 मीटर ग्रामीण क्षेत्र (पीसीसी पोल सपोर्ट)

क्रमांक . - विवरण/सामान का नाम , - 1100 वोल्ट ग्रेड एबी केबिल 2x25 स्क्यायर एमएम मात्रा , - 1100 वोल्ट ग्रेड एबी केबिल 2x35 स्क्यायर एमएम मात्रा.

1 . - पीसीसी पोल साइज 140 किग्रा 8 मीटर लम्बाई , - 20 नंबर , - 20 नंबर.

2 . - एबी केबिल हेंगिंग क्लैंप/टेंशन क्लैंप , - 20 नंबर , - 20 नंबर.

3 . - सस्पेंशन क्लैंप कंपलीट , - 20 नंबर , - 20 नंबर.

4 . - टेंशन क्लैंप (डेड एंड क्लैंप) कंपलीट , - 6 नंबर , - 6 नंबर.

5 . - क्लैंप – न्यूट्रल हेतु , - 20 नंबर , -20 नंबर.

6 . - पायरेसिंग कनेक्टर टाइप-1 सिंगल/थ्री फेज (मैन-16-50 स्क्यायर एमएम, टेप -16-50 स्क्यायर एमएम) , - 45 नंबर , - 45 नंबर.

7 . - पायरेसिंग कनेक्टर टाइप-2 सिंगल/थ्री फेज (मैन-16-50 स्क्यायर एमएम , टेप -16-50 स्क्यायर एमएम) , - 30 नंबर , - 30 नंबर.

8 . - 1100 वोल्ट ग्रेड एरीयल बंचड एक्सएलपीई केबिल (5 % सेग सहित)

2x25 +1x16 स्क्यायर एमएम , - 1.05 किमी, - - .

2x35 +1x16 स्क्यायर एमएम, - - , - 1.05 किमी .

9 . - स्टे सेट 16 एमएम कंपलीट, टर्न बक्कलस , - 9 नंबर , - 9 नंबर.

10 . - स्टे वायर 7/3.15 एमएम (5.5 किग्रा स्टे वायर प्रति स्टे सेट), - 49.5 किग्रा , - 49.5 किग्रा.

11 . - स्टे क्लैंप - पीसीसी पोल हेतु , - 9 सेट , - 9 सेट.

12 . - बोल्डर- पीसीसी फ़्लो बेक फिलिंग , - 20 नंबर , - 20 नंबर.

13 . - पोल कॉंक्रीटिंग(0.05 सीएमटी प्रति पोल - बेस पेडिंग + मफिंग)(अनुपात/रेशो 1:3:6) , - 1 सीएमटी , - 1 सीएमटी.

14 . - स्टे - कॉंक्रीटिंग (0.2 सीएमटी प्रति स्टे) (अनुपात/रेशो 1:3:6), - 1.8 सीएमटी , - 1.8 सीएमटी.

15 . - एमएस नट और बोल्ट , - 22.5 किग्रा , - 22.5 किग्रा.

16 . - अर्थिंग कोइल (115 टर्न्स, 50 एमएम डाया और 2.5 मीटर लीड 4 एमएम - जीआई वायर), - 4 नंबर , - 4 नंबर.

17 . - अर्थिंग - पीसीसी पोल 4 एम एम – 8 एसडब्ल्यूजी, जीआई वायर (0.8 किग्रा प्रति पोल), - 16 किग्रा , - 16 किग्रा.

18 . - स्प्रिंग लोडिड बसबार सिस्टम (1 इंकमिंग, 6 आउट गोइंग सिंगल फेस सर्किट), - 10 नंबर , - 10 नंबर.

**विशेष –** प्राक्लन (इस्टीमेट) बनाते समय स्टोर इन्सीडेंटल चार्जेज(2.5%), कंटेंजेंसीज (5%), वर्क चार्ज एस्टेब्लिशमेंट (2.5%), टी एंड पी (1.5%) के साथ लेबर चार्जेज (18%), ट्रांसपोर्टेशन चार्जेज (11%) और जीएसटी भी लगाई जाती है ।

11 केवी लाइन भूमिगत (अंडर ग्राउंड) रेलवे क्रॉसिंग, रोड क्रॉसिंग (राष्ट्रीय राज मार्ग/नेशनल हाई वे, राज्य राज मार्ग/स्टेट हाई वे) 1+1 केबिल

क्रमांक . - विवरण/सामान का नाम , - भूमिगत/अंडर ग्राउंड क्रॉसिंग.

1 . - 11 केवी 3x300 स्क्युयायर एमएम एक्सएलपीई केबिल , - 300 मीटर.

2 . - जीआई पाइप 150 एमएम बी ग्रेड अंडर ट्रेक , - 250 मीटर.

3 . - जीआई पाइप 150 एमएम ए ग्रेड , डीपी के सहारे , - 32 मीटर.

4 . - हीट स्रिंकेबिल केबिल जोईंटिंग किट, लग्स सहित, 11 केवी ग्रेड एक्सएलपीई केबिल साइज 3x300 स्क्युयायर एमएम , - 4 सेट.

5 . - अर्थिंग सेट , - 4 नंबर.

6 . - 11 केवी लाइटिनिंग अरेस्टर गेपलेस टाइप , - 6 नंबर.

7 . जीआई वायर 6 एसडब्ल्यूजी , - 20 किग्रा.

8 . - 11 केवी एरीयल बंच केबिल 200 स्क्युयायर एमएम, जमफर के लिए , - 10 मीटर.

9 . - बाई - मैटेलिक क्लैम्पस , - 6 नंबर.

10 . - एमएस नट और बोल्ट्स , - 10 किग्रा.

11 . - एमएस फ्लेट , - 50 किग्रा.

12 . - केबिल मार्कर , - 10 नंबर.

13 . - कोइक्रीटिंग - केबिल मार्कर (0.2 सीएमटी प्रति केबिल मार्किंग), - 2 सीएमटी.

**विशेष –** प्राक्लन (इस्टीमेट) बनाते समय स्टोर इन्सीडेंटल चार्जेज(2.5%), कंटेंजेंसीज (5%), वर्क चार्ज एस्टेब्लिशमेंट (2.5%), टीएंडपी (1.5%) के साथ लेबर चार्जेज

(14%), ट्रांसपोर्टेशन चार्जेज (8%) और जीएसटी भी लगाई जाती है ।

11 केवी लाइनओवर हेड - रोड क्रॉसिंग (राष्ट्रीय राज मार्ग/नेशनल हाई वे, राज्य राज मार्ग/स्टेट हाई वे को छोड़कर) एचबीम 11 मीटर लंबाई, स्पान - 70 मीटर

क्रमांक . - विवरण/सामान का नाम , - ओवर हेड क्रॉसिंग.

1 . - एच बीम (152x152 एमएम, 37.1 किग्रा प्रति मीटर, 11 मीटर लंबाई), - 2 नंबर.

2 . - 11केवी 'वी' ब्रिडिल क्रॉस आर्म्स (65x65x6 एमएम एंगल), - 2 नंबर.

3 . - बेक क्लैम्प (65x65x6 एमएम एंगल), - 4 नंबर.

4 . - 11केवी ब्रिडिलिंग टोप क्लैम्प (65x65x6 एमएम), - 2 नंबर.

5 . - आर्थिंग कोइल (115 टर्न्स 50 एमएम डायाऔर 2.5 मीटर लीड 4 एमएम, जीआई वायर), - 2 नंबर.

6 . - 11 केवी पिन इंसुलेटर पॉलीमर , - 12 नंबर.

7 . - 11 केवी डिस्क इंसुलेटर पॉलीमर, स्ट्रेन हार्ड वेयर सहित , - 12 नंबर.

8 . - एएसी कंडक्टर - डॉग (100 एमएम) सेग 3 % सहित , - 0.22 मीटर.

9 . - 11 केवी गार्डिंग चेनल (75x40x6एमएम) , - 1 सेट.

10 . - जोईंटिंग स्लीव्स डॉग कंडक्टर , - 10 नंबर.

11 . - स्टे सेट 16 एमएम कंपलीट, टर्न बक्कल , - 2 सेट.

12 , - स्टे - वायर 7/3.15 एमएम (5.5 किग्रा स्टे - वायर प्रति स्टे सेट), - 11 किग्रा .

13 . - स्टे - क्लैम्प (एचबीम) , - 2 सेट.

14 . - जीआई वायर 6 एसडब्ल्यूजी (8 मीटर प्रति किग्रा) गार्डिंग के लिए , - 25 किग्रा.

15 . - जीआई वायर 8 एसडब्ल्यूजी (9.8 मीटर प्रति किग्रा), - 12 किग्रा.

16 . - कोंक्रीटिंग - एचबीम (0.65 सीएमटी प्रति पोल (अनुपात / रेशो 1:3:6), - 1.3 सीएमटी.

17 . - कोंक्रीटिंग - स्टे सेट (0.2 सीएमटी प्रति स्टे)(अनुपात/रेशो 1:3:6), - 0.4 सीएमटी.

18 . - रेड ऑक्साइड पेंट , - 2 लीटर.

19 . - एल्यूमिनियम पेंट , - 2 लीटर.

20 . - एंटीक्लाइम्बिंग डिवाइस्ज , - 2 नंबर.

21 . - डेंजर बोर्ड एनेमिल्ड टाइप 11 केवी , - 2 नंबर.

22 . - बाइंडिंग वायर और टेप , - 5 किग्रा.

23 . - एमएस नट और बोल्ट्स , - 5 किग्रा.

24 . - आई - बोल्ट -16 एमएम , - 8 नंबर.

विशेष – प्राक्लन (इस्टीमेट) बनाते समय स्टोर इन्सीडेंटल चार्जेज (2.5%), कंटेंजेंसीज (5%), वर्क चार्ज एस्टेब्लिशर्मेंट (2.5%), टी एंड पी (1.5%) के साथ लेबर चार्जेज (7%), ट्रांसपोर्टेशन चार्जेज (5%) और जीएसटी भी लगाई जाती है ।

# फेब्रीकेडिट मैटेरियल

## फेब्रीकेडिट मैटेरियल

**फेब्रीकेटिड आइटम्स - जानकारी वजन व साइज**

**क्रमांक, - विवरण - फेब्रीकेटिड आइटम्स, - यूनिट, - वजन किग्रा.**

1. - एलटी 2 - पिन क्रॉस आर्म्स (50x50x6 एमएम एंगल), - नंबर , - 7.0 किग्रा.

2. - एलटी 3 - पिन क्रॉस आर्म्स (50x50x6 एमएम एंगल), - नंबर, - 7.2 किग्रा.

3. - एलटी 4 - पिन क्रॉस आर्म्स (50x50x6 एमएम एंगल), - नंबर, -8 .40 किग्रा.

4. - एलटी 5 - पिन क्रॉस आर्म्स (50x50x6 एमएम एंगल), - नंबर, - 10.0 किग्रा.

5. - एलटी 3 - पिन क्रॉस आर्म्स (50x50x5 एमएम एंगल), - नंबर, - 7.0 किग्रा.

6. - एलटी 4 - पिन क्रॉस आर्म्स (50x50x5 एमएम एंगल), - नंबर, - 8.28 किग्रा.

7. - एलटी 5 - पिन क्रॉस आर्म्स (50x50x5 एमएम एंगल), - नंबर, - 9.65 किग्रा.

8. - एलटी 3 - पिन क्रॉस आर्म्स (65x65x6 एमएम एंगल), - नंबर, - 8.80 किग्रा.

9. - एलटी 5 - पिन क्रॉस आर्म्स (65x65x6 एमएम एंगल), - नंबर, - 22.00 किग्रा.

10. - एलटी 5 - पिन क्रॉस आर्म्स (50x50x6 एमएम एंगल) टेनजेंट लोकेशन, - नंबर, - 16.0 किग्रा.

11. - 11 केवी 'वी' क्रॉस आर्म एंगल टाइप (65x65x6 एमएम), - नंबर, - 12.34 किग्रा.

12. -11 केवी 'वी' क्रॉस आर्म क्लीट टाइप एंगल (65x65x6 एमएम), - नंबर, - 14.16 किग्रा.

13. - 11 केवी टॉप क्लैम्प एंगल टाइप (65x65x6 एमएम), - नंबर, - 3.0 किग्रा.

14. - 11 केवी टॉप क्लैम्प क्लीट टाइप एंगल (65x65x6 एमएम), - नंबर, - 3.54 किग्रा.

15. - 11 केवी 'वी' क्रॉस आर्म चेनल टाइप (75x40x6 एमएम), - नंबर, - 14.60 किग्रा..

16. - 11 केवी टॉप क्लैम्प चेनल टाइप (75x40x6 एमएम), - नंबर, - 3.50 किग्रा.

17. - 33 केवी 'वी' क्रॉस आर्म एंगल टाइप (75x75x6 एमएम), - नंबर, - 24.60 किग्रा.

18. - 11 केवी टॉप क्लैम्प एंगल टाइप (75x75x6 एमएम), - नंबर, - 3.58 किग्रा.

19. - डीसी चेनल 4.8 मीटर सेंटर टू सेंटर (100x50x6 एमएम), - नंबर, - 99.80 किग्रा.

20. - डीसी चेनल 3.8 मीटर सेंटर टू सेंटर (100x50x6 एमएम), - नंबर, - 72.72 किग्रा.

21. लाइटिनिंग अरेस्टर स्ट्रक्चर (175x85एमएम) आरएस जोईस्ट 7 मीटर लंबाई, - नंबर, - 143.00 किग्रा.

22. - 11 केवी ब्रिडलिंग क्रॉस आर्म (65x65x6 एमएम) एंगल, - नंबर, - 19.0 किग्रा.

23. - 11 केवी ब्रिडलिंग टॉप क्लैंप्स (65x65x6 एमएम) एंगल, - नंबर, - 6.0 किग्रा.

24. - 33 केवी ब्रिडलिंग क्रॉस आर्म (75x75x6 एमएम) एंगल, - नंबर, - 29.50 किग्रा.

25. - 33 केवी ब्रिडलिंग टॉप क्लैम्प्स (75x75x6 एमएम), - नंबर, - 7.09 किग्रा.

26. - एलटी साइड ब्रेकिट 5 पिन (50x50x6 एमएम) एंगल, - नंबर, - 23.72 किग्रा.

27. - एलटी साइड ब्रेकिट 4 पिन (50x50x6 एमएम) एंगल, - नंबर, - 22.12 किग्रा.

28. - स्टे क्लैम्प एलटी (50x6 एमएम) फ्लेट, - जोड़ा (पेयर), - 1.35 किग्रा.

29. - स्टे क्लैम्प एचटी (65x8 एमएम) फ्लेट, - जोड़ा, - 3.0 किग्रा.

30. - स्टे क्लैम्प 600 पाउंड्स (65x8एमएम) फ्लेट, - जोड़ा, - 3.0 किग्रा.

31. - स्टे क्लैम्प आरएस जोईस्ट (65x8 एमएम) फ्लेट, - जोड़ा, - 3.0 किग्रा.

32. - स्टे क्लैम्प 'ए' टाइप (रेल पोल) (65x8 एमएम) फ्लेट, - जोड़ा, - 3.0 किग्रा.

33. - स्टे क्लैम्प 'बी' टाइप (रेल पोल) (65x8 एमएम) फ्लेट, - जोड़ा, - 3.0 किग्रा.

34. - ट्रांसफार्मर माउंटिंग व बेल्टिंग (50x50x6 एमएम एंगल) 2 क्रॉस फिक्सिंग चेनल्स, - नंबर, - 31.0 किग्रा.

35. - यू क्लैम्प्स (65x6 एमएम फ्लेट), - नंबर, - 0.73 किग्रा.

36. - 33 केवी लाइन सपोर्टिंग पोल (125x70 एमएम) आरएस जोईस्ट, - नंबर, - 244.70 किग्रा.

37. - 33/11 केवी सब स्टेशन स्ट्रक्चर (बिना -बेलडिड) (175x85 एमएम) आरएस जोईस्ट 8 मीटर लंबाई, - नंबर, - 328.0 किग्रा.

38. - 33/11 केवी सब स्टेशन स्ट्रक्चर (बेलडिड/जोइंटिड) (175x85 एमएम) आरएस जोईस्ट 8 मीटर लंबाई, - नंबर, - 340.0 किग्रा.

39. - 11 केवी बर्ड गार्ड स्टूल (65x65x6 एमएम एंगल), - नंबर, - 2.70 किग्रा.

40. - 33 केवी बर्ड गार्ड स्टूल (75x75x6 एमएम एंगल), - नंबर, - 3.10 किग्रा.

41. - डीओ माउंटिंग चेनल (100x50x6एमएम), - नंबर, - 28.16 किग्रा.

42. - डीओ माउंटिंग चेनल (75x40x6एमएम), - नंबर, - 19.17 किग्रा.

43. - डीओ माउंटिंग एंगल (65x65x6 एमएम), - नंबर, - 19.37 किग्रा.

44. - बेक क्लैम्प एफआरसी क्रोस आर्म्स, - नंबर, - 1.6 किग्रा.

45. - बेक क्लैम्प रेल पोल, - नंबर, - 3.0 किग्रा.

46. - बेक क्लैम्प एचबीम (50x8 एमएम) एमएस फ्लेट, - नंबर, -

47. - बेक क्लैम्प एचबीम (65x8 एमएम) एमएस फ्लेट, - नंबर, - 1.98 किग्रा.

48. - बेक क्लैम्प एचबीम (75x6 एमएम) एमएस फ्लेट, - नंबर, -

49. - बेक क्लैम्प 140 किग्रा पोल (50x6 एमएम) एमएस फ्लेट, - नंबर, - 1.1 किग्रा.

50. - बेक क्लैम्प 280 (50x8 एमएम) एमएस फ्लेट, - नंबर, - 3.5 किग्रा.

51. - डीसी क्रॉस आर्म 4 फुट सेंटर टू सेंटर (100x50x6एमएम) चेनल, - सेट, - 53.38 किग्रा.

52. - डीसी क्रॉस आर्म 4 फुट सेंटर टू सेंटर (75x40x6एमएम) चेनल, - सेट, - 39.13 किग्रा.

53. - डीसी क्रॉस आर्म 4 फुट सेंटर टू सेंटर (65x65x6एमएम) चेनल, - सेट, - 36.63 किग्रा.

54. - डीसी क्रॉस आर्म 5 फुट सेंटर टू सेंटर (100x50x6एमएम ) चेनल, - सेट, - 65.09 किग्रा.

55. - डीसी क्रॉस आर्म 5 फुट सेंटर टू सेंटर (65x65x6एमएम) एंगल, - सेट, - 54.46 किग्रा.

56. - डीसी क्रॉस आर्म 8 फुट सेंटर टू सेंटर (100x50x6एमएम) चेनल, - सेट, - 56.32 किग्रा.

57. - डीसी क्रॉस आर्म 8 फुट सेंटर टू सेंटर (75x40x6एमएम) एंगल, - सेट, - 41.30 किग्रा.

58. - डीसी क्रॉस आर्म 8 फुट सेंटर टू सेंटर (65x65x6एमएम) एंगल, - सेट, - 38.10 किग्रा.

59. - डीसी क्रॉस आर्म -विशेष स्ट्रक्चर (100x50x6एमएम) चेनल, - सेट, - 132.90 किग्रा.

60. - ट्रांसफार्मर माउंटिंग (100x50x6एमएम) चेनल, - सेट, - 52.63 किग्रा.

61. - ट्रांसफार्मर माउंटिंग (75x40x6एमएम) चेनल, - सेट, - 38.75 किग्रा.

62. - ट्रांसफार्मर माउंटिंग एंगल (75x75x6एमएम), - सेट, - 38.10 किग्रा.

63. - ब्रेसिंग सेट 4 फुट डीपी स्ट्रक्चर एंगल (50x50x6एमएम), - सेट, - 45.02 किग्रा.

64. - ब्रेसिंग सेट 5 फुट डीपी स्ट्रक्चर एंगल (50x50x6एमएम), - सेट, - 51.67 किग्रा.

65. - ब्रेसिंग सेट 8 फुट डीपी स्ट्रक्चर एंगल (50x50x6एमएम), - सेट, - 64.29 किग्रा.

66. - 11केवी गार्डिंग चेनल (75x40x6एमएम), - सेट, - 37.58 किग्रा.

67. - 11केवी गार्डिंग एंगल (65x65x6एमएम), - सेट, - 4.11 किग्रा.

68. - 11केवी गार्डिंग एंगल (50x50x6एमएम), - सेट, -

69. - 33केवी गार्डिंग चेनल(100x50x6एमएम), - सेट, - 52.77 किग्रा.

70. - 33केवी गार्डिंग चेनल(75x40x6एमएम), - सेट, - 45.25 किग्रा.

71. - 33केवी सिंगल पोल कट पॉइंट फिटिंग (100x50x6एमएम) चेनल, - सेट, - 28.18 किग्रा.

72. - 11केवी सिंगल पोल कट पॉइंट फिटिंग (100x50x6एमएम) चेनल, - सेट, - 28.18 किग्रा.

73. - 33केवी सिंगल पोल कट पॉइंट फिटिंग (75x40x6एमएम) एंगल, - सेट, - 24.62 किग्रा.

74. - 11 केवी साइड क्रॉस आर्म (50x50x6एमएम) एंगल, - नंबर, - 41.76 किग्रा.

75. - 11 केवी साइड क्रॉस आर्म (75x40x6एमएम) चेनल, - नंबर, - 35.36 किग्रा.

76. - रेक - (50x50x6एमएम) (6' -3') एंगल, - नंबर, - 37.03 किग्रा.

77. - डिस्ट्रीब्यूशन ट्रांसफार्मर माउंटिंग स्ट्रक्चर (एचवीडीएस योजना हेतु), - सेट, - 72.86 किग्रा.

78. - एमएस चेनल 2.22 मीटर (4 फुट सेंटर टू सेंटर) लंबाई, - सेट, - 45.40 किग्रा.

79. - माउंटिंग एंगल (पीएफ यूनिट) नट और बोल्ट रहित, - नंबर, - 3.20 किग्रा.

80. - माउंटिंग एंगल (पीएफ यूनिट) नट और बोल्ट सहित, - नंबर, - 3.70 किग्रा.

81. - एमएस टेंसन पट्टी (50x6एमएम) फ्लेट, - नंबर, - 3.70 किग्रा.

82. - एच बीम (152x152 एमएम) 37.1 किग्रा प्रति मीटर 8 मीटर लंबाई स्ट्रक्चर (33/11 केवी सब स्टेशन हेतु), - नंबर, - 296.80 किग्रा.

83. - डीसी चेनल (100x50x6एमएम) 2.70 मीटर लंबाई, - सेट, - 53.50 किग्रा.

84. - पीएफ यूनिट सेट, - नंबर, - 12.52 किग्रा.

85. - अपर और लोअर क्रॉस आर्म विशेष स्ट्रक्चर हेतु, - सेट, - 154.23 किग्रा.

86. - ब्रेसिंग सेट क्रॉस आर्म (4 पोल हेतु), - सेट, - 381.70 किग्रा.

87. - रेलवे क्रॉसिंग स्ट्रक्चर, - सेट, - 233.62 किग्रा.

88. - रेलवे जोईंटिंग चेनल (75x40x6एमएम), - सेट, - 22.40 किग्रा.

89. -डबल वेलडिड स्ट्रक्चर 9 मीटर, - नंबर, - 244.80 किग्रा.

90. - माउंटिंग अरेंजमेंट (25 केवीए ट्रांसफार्मर), - सेट, - 55.27 किग्रा.

91. - ट्रांसफार्मर क्लेम्पिंग सेट(50x50x6एमएम) एंगल 400 एमएम लंबाई, - सेट, -

92. - फेंसिंग पोस्ट 4 फुट सेंटर, - नंबर, - 6.17 किग्रा.

93. - फेंसिंग पोस्ट 8 फुट सेंटर, - नंबर, - 12.34 किग्रा.

94. - फेंसिंग पोस्ट 10 फुट सेंटर, - नंबर, - 18.52 किग्रा.

95. - एंगल क्लीट (65x65x8एमएम) एंगल, 250 एमएम लंबाई (हेंगिंग सस्पेंशन स्ट्रिंग), - सेट, - 1.45 किग्रा.

96. - स्ट्रेन प्लेट (65x8एमएम) एमएस फ्लेट 250 एमएम लंबाई (डीसी क्रोस आर्म -3 सेट अपर और 6 सेट लोअर - स्ट्रेन्थनिंग हेतु), - सेट, - 0.65 किग्रा.

# एमसीबी एवं एसडब्ल्यूजी टीसी फ्यूज वायर

एमसीबी एवं एसडब्ल्यूजी टीसी फ्यूज वायर

### एमसीबी

विद्युत (बिजली) आपूर्ति निरंतर बनाए रखना आपूर्ति कर्ता के साथ - साथ उपभोक्ता की भी मूलभूत आवश्यकता है । फिर भी विद्युत आपूर्ति निरंतर न होने के कतिपय कारण हैं । जिनमें से कुछ प्रमुख कारण इस प्रकार हैं - नियमानुसार निर्धारित समय के लिए विद्युत आपूर्ति करना शेष समय आपूर्ति न करना, विद्युत की आपूर्ति किसी व्यवधान (फाल्ट)/बाधा के कारण बाधित/बंद होना, किसी कार्य विशेष करने के लिए विद्युत आपूर्ति बंद करके उसे करना । इन सब कारणों से विद्युत आपूर्ति को बंद करना और चालू करना पड़ता है । जिस उपकरण से विद्युत आपूर्ति बंद अथवा चालू करते हैं उन्हें स्विच कहते हैं । स्विच भी मुख्यत: दो श्रेणी के होते हैं एक – ऑटोमेटिक (स्वचालित), दूसरे - मेन्युअल (हस्त चालित) और तीसरे दोनों प्रकार के (ऑटोमेटिक तथा मेन्युअल दोनों) तथा प्रत्येक फेज को अलग – अलग चालू, बंद करने के लिए सिंगल फेज स्विच और तीनों फेजों को एक साथ चालू/बंद करने किए थ्री फेज स्विच । किसी परिसर की सम्पूर्ण विद्युत आपूर्ति चालू बंद करने के लिए मुख्य (मेन) स्विच, सर्किट (परिपथ) चालू/बंद करने के लिए सर्किट स्विच तथा उपकरण विशेष को चालू/बंद करने लिए उपकरण स्विच का उपयोग किया जाता है ।

ऑटोमेटिक स्विच – ये स्विच एक निर्धारित समय पर चालू हो जाते हैं और निर्धारित समय पर बंद हो जाते अथवा किए जाते हैं । इन्हें ऑटोमेटिक (स्व चालित स्विच) कहते हैं, टाइमर की सहायता टाइम सेट किया जाता है और उसी के अनुरूप चालू बंद हो जाती हैं । मुख्यत: सड़क प्रकाश विद्युत (स्ट्रीट लाइट) व्यवस्था से सम्बन्धित स्विच । इन्हें टाइमर स्विच भी कहते हैं ।

मेन्युअल स्विच – प्रत्येक विद्युत उपकरण के लिए सर्किट (परिपथ) में उस उपकरण के चालू बंद करने के लिए एक स्विच का उपयोग होता है ।

## सर्किट ब्रेकर क्या होता है ?

यह नाम से ही ज्ञात होता है कि यह एक प्रकार का इलेक्ट्रिकल मशीन या डिवाइस होता है जो सर्किट को ब्रेक अर्थात मुख्य सर्किट से अलग कर देता है। सर्किट ब्रेकर स्वयं संचालित होने वाला इलेक्ट्रिकल स्विच होता है जिसका उपयोग शोर्ट सर्किट (short circuit) यह ओवर करेंट (over current) से विधुतीय उपकरण के रक्षा के लिए किया जाता है। इसका मुख्य कार्य विधुत परिपथ (Electric Circuit) में उत्पन्न फाल्ट को डिटेक्ट कर, फाल्ट वाले परिपथ को मुख्य सर्किट से अलग करना। सर्किट ब्रेकर परिपथ में एक स्विच की तरह

ही कार्य करता है। लेकिन यह स्विच से बिलकुल अलग होता है। स्विच एक बार जल जाने के बाद दुबारा से नया इंस्टाल करना पड़ता है लेकिन सर्किट ब्रेकर में ऐसा नहीं होता है।

## एमसीबी (MCB)और एमसीसीबी (MCCB)के बीच क्या अंतर हैं?

एमसीबी और एमसीसीबी सभी प्रकार के सर्किट ब्रेकर हैं। एक सर्किट ब्रेकर एक स्वचालित रूप से संचालित विद्युत स्विच होता है जिसे विद्युत सर्किट को एक अधिभार या शॉर्ट सर्किट से अतिरिक्त धारा के कारण होने वाले नुकसान से बचाने के लिए डिज़ाइन किया गया है। इसका मूल कार्य खराबी का पता चलने के बाद करंट प्रवाह को बाधित करना है।

अलग-अलग आकार में बनाए गए विभिन्न प्रकार के सर्किट ब्रेकर हैं, छोटे उपकरणों से जो कम - करंट सर्किट या व्यक्तिगत घरेलू उपकरण की रक्षा करते हैं, बड़े स्विचगियर पूरे शहर के उच्च वोल्टेज सर्किट की रक्षा के लिए डिज़ाइन किए गए हैं।

## एमसीबी (MCB)क्या होता है?

मिनिएचर सर्किट ब्रेकर (Miniature circuits breaker) जिसे आमतौर पर एमसीबी (MCB) के रूप में जाना जाता है, एक स्वचालित स्विच है जो विद्युत सर्किट को ओवर करेंट्स (over-currents) से बचाता है। यह मुख्य रूप से घरेलू सेटिंग में कम ब्रेकिंग क्षमता की आवश्यकता के लिए उपयोग किया जाता है। एमसीबी (MCB) को आमतौर पर 125A के करंट तक रेट किया जाता है, इसमें एडजस्टेबल ट्रिप विशेषता नहीं होती है और ऑपरेशन में थर्मल या इलेक्ट्रोमैग्नेटिक हो सकते हैं।

## एमसीसीबी (MCCB)क्या होता है?

मोल्डिड केस सर्किट ब्रेकर (Molded Case Circuit Breaker), जिसे एमसीसीबी(MCCB) के रूप में संक्षिप्त किया गया है, एक सर्किट ब्रेकर है जिसका उपयोग बिजली के उपकरणों को ओवरलोड, शॉर्ट सर्किट, दोषों से बचाने के लिए किया जाता है। इसके करंट ले जाने वाले पुर्जे, तंत्र और ट्रिप डिवाइस पूरी तरह से इंसुलेटिंग मैटेरियल के मोल्डेड केस में समाहित हैं।

एमसीसीबी प्रणाली एक तापमान-संवेदनशील डिवाइस का उपयोग करती है जिसे थर्मल तत्व के रूप में भी जाना जाता है, साथ ही वर्तमान संवेदनशील विद्युत चुम्बकीय उपकरण जिसे चुंबकीय तत्व भी कहा जाता है ताकि समग्र यात्रा तंत्र प्रदान किया जा सके जो सुरक्षा और अलगाव उद्देश्यों के लिए निर्भर है।

### मापदंड (Parameters)

### परिभाषा (Definition)

एमसीबी (MCB) - यह विद्युत स्विच के प्रकार का होता है जो सर्किट को ओवरलोड या शॉर्ट सर्किट से बचाता है।

एमसीसीबी (MCCB) - यह उपकरण को अधिक तापमान और फॉल्ट करंट से बचाने वाला उपकरण है।

वोल्टेज (Voltage)

एमसीबी (MCB) - यह एक लो वोल्टेज सर्किट ब्रेकर डिवाइस है।

एमसीसीबी (MCCB) - यह अंतरराष्ट्रीय मानकों को पूरा करने के लिए कम वोल्टेज का भी है।

रिमोट ऑन/ऑफ (Remote on/off)

एमसीबी (MCB) - यह संभव नहीं है।

एमसीसीबी (MCCB) - यह संभव है।.

करेंट सीमा (Current limit)

एमसीबी (MCB) - करेंट लिमिट 100 एम्पीयर तक ।

एमसीसीबी (MCCB) - करेंट लिमिट 2500 एम्पीयर तक ।

इंट्रप्टिंग रेटिंग (Interrupting rating)

एमसीबी (MCB) - इंट्रप्टिंग रेटिंग 18000 एम्पीयर तक ।

एमसीसीबी (MCCB) - इंट्रप्टिंग रेटिंग 10000 से 20000 एम्पीयर तक।

ट्रिप एडजस्टमेंट (Trip adjustment)

एमसीबी (MCB) - ट्रिप एडजस्टमेंट नहीं ।

एमसीसीबी (MCCB) - ट्रिप एडजस्टमेंट किया जा सकता है ।

*नंबरः 1.एमसीबी ( MCB) - मिनिएचर सर्किट ब्रेकर*

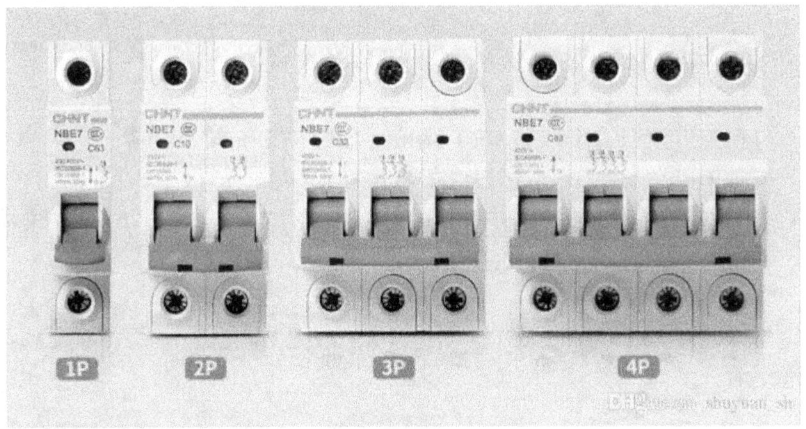


MCB

- एमसीबी (MCB) की कैपेसिटी 100 एम्पीयर तक की होती है यानी की 100 एम्पीयर से ज्यादा की एमसीबी (MCB) नहीं आती है ।
- एमसीबी (MCB) के ट्रिप करने की क्रियाविधि को एडजस्ट नहीं कर सकते ।
- एमसीबी (MCB) थर्मल या थर्मल मैग्नेटिक ओपरेशन पर काम करती हैं ।

## नम्बर:2. एमसीसीबी (MCCB) - मोल्डेड केस सर्किट ब्रेकर
MCCB

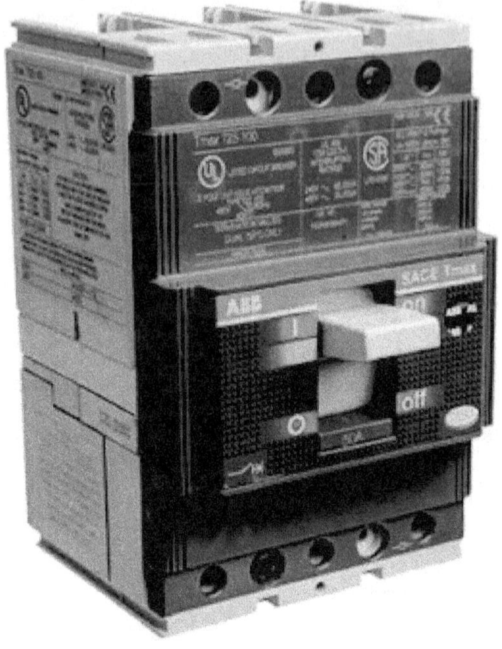

MCCB

- एमसीसीबी (MCCB) एक हजार (1000) एम्पीयर तक की आती है ।
- एमसीसीबी (MCCB) के ट्रिप करने की क्रिया को एडजस्ट कर सकते हैं ।
- एमसीसीबी (MCCB) भी एमसीबी (MCB) की तरह ही थर्मल या थर्मल मैग्नेटिक ओपरेशन पर काम करता है ।

नम्बर:3 . RCCB or RCD - रेसिड्यूअल करंट सर्किट ब्रेकर या रेसिड्यूअल करंट डिवाइस

 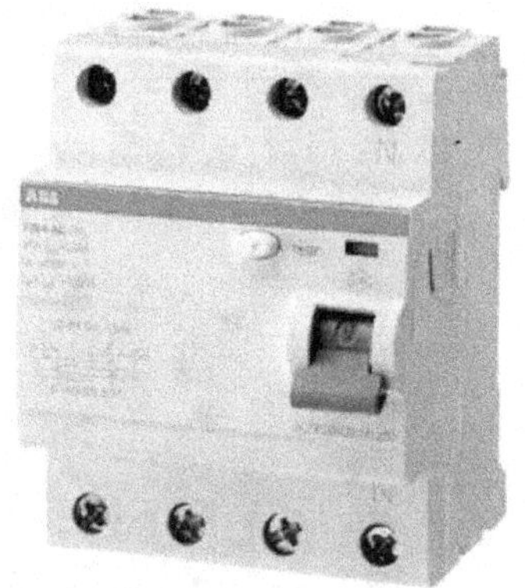

**Single Phase**     **Three phase**

- आरसीसीबी (RCCB) में फेज और न्यूट्रल दोनों के कनेक्शन किये जाते हैं ।
- आरसीसीबी (RCCB) तब ट्रिप होती है जब कहीं पर अर्थ फाल्ट होती है ।
- आरसीसीबी (RCCB) में आउट पुट से जो फेज लाइन निकलती है उसे वापस उसी के न्यूट्रल में आना चाहिए ।
- आरसीसीबी (RCCB) किसी भी तरह के फाल्ट को तुरंत भाप लेती है और 30 मिली सेकेण्ड के अन्दर ही ट्रिप हो जाती है ।

ई.एल.सी.बी. (अर्थ लीकेज सर्किट ब्रेकर) (E.L.C.B.) –

भू-संपर्कन क्षरण परिपथ विच्छेदक (अर्थ लीकेज सर्किट ब्रेकर Earth-leakage circuit breaker (ELCB)) का उपयोग विद्युत धक्का (Electric Shock) बचाव के लिये किया जाता है। इसका उपयोग उन विद्युत इन्स्टालेशन्स में किया जाता है जहाँ का भू-प्रतिबाधा (अर्थ रजिस्टेंस) बहुत अधिक हो। यह युक्ति धातु के बने इन्क्लोजर्स पर पैदा हुए कम वोल्टेजों को भी भाँप (डिटेक्ट - detect) लेते हैं और परिपथ को तोड़ देते हैं। पहले इसका खूब उपयोग होता था, किन्तु अब नये इन्स्टालेशन में इसके बजाय अवशिष्ट धारा परिपथ (करेंट सर्किट) विच्छेदक रेसिड्यूअल करेंट सर्किट ब्रेकर (RCCB) का प्रयोग होने लगा है, जो सीधे लीकेज धारा को ही डिटेक्ट करते हैं।

नम्बर:4. ACB एयर सर्किट ब्रेकर -

यह एक प्रकार का ऐसा सर्किट ब्रेकर होता है जिसमे दो इलेक्ट्रोड के बीच उत्पन्न होने वाली स्पार्किंग अर्थात आग के लपटों को बुझाने के लिए सामान्य वायुमंडलीय दाब हवा का उपयोग किया जाता है। एयर सर्किट ब्रेकर *(Air Circuit Breaker)* का प्रयोग 800 एम्पीयर से 10000 एम्पीयर तक प्रवाहित होने वाले ओवरलोड या शार्ट सर्किट करेंट में

सर्किट के सुरक्षा हेतु किया जाता है। आज कल मार्केट में विभिन्न प्रकार के सर्किट ब्रेकर उपलब्ध है। आज कल एयर सर्किट ब्रेकर (*Air Circuit Breaker*) का प्रयोग आयल सर्किट ब्रेकर के स्थान पर किया जा रहा है।

ई.एल.सी.बी. (अर्थ लीकेज सर्किट ब्रेकर) (E.L.C.B.) –

## न्यूट्रल और अर्थिंग में क्या फर्क होता हैं ?

अर्थिंग यह लीकेज करंट का मार्ग पूरा करती है । न्यूट्रल लोड रजिस्टेंस से जोड़ी जाती है, अर्थिंग उपकरण की धातु युक्त बॉडी से जोड़ी जाती है । इससे स्पष्ट होता है कि, अर्थिंग सिस्टम यह सुरक्षा का एक साधन है । कारण सर्किट में स्थित न्यूट्रल यह सर्किट में प्रवाहित करंट का मार्ग पूरा करती है ।

न्यूट्रल यह सर्किट क्लोज (Circuit Close) करने और करंट (Current ) के वापसी के मार्ग के लिए उपयोग में लाई जाती है, तो अर्थिंग यह सुरक्षा साधन के रूप में लीकेज करंट के बहाव के लिए उपयोग में लाई जाती है ।

ग्राउंडिंग -

ग्राउंडिंग का अर्थ है करंट का कनेक्शन, करंट ले जाने वाले भागों को जमीन पर ले जाना । यह ज्यादातर या तो जनरेटर या ट्रांसफार्मर न्यूट्रल होता है । इसलिए इसे आमतौर पर न्यूट्रल ग्राउंडिंग कहा जाता है । ग्राउंडिंग उपकरण सुरक्षा के लिए है ।

ग्राउंडिंग के लिए तीन आवश्यकताएं हैं:-

1 - ग्राउंडिंग के लिए एक कम प्रतिबाधा पथ (लो रजिस्टेंस सर्किट) प्रदान करेगा, फॉल्ट करंट की वापसी, सुरक्षा - उपकरण सुरक्षित करने के लिए सर्किट तेज़ी से कार्य कर सकता है ।

2 - ग्राउंडिंग कम संभावित अंतर बनाए रखेगा,

3 - कर्मियों के खतरे को उजागर (खुले हिस्से) धातु भागों के बीच से बचने के लिए ।

4 - ग्राउंडिंग ओवर वोल्टेज पर नियंत्रण रखेगा ।

एसडब्ल्यूजी (स्टैंडर्ड वायर गेज) और डाइमीटर (मिमी) तालिका :-

क्रमांक (1). - एसडब्ल्यूजी (फ्यूज वायर) (2). - डाइमीटर (मिमी) (3). - औसत करंट क्षमता एम्पीयर में (४).

1. - 7/0 एसडब्ल्यूजी. - 12.700 मिमी. - 354.7 एम्पीयर .

2. - 6/0 एसडब्ल्यूजी. - 11.786 मिमी. - 305.5 एम्पीयर .

3 . - 5/0 एसडब्ल्यूजी. - 10.973 मिमी. - 264.8 एम्पीयर .

4 . - 4/0 एसडब्ल्यूजी. - 10.160 मिमी. - 227.0 एम्पीयर .

5. - 3/0 एसडब्ल्यूजी. - 09.449 मिमी. - 196.3 एम्पीयर .

6. - 2/0 एसडब्ल्यूजी. - 08.839 मिमी. - 171.8 एम्पीयर .

7. - 0 एसडब्ल्यूजी. - 08.230 मिमी. - 148.9 एम्पीयर .

8. - 1 एसडब्ल्यूजी. - 07.260 मिमी. - 127.7 एम्पीयर .

9. - 2 एसडब्ल्यूजी. - 07.010 मिमी. - 108.1 एम्पीयर .

11. - 3 एसडब्ल्यूजी. - 06.401 मिमी. - 90.1 एम्पीयर .

12. - 4 एसडब्ल्यूजी. - 05.893 मिमी. - 76.4 एम्पीयर .

13. - 5 एसडब्ल्यूजी. - 05.385 मिमी. - 63.8 एम्पीयर .

14. - 6 एसडब्ल्यूजी. - 04.877 मिमी. - 52.3 एम्पीयर .

15. - 7 एसडब्ल्यूजी. - 04.470 मिमी. - 44.2 एम्पीयर .

16. - 8 एसडब्ल्यूजी. - 04.064 मिमी. - 33.3 एम्पीयर .

17. - 9 एसडब्ल्यूजी. - 03.658 मिमी. - 26.5 एम्पीयर .

18. - 10 एसडब्ल्यूजी. - 03.251 मिमी. - 21.20 एम्पीयर .

19. - 11 एसडब्ल्यूजी. - 02.946 मिमी. - 16.6 एम्पीयर .

20. - 12 एसडब्ल्यूजी. - 02.642 मिमी. - 13.85 एम्पीयर .

21. - 13 एसडब्ल्यूजी. - 02.337 मिमी. - 10.5 एम्पीयर .

22. - 14 एसडब्ल्यूजी. - 02.032 मिमी. - 8.3 एम्पीयर .

23. - 15 एसडब्ल्यूजी. - 01.829 मिमी. - 6.6 एम्पीयर .

24. - 16 एसडब्ल्यूजी. - 01.626 मिमी. - 5.2 एम्पीयर .

25. - 17 एसडब्ल्यूजी. - 01.422 मिमी. - 4.1 एम्पीयर .

26. - 18 एसडब्ल्यूजी. - 01.219 मिमी. - 3.2 एम्पीयर .

27. - 19 एसडब्ल्यूजी. - 01.016 मिमी. - 2.6 एम्पीयर .

28. - 20 एसडब्ल्यूजी. - 0.914 मिमी. - 2.0 एम्पीयर .

29. - 21 एसडब्ल्यूजी. - 0.813 मिमी. - 1.6 एम्पीयर .

30. - 22 एसडब्ल्यूजी. - 0.711 मिमी. - 1.2 एम्पीयर .

31. - 23 एसडब्ल्यूजी. - 0.610 मिमी. - 1.0 एम्पीयर .

32. - 24 एसडब्ल्यूजी. - 0.559 मिमी. - 0.8 एम्पीयर .

33. - 25 एसडब्ल्यूजी. - 0.508 मिमी. - 0.6 एम्पीयर .

34. - 26 एसडब्ल्यूजी. - 0.4572 मिमी. - 0.5 एम्पीयर .

35. - 27 एसडब्ल्यूजी. - 0.4166 मिमी. - 0.4 एम्पीयर .

36. - 28 एसडब्ल्यूजी. - 0.3759 मिमी. - 0.3 एम्पीयर .

37. - 29 एसडब्ल्यूजी. - 0.3454 मिमी. - 0.23 एम्पीयर .

38. - 30 एसडब्ल्यूजी. - 0.3150 मिमी. - 0.22 एम्पीयर .

39. - 31 एसडब्ल्यूजी. - 0.2946 मिमी. - 0.21 एम्पीयर .

40. - 32 एसडब्ल्यूजी. - 0.2743 मिमी. - 0.18 एम्पीयर .

41. - 33 एसडब्ल्यूजी. - 0.2540 मिमी. - 0.16 एम्पीयर .

42. - 34 एसडब्ल्यूजी. - 0.2337 मिमी. - 0.13 एम्पीयर .

43. - 35 एसडब्ल्यूजी. - 0.2134 मिमी. - 0.11 एम्पीयर .

44. - 36 एसडब्ल्यूजी. - 0.1930 मिमी. - 0.09 एम्पीयर .

45. - 37 एसडब्ल्यूजी. - 0.1727 मिमी. - 0.07 एम्पीयर .

46. - 38 एसडब्ल्यूजी. - 0.1524 मिमी. - 0.06 एम्पीयर .

47. - 39 एसडब्ल्यूजी. - 0.1321 मिमी. - 0.04 एम्पीयर .

48. - 40 एसडब्ल्यूजी. - 0.1219 मिमी. - 0.023 एम्पीयर .

49. - 41 एसडब्ल्यूजी. - 0.1118 मिमी. - 0.019 एम्पीयर .

50. - 42 एसडब्ल्यूजी. - 0.1016 मिमी. - 0.016 एम्पीयर .

51. - 43 एसडब्ल्यूजी. - 0.0914 मिमी. - 0.013 एम्पीयर .

52. - 44 एसडब्ल्यूजी. - 0.0813 मिमी. - 0.010 एम्पीयर .

53. - 45 एसडब्ल्यूजी. - 0.0711 मिमी. - 0.008 एम्पीयर .

54. - 46 एसडब्ल्यूजी. - 0.0616 मिमी. - 0.006 एम्पीयर .

55. - 47 एसडब्ल्यूजी. - 0.0508 मिमी. - 0.004 एम्पीयर .

56. - 48 एसडब्ल्यूजी. - 0.0406 मिमी. - 0.003 एम्पीयर .

57. - 49 एसडब्ल्यूजी. - 0.0305 मिमी. - 0.0015 एम्पीयर .

58. - 50 एसडब्ल्यूजी. - 0.0254 मिमी. - 0.001 एम्पीयर .

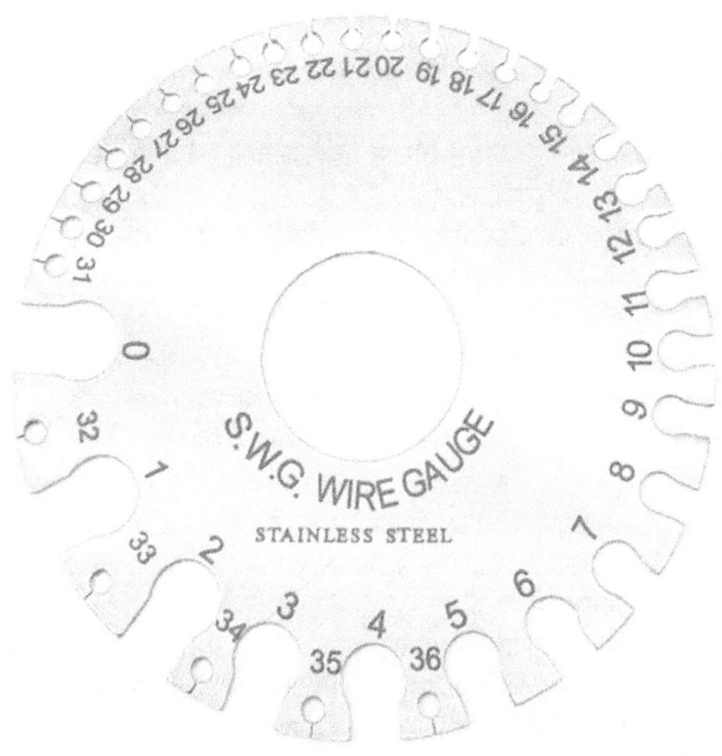

वायर गेज

फ्यूज –

किसी भी विद्युत परिपथ (सर्किट) में फ्यूज का उपयोग किया जाता है इसकी क्षमता निर्धारित होती है और परिपथ में यदि किसी भी कारण से निर्धारित क्षमता से अधिक का करेंट/लोड प्रवाहित होता है तो वह फेज ब्लोन ऑफ (जलना) हो जाता है । इस प्रकार से आगे की आपूर्ति (सप्लाई) बन्द हो जाती है, इस प्रक्रिया से विद्युत व्यवस्था के उपकरण मुख्यत: लाइन व ट्रान्सफार्मर आदि सुरक्षित रह पाते हैं ।

विद्युत धारा (करेंट) के नियंत्रण हेतु फ्यूज का उपयोग किया जाता है, ताकि सर्किट में आवश्यकता से अधिक करेंट न गुजरे ।

यद्यपि लाइन फाल्ट अथवा फीडर का लोड (भार) निर्धारित सीमा से अधिक होने पर रिले के माध्यम से उपकेंद्र पर स्थापित ब्रेकर (वीसीबी) से भी लाइन ट्रिप होकर बन्द हो जाती है । इस प्रक्रिया से काफी अधिक संख्या में उपभोक्ता प्रभावित होते हैं । उचित स्थानों

पर फ्यूज व्यवस्था/आटो रिक्लोजर से केवल प्रभावित उपभोक्ताओं की आपूर्ति बन्द होगी न कि फीडर से संबन्धित सम्पूर्ण उपभोक्ताओं की ।

फ्यूज के प्रकार (टाइप) -

1 - **खुले फ्यूज**– प्राय: इस प्रकार के फ्यूज सस्ते कम टिकाऊ एवं अविश्वसनीय फ्यूज कहलाते हैं । हवा के सतत संपर्क में रहने के कारण जल्दी कार्बनाइज होकर खराव हो जाते हैं । विभाग में इनका उपयोग अस्थाई तौर पर किया जाता है । ये प्राय: टीसी (टिंड कॉपर) फ्यूज वायर या अन्य सामान्य वायर के होते हैं ।

2 – **अद्र्ध खुले फ्यूज**– ये खुले फ्यूज से महंगे होते हैं । इनका अधिकतर उपयोग किया जाता है । किटकेट या कट आउट फ्यूज इस श्रेणी में आते हैं ।

3 – **बन्द फ्यूज**

क – एचआरसी फ्यूज (हाई रप्चरिंग केपेसिटी फ्यूज) – ये अत्यन्त महंगे, विश्वसनीय एवं अधिक चलने वाले फ्यूज होते हैं । एचआरसी फ्यूज तथा कार्टराइज फ्यूज इस श्रेणी में आते हैं । इनका प्राय: उपयोग शहरी सेक्टर में अधिक लोड के लिए होता है ।

ख – डीओ फ्यूज वायर – ये मुख्यत: 11 केवी और 33 केवी के लिए उपयोग होते हैं । एक कुचालक बैरल में फ्यूज वायर लगा होता है । फ्यूज के ब्लोन ऑफ (जलने पर) बैरल भी नीचे लटक (गिर) जाता है इसलिए इन्हें ड्रॉप आउट फ्यूज कहते हैं ।

फ्यूज क्षमता जानना –

सामान्यत: टीसी फ्यूज वायर की क्षमता वायर गेज के अनुसार नापकर फ्यूज वायर का उपयोग किया जाता है । एचआरसी फ्यूज तथा डीओ फ्यूज की क्षमता प्राय: लिखी होती है । तीसरे रेडीमेड फ्यूज जिनका कलर कोड होता है अथवा उनपर क्षमता लिखी होती है ।

फ्यूज क्षमता निर्धारण करना एवं सरल नियम –

सरल नियम –

फ्यूज एलटी लाइन, 11 केवी लाइन और 33 केवी लाइन में तथा वितरण/पावर ट्रान्सफार्मर के एचटी (प्राइमरी) और एलवी (सेकेन्डरी) साइड दोनों में उपयोग करते हैं । फ्यूज की क्षमता वोल्टेज के साथ करंट के अनुसार निर्धारित की जाती है । प्राय: ट्रान्सफार्मर की क्षमता केवीए और एमवीए तथा उपभोक्ता के भार (लोड) की क्षमता किलोवाट अथवा एचपी (हॉर्स पावर – अश्व शक्ति) में निश्चित होती है । सामान्य जानकारी हेतु एक एचपी 746 वाट (0.746 किलोवाट = 0.75 किलोवाट) के बराबर होती है । यदि पावर फ़ैक्टर 0.746 मानलें तब एक एचपी का मान एक केवीए के बराबर होता है । कहने का तात्पर्य यह है कि लगभग केवीए, एचपी बराबर होते हैं ।

फ्यूज रेटिंग सरल गणना -

विद्युत – 11 केवी लाइन में एक एम्पीयर करंट का केवीए पावर मान – जानना–

• पावर (केवीए) का सूत्र, तीन फेज व्यवस्था में वर्गमूल 3 तथा वोल्ट और एम्पीयर के

गुणनफल के बराबर होता है ।

- इस सूत्र में वोल्टेज फेज से फेज के मध्य का होता है ।
- करेंट लाइन में प्रवाहित होने वाला होता है ।
- अत: एक एम्पीयर करेंट जब 11 केवी लाइन में प्रवाहित होता है तब उसका केवीए मान होगा –
- केवीए = 1.732 x 11 x 1 = 19.052 केवीए
- इसी को साधारण रुप से 20 केवीए मान लेते हैं ।
- इसका यह आशय हुआ कि एक एम्पीयर करेंट जब 11 केवी लाइन में प्रवाहित होता है तब पावर 20 केवीए होगी

### विद्युत – ट्रांसफार्मर फ्यूज क्षमता जानना -

- 11 केवी साइड में 20 केवीए क्षमता के लिए एक एम्पीयर क्षमता का फ्यूज उपयोग होता है । इसी प्रकार से ट्रांसफार्मर की केवीए क्षमता में 20 से भाग देने पर जो संख्या आती है, उसी संख्या के अनुरूप 11 केवी साइड में फ्यूज क्षमता होगी ।

क्रमांक (1). - ट्रांसफार्मर क्षमता केवीए (2). - क्षमता में 20 केवीए से भाग देने पर (3). - ट्रांसफार्मर 11 केवी साइड फ्यूज क्षमता (एम्पीयर) (4).
1. - 25 केवीए. - 1.25 एम्पीयर. - 1 एम्पीयर.
2. - 63 केवीए. - 3.15 एम्पीयर. - 3 एम्पीयर.
3. - 100 केवीए. - 5.0 एम्पीयर. - 5 एम्पीयर.
4. - 200 केवीए. - 10.0 एम्पीयर. - 10 एम्पीयर.
5. - 315 केवीए. - 15.75 एम्पीयर. - 15 एम्पीयर.
6. - 500 केवीए. - 25.00 एम्पीयर. - 25 एम्पीयर.
7. - 1000 केवीए. - 50.00 एम्पीयर. - 50 एम्पीयर.

- विद्युत कर्मचारी जो फ्यूज क्षमता जानने के लिए ट्रांसफार्मर केवीए क्षमता से 20 का भाग दे कर 11 केवी साइड के फ्यूज क्षमता जानने में असुविधा महसूस करते हैं । उनके लिए अगली तालिका में सरल उपाय बताया गया है ।
- पहले ट्रांसफार्मर केवीए क्षमता के इकाई अंक को छोड़कर उसका आधा करने पर जो संख्या आती है वह फ्यूज रेटिंग क्षमता होती है ।

क्रमांक (1). - ट्रांसफार्मर क्षमता केवीए (2). - ट्रांसफार्मर क्षमता के इकाई अंक को छोड़कर लिखना (3). - 11 केवी साइड के फ्यूज क्षमता एम्पीयर में जानने के लिए पहले कालम में लिखी संख्या का आधा करते हैं (4).

1. - 25 केवीए. - 2. - 1 एम्पीयर.

2. - 63 केवीए. - 6. - 3 एम्पीयर.

3. - 100 केवीए. - 10. - 5 एम्पीयर.

4. - 200 केवीए. - 20. - 10 एम्पीयर.

5. - 315 केवीए. - 31. - 15 एम्पीयर.

6. - 500 केवीए. - 50. - 25 एम्पीयर.

7. - 1000 केवीए. - 100. - 50 एम्पीयर.

ट्रांसफार्मर करेंट -

क्रमांक (1). - विवरण (2). - 33 केवी साइड (3). - 11 केवी साइड (4). - एलटी साइड (5).

1. - करेंट = एक एम्पीयर. - 60 केवीए. - 20 केवीए. - 0.75 (3/4) केवीए.

2. - यदि करेंट एलटी साइड 1 एम्पीयर. - 1/75 एम्पीयर. - 1/25 एम्पीयर. - 1 एम्पीयर.

3. - यदि करेंट 11 केवी साइड 1 एम्पीयर. - 1/3 एम्पीयर. - 1 एम्पीयर . - 25 एम्पीयर

.

4. - यदि करेंट 33 केवी साइड 1 एम्पीयर . - 1 एम्पीयर (एक गुना). - 3 एम्पीयर (तीन गुना), - 75 एम्पीयर (75 गुना) .

5. - केवीए से फुल लोड करेंट (फ्यूज रेटिंग) निकालना. - केवीए क्षमता में 60 से भाग देने पर. - केवीए क्षमता में 20 से भाग देने पर. - केवीए क्षमता में 0.75 (3/4) से भाग देने पर, अथवा 4/3 (1.33) से गुणा करने पर

विद्युत – व्यवस्था – थम्ब रूल

- 1 एम्पीयर करेंट एलटी सर्किट = 0.75 केवीए

- 1 केवीए पावर के लिए एलटी सर्किट में करेंट = (1/0.75) = 4/3 = 1.33 एम्पीयर

- 1 एम्पीयर करेंट 11 केवी = 20 केवीए

- 1 एम्पीयर करेंट 33 केवी = 60 केवीए

- सिंगल फेस मोटर लोड एम्पीयर = 3.5/4 एम्पीयर प्रति एचपी

- 3 फेस मोटर लोड एम्पीयर = 1.25/1.5 एम्पीयर प्रति एचपी

- एलटी फुल लोड करेंट उपकरण (केवीए) = 1.33 एम्पीयर प्रति केवीए

- फुल लोड करेंट उपकरण (किलोवाट) = 1.74 एम्पीयर प्रति किलोवाट

- एलटी करेंट लोड डीटीआर = 1.4 एम्पीयर प्रति केवीए

- नो लोड करेंट – डीटीआर = 2 % फुल लोड करेंट से कम

-

- ट्रान्सफार्मर की एलटी साइड का करेंट जानने के लिए 11 केवी साइड के फ्यूज क्षमता का 25 गुना करके एलटी करेंट का मान होगा और उसके अनरूप फ्यूज क्षमता होगी एलटी

की .

ट्रान्सफार्मर क्षमता केवीए (1). - 11 केवी साइड करेंट एम्पीयर (2). - एलटी साइड करेंट एम्पीयर ( 11केवी का 25 गुना).

25 केवीए. - 1 एम्पीयर. - 25 एम्पीयर .

63 केवीए. - 3 एम्पीयर. - 75 एम्पीयर.

100 केवीए. - 5 एम्पीयर. - 125 एम्पीयर.

200 केवीए. - 10 एम्पीयर. -250 एम्पीयर .

315 केवीए. - 15 एम्पीयर. - 375 एम्पीयर.

500 केवीए. - 25 एम्पीयर. - 625 एम्पीयर .

1000 केवीए. - 50 एम्पीयर. - 1250 एम्पीयर.

उसी प्रकार पावर ट्रान्सफार्मर के 33 केवी साइड के करेंट का मान 11 केवी साइड के करेंट का एक तिहाई होगा –

पावर ट्रान्सफार्मर क्षमता एमवीए (1). - 11 केवी साइड करेंट एम्पीयर (2). - 33 केवी साइड करेंट एम्पीयर (11 केवी साइड का एक तिहाई करेंट) (3).

1 एमवीए . - 50 एम्पीयर (1000/20). - 17 एम्पीयर (15 एम्पीयर).

1.6 एमवीए . - 80 एम्पीयर (1600/20). - 27 एम्पीयर (25 एम्पीयर).

3.15 एमवीए . - 150 एम्पीयर (3150/20). - 50 एम्पीयर.

5.0 एमवीए . - 250 एम्पीयर (5000/20). - 80 एम्पीयर.

8.0 एमवीए . - 400 एम्पीयर (8000/20). - 130 एम्पीयर.

कट आउट

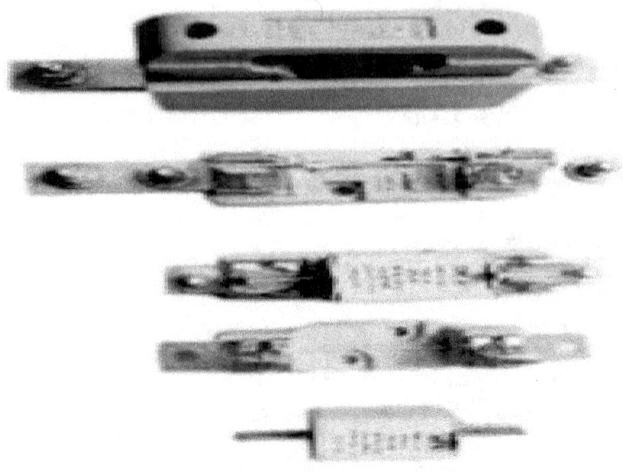

एच आर सी फ्यूज

# टी एंड पी

टी एंड पी

विद्युत लाइन निर्माण एवं संधारण में प्रयुक्त उपकरण (टी एंड पी) का मानक – विद्युत लाइन/उपकेन्द्र निर्माण में उपयोग होने वाले औज़ार (टी एंड पी) निम्नानुसार है :-

क्रमांक औजारों के नाम

1.  सब्बल (12 नग),
2.  गैंती (6 नग),
3.  फाबड़ा (6 नग),
4.  तगारी (4 नग)
5.  रिंग पानों का कंप्लीट सेट, दो मुंह वाले पाने का कंपलीट सेट
6.  हेक्सा फ्रेम एक सेट
7.  इंसुलेटिड कटिंग प्लायर 12 इंच (2 नग)
8.  डी शेकल स्टील (4 नग)
9.  चैन पुली ब्लॉक – दो टन - एक नग
10. सिंगल वे पुली ब्लॉक - एक नग
11. टू वे पुली ब्लॉक - एक नग
12. थ्री वे पुली ब्लॉक - एक नग
13. एल्यूमिनियम रोलर 230 एमएम - 15 नग
14. कम अलोंग क्लेम्प फॉर एसीएसआर कंडक्टर - एक नग
15. कम अलोंग क्लेम्प फॉर जीआई वायर - एक नग
16. क्रीम्पिंग टूल - एक सेट
17. बाल्टी - 4 नग
18. एल्यूमिनियम लेडर 11 मीटर लम्बी - एक नग
19. मेटेलिक टेप 30 मीटर - एक नग
20. स्टील टेप 2 मीटर - एक नग
21. टॉर्च – पाँच सेल - एक नग
22. टेंक - एक नग
23. त्रिपाल - एक नग
24. हथौड़ा (हेमर) 5 किलो (एक नग) एवं 2 किलो (एक नग)
25. मनीला रोप (रस्सा) 25 एमएम (50 किलो), 20 एमएम (50 किलो)
26. लाइनमेन सेफ़्टी बेल्ट (4 नग)

27.  हेलमेट (10 नग)
28.  कुल्हाड़ी, कटर (एक - एक नग)
29.  टायटनर, रेचिट, टर्फर (एक - एक नग)

**नोट – एक गेंग में निम्नानुसार कर्मचारी रहते हैं : - -**

1.  एलटी लाइन के कार्य हेतु – एक गेंग लीडर और 8 कर्मचारी
2.  एचटी लाइन एवं सब स्टेशन कार्य हेतु – एक गेंग लीडर और 12 कर्मचारी ।

**सामान्य निर्माण कार्यकाल : -**

1.  एलटी लाइन निर्माण कार्य – 45 दिन प्रथम एक किमी के लिए और उसके बाद 15 दिन हर एक किमी के लिए ।
2.  एचटी लाइन निर्माण कार्य – 90 दिन (3 माह) प्रथम एक किमी के लिए और 30 दिन (1 माह) हर एक अतिरिक्त किमी के लिए ।
3.  वितरण ट्रांसफार्मर स्थापना कार्य – 60 दिन (2 माह)
4.  33/11 केवी सब – स्टेशन निर्माण कार्य – 270 दिन (9 माह) व अतिरिक्त वे लिए 180 दिन (6 माह)
5.  132/33 केवी सब – स्टेशन निर्माण कार्य – 365 दिन (12 माह/एक वर्ष)

**टिप्पणी - -** निर्माण कार्यकाल की अवधि देश - काल, सामाग्री/कर्मचारी उपलब्धता तथा कार्य स्थल की स्थिति (वाद/विवाद) आदि के कारण घट - बढ़ सकती है ।

**औज़ार -**

एडजस्टेबिल रिंच - एडजस्टेबिल रिंच का उपयोग उचित आकार के स्पैनर के उपलब्ध न होने के मामले में नट तथा बोल्ट को खोलने और बन्द करने के लिए किया जाता है । सामान्य आकार 8 इंच से 12 इंच के हैं । उच्च डाई इलेक्ट्रिक इन्सुलेटिड हँडिल प्रकारों का व्यापक रूप से लाइन कर्मचारी द्वारा उपयोग किया जाता है ।

**पाइप रिंच –** इसका उपयोग कंड्यूट, जीआई पाइप तथा वाल्वों को खोलने तथा बन्द करने के लिए किया जाता है । इसका सामान्य आकार 10 इंच है । समायोजन किया जा सक्ने वाला मुख का डिजाइन इसे फ्रेम में इस प्रकार लॉक होने देता है कि हँडिल पर आगे की ओर डाला गया कोई दबाव मुख को एक साथ कस कर खींचता है । इन्हें आमतौर पर कास्ट स्टील से बनाया जाता है । आजकल रिंच को बनाने के लिए एल्युमीनियम का उपयोग भी किया जा रहा है । लेकिन दाँत और मुख स्टील के ही होते हैं ।

**ड्रिल बिट के साथ रेचिट (हाथ रेचिट) -**

इसका उपयोग डीपी ढांचों, एलटी ट्रांसफार्मर बुशिंग से निकालने वाली एचटी तथा एलटी केबिलों को मजबूती से फिट करने के लिए लकड़ी के क्रॉस आर्म तथा लकड़ी के क्लीट पर किया जाता है ।

इलेक्ट्रिक ड्रिल मशीन – इसमें निम्नांकित विशेषताएं होती हैं –

सतह की ड्रिलिंग हेतु प्रयुक्त किया जाने वाला यह पोर्टेबल विद्युत चालित औज़ार है ।

चक को घुमाने के लिए इसमें उच्च गति वाली मोटर लगी होती है ।

इसका उपयोग छिद्र को सुगम तथा आसानी से बनाने के लिए किया जाता है ।

नोट – टॉप बोर्ड के माध्यम से उपयोग की अपेक्षा वाले लकड़ी के पेच से व्यास में थोड़ा बड़ा एक पायलट छिद्र ड्रिल करने से ड्रिलिंग आसान हो जाएगी और टॉप बोर्ड में दरार आने से बचा जा सकेगा ।

बैंच वाइस – बैंच वाइस एक यांत्रिक उपकरण होता है जिसका उपयोग किसी वस्तु पर कार्य को निष्पादित करने को अनुमेय बनाने हेतु उसे रक्षित करने के लिए किया जाता है । इलेक्ट्रिकल कार्यों में कटिंग की एक महत्वपूर्ण भूमिका होती है । किसी इलेक्ट्रिकल कंड्यूट को काटने के लिए उसे पर्याप्त रूप से रक्षित किया जाना होता है ताकि एक स्मार्ट कट बनाया जा सके । एक बैंच वाइस इसे करने का एक उत्कृष्ट तरीका है । उपयोग कार्य (वस्तु) को पकड़ने के लिए किया जाता है । इसमें निम्नांकित विशेषताएं होती हैं –

आधार प्लेट (स्थायी रूप से कार्यशील टेबिल किनारों पर फिक्स की गई)

स्थिर मुख (आधार प्लेट के साथ फिक्स किया गया)

चल मुख (कार्य की मोटाई के अनुसार घटाया – बढ़ाया जा सकता है)

चेन पुली – यह इसके पहियों के आस - पास, अथवा इसके प्रक्षेपणों से दबाव वाली एक पुली है जो किसी चेन में लिंक फिट करके बनाई जाती है । वांछित क्षमता वाली चेन पुली को स्थल पर लोडिंग तथा अनलोडिंग के लिए भारी भार उठाने हेतु केंद्र में हुक किया जाता है ।

ट्राई पॉड – ट्राई पॉड 3 से 4 मीटर लंबे 40 एमएम जीआई पाइपों का एक संयोजन है जिसे ट्राई पॉड संरचना बनाने के लिए ऊपरी सिरे पर लटकाया जाता है । ट्राई पॉड उपयोगिता कामगारों हेतु उत्कृष्ट है क्योंकि ये पोर्टेबल ट्राई पॉड वजन में हल्के एवं उच्च शक्ति वाले स्थिरक के साथ आते हैं ।

उपयोगी जानकारी – ट्राई पॉड का उपयोग कार्य की स्थिति, व्यक्तिगत रूप से चढ़ने, व्यक्तियों के गिरने को रोकने, सामग्री की हैंडलिंग अथवा बचाव या निकासी प्रणाली हेतु किया जाता है । ट्राई पॉड इन प्रणालियों हेतु एक सपोर्ट ढांचा या स्थिरक है ।

कम एलॉग क्लैम्प – इसका उपयोग ओवर हैड लाइनों को बिछाते समय किया जाता है । इनका उपयोग मुख्यतः ओवर हैडलाइनों तथा विभिन्न अन्य औद्योगिक रख – रखाव प्रचालनों में कंडक्टरों तथा भूमिगत तारों को रोकने के लिए किया जाता है । ये क्लैम्प बहु व्यास (डाया) वजन तथा डिजाइन में उपलब्ध हैं जो इलेक्ट्रिकल कार्यों में प्रयोग किए जाने हेतु आदर्श होते हैं । ये कंडक्टरों को खींचने के लिए उत्कृष्ट हैं क्योंकि ये वजन में हल्के और

ठोस ढांचे वाले होते हैं ।

रेचेट उपकरण – इस उपकरण में एक बार या पहिया होता है जिसमें कोणीय दांतों का एक सैट होता है । जिसमें कोई पोल , कोग या दांत फसकर केवल एक दिशा में गति अनुमेय बनाता है । रेचेट का उपयोग मशीनरी तथा औजारों और साथ ही साथ अनुरक्षण कार्यों में बड़े पैमाने पर किया जाता है ।

विद्युत वितरण कम्पनी के सब – डिवीजन स्तर पर कार्य करने हेतु निम्नांकित औज़ार एवं उपकरण (टी एंड पी) उपलब्ध होना चाहिए –

क्रमांक, - विवरण (औज़ार एवं उपकरण), - मात्रा (संख्या)

1. - चेन पुली ब्लॉक 5 एमटी (मीट्रिक टन), - 1.

2. - मेगर 1000 वोल्ट, - 1.

3, - अर्थ टेस्टर, - 1.

4. - पोर्टेबल ड्रिलिंग मशीन, - 1.

5. - बांस की सीढ़ी, - 2.

6. - स्टील मापन टैप, - 1.

7. - खींचने तथा उठाने वाली मशीन 5 टन, - 1.

8. - पाइप रिंच 3 इंच (7.6 सेमी), - 2.

9. - प्रिंट स्तर, - 4.

10. - सॉकेट स्पैनर सैट, - 2.

11. - रिंग स्पैनर सैट, - 2.

12. - हथोड़ा, - 2.

13. - कुल्हाड़ी, - 2.

14. - रस्सा (रोप), - 4.

15. - टोंग - टेस्टर, - 1.

वितरण केंद्र/उपकेंद्र/लाइन कर्मचारियों के लिए उपकरण मापदंड - -

(अ) - वितरण केंद्र/जोन पर निम्नलिखित सुरक्षा उपकरण (सेफ़्टी एपलायन्स) अवश्य होने चाहिए

क्रमांक, - उपकरण का नाम, - मात्रा (संख्या)

1. - बांस की सीढ़ी (बम्बू लेडर), - 6 नग.

2. - एक्स्टेंसेबल एलुमिनियम लेडर(30 फीट लंबाई), - 2 नग.

3. - टॉर्च – पांच सेल, - 4 नग.

4. - टॉर्च – तीन सेल, - 6 नग.

5. - डिस्चार्ज अर्थिंग रोड, - 12 नग.

6. - शॉक ट्रीटमेंट चार्ट, - 1 नग.

7. - एसी वोल्टेज डिटेक्टर, - 1 नग.

8. - एसी करेंट डिटेक्टर, - 1 नग.

9. - रबर दस्ताने (रबड़ हेंड ग्लोव्स), - 1 जोड़ी.

(आ) – 33/11 केवी उपकेंद्रों हेतु सुरक्षा उपकरण -

क्रमांक, - उपकरण का नाम, - मात्रा (संख्या).

1.- टॉर्च – तीन सेल, - 01नग.

2. - इंसुलेटिड कटिंग प्लायर, - 01नग.

3. - इंसुलेटिड स्क्रू ड्रायवर, - 01नग.

4. - नियोन टेस्टर, - 01 नग.

5. - रबर दस्ताने (रबड़ हेंड ग्लोव्स), - 02 जोड़ी.

6. - अर्थ डिस्चार्ज रोड, - 08 नग.

7. - शॉक ट्रीटमेंट चार्ट, - 01 नग.

8. - प्राथमिक चिकित्सा बॉक्स (फर्स्ट एड बॉक्स) आवश्यक दवाईयाँ एवं पट्टियों के साथ, - 01 नग.

(इ) - लाइनमेन/सहायक लाइनमेन स्तर के कर्मचारी हेतु सुरक्षा उपकरण : -

क्रमांक, - उपकरण, - मात्रा (संख्या)

1. - लाईन मेन सेफ़्टी बेल्ट, - 01 नग.

2. - इंसुलेटिड कटिंग प्लायर 8 ”, - 01नग .

3. - इंसुलेटिड स्क्रू ड्रायवर 12 “, - 01 नग.

4. - इंसुलेटिड स्क्रू ड्रायवर 8 “, - 01 नग.

5. - ईंसुलेटिड स्क्रू ड्रायवर 6 “, - 01 नग.

6. - इंसुलेटिड स्क्रू ड्रायवर 3 “, - 01नग.

7. - पेंसिल टाइप नियोन टेस्टर, - 01 नग.

8. - डिस्चार्ज रोड, - 02 नग.

9. - गम बूट, - 1 जोड़ी.

10. - हेलमेट, - 01 नग.

11. - इलेक्ट्रोनिक फेज टेस्टर, - 01 नग.

12. - सुरक्षा बेग, - 01 नग.

(ई) लाईन हेल्पर स्तर के कर्मचारी हेतु सुरक्षा उपकरण : -

क्रमांक, - उपकरण, - मात्रा (संख्या).

- 1. - रबड़ हेंड ग्लोव्स (रबर दस्ताने), - 01 जोड़ी.

- 2. - इंसुलेटिड कटिंग प्लायर 8 “, - 01 नग.

- 3. - इंसुलेटिड स्क्रू ड्राइवर 12 “, - 01 नग.

- 4. - इंसुलेटिड स्क्रू ड्राइवर 8 “, - 01 नग.

- 5. - इंसुलेटिड स्क्रू ड्राइवर 6 ", - 01 नग.
- 6. - इंसुलेटिड स्क्रू ड्राइवर 3 ", - 01 नग.
- 7. - पेन्सिल टाइप नियोन टेस्टर, - 01 नग.
- 8. - डिस्चार्ज रोड, - 02 नग.
- 9. - गम बूट, - 01 जोड़ी.
- 10. - हेलमेट, - 01 नग.
- 11. - इलेक्ट्रोनिक फेज टेस्टर, - 01 नग.
- 12. - सुरक्षा बेग, - 01 नग.

# मेगर और अर्थ टेस्टर

मेगर और अर्थ टेस्टर

### मेगर

मेगर रजिसटेन्स (प्रतिरोध) मापने का एक यन्त्र हैं । यह दो प्रकार के मुख्यत: होते हैं - हेंड टाइप (हेंड आपरेटिड) और इलेक्ट्रोनिक टाइप (बैटरी आपरेटिड), कुछ मोटर आपरेटिड भी होते हैं । इनमें डिजिटल डिस्प्ले, वायर नोब एंड वायर लीडस, सलेक्टिंग स्विच और इंडिकेटर्स । अन्दर डिफ्लेक्टिंग एंड कंट्रोल कोइल, परमानेंट मेगनेटस प्वाइंटर, डीसी जेनरेटर या बैटरी, प्रेसर कोइल, स्केल जिस पर जीरो से इंफीनिटी (शून्य से अनन्त) तक ।

हेंड आपरेटिड मेगर से सुविधाएँ और असुविधाएँ -

सुविधाएं –

1 - यह सबसे पुराना और आसान तरीका है ।

2 - इसको आपरेट करने के लिए किसी अन्य सोर्स की जरूरत नहीं होती है ।

3 – यह सस्ता और आसानी से बाजार में उपलब्ध है ।

4 – इसमे एनालॉग डिस्प्ले, एक हेंड क्रैंक और वायर लीडस होते हैं ।

असुविधाएँ –

1.  इसे आपरेट करने के लिए 2 व्यक्ति की जरूरत होती है । एक क्रैंक को घुमाने और दूसरा लीडस को जोड़ने जिसका इंसुलेशन मापना है ।

2.  सटीकता (एक्यूरेसी) एक स्तर तक नहीं होती क्योंकि यह क्रैंक के घुमाने की गति पर निर्भर रहता है ।

3.  इसको रखने के लिए एक समतल स्थान होना चाहिए जिससे घुमाने में हिले ढुले नहीं और एक सामान्य गति से चलाया जा सके । ऊंची नीची जगह पर ऐसा नहीं हो पाता ।

4.  एनालॉग डिस्प्ले रहता है, जो गति के साथ बदलता रहता है ।

इलेक्ट्रोनिक मेगर – सुविधाएं और असुविधाएँ –

सुविधाएं –

1.  सटीकता (एक्यूरेसी) लेवल ठीक रहता है ।

2.  इसे एक व्यक्ति आपरेट कर सकता है ।

3.  इससे कहीं भी किसी स्थान पर मापन कर सकते हैं ।

4.  उपयोग करने में आसान और सुरक्षित रहता है ।

असुविधाएँ –

1. इसे आपरेट करने के लिए अतिरिक्त ऊर्जा स्रोत या शुष्क (ड्राई) सेल की जरूरत होती है ।

2. यह महंगा पड़ता हैं ।

मेगर की रेंज – सामान्यत: मेगर जीरो से इंफीनिटी (शून्य से अनन्त) के मापन बताता है ।

जब जीरो (नो) करेंट होगा इसका अर्थ यह हुआ कि रजिसटेन्स इंफीनिटी (अनन्त) है । ओपन सर्किट

जब करेंट बहुत अधिक होगा इसका अर्थ यह हुआ कि रजिसटेन्स जीरो (शून्य) है । शॉर्ट / कंटीन्यूअस सर्किट

अत : स्केल शून्य से अनन्त (जीरो से इंफीनिटी) तक होता है ।

मेगर को वोल्टेज रेंज से भी उपयोग करते हैं –

1 – 500 वोल्ट डीसी मेगर – 440 वोल्ट तक के लिए

2 – 1000 वोल्ट (1 केवी) मेगर या 5 केवी मेगर - उच्च वोल्टेज के लिए ।

## अर्थ टेस्टर

अर्थ टेस्टर एक यंत्र है जो अर्थ (earth) इलेक्ट्रोड तथा जमीन के बीच का संपर्क प्रतिरोध का मान बताता है। मतलब कि हमे जिस स्थान पर अर्थिंग (earthing) करना है। उस स्थान पर एक अर्थ इलेक्ट्रोड (earth electrode) जमीन मे गाड़ दिया जाता है। तथा उससे कुछ दूरी पर अन्य दो इलेक्ट्रोड गाड़ कर उन दोनों के बीच का प्रतिरोध ज्ञात किया जाता है।

अर्थ टेस्टर से अर्थिंगप्रतिरोध मापना

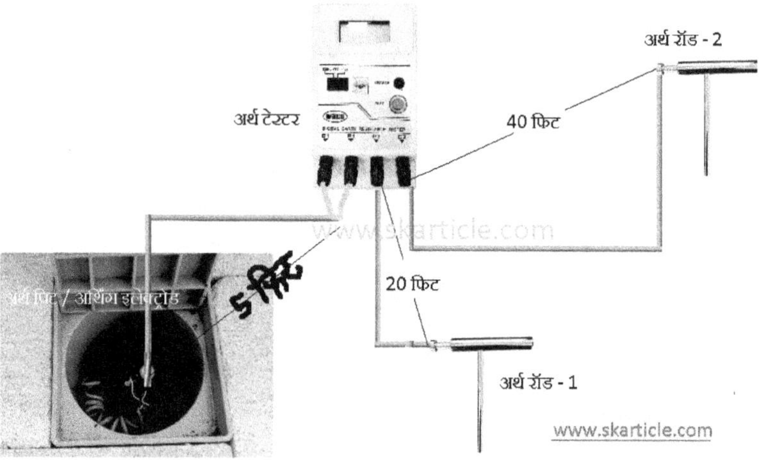


अर्थ टेस्टर (Megger) एवं अर्थ रेसिस्टेंस

अर्थ टेस्टर (Earth Tester) जिसे मेगर (Megger) के नाम से भी जाना जाता है। अर्थ टेस्टर उपयोग (Earth Tester Uses ) के विषय में आपको कुछ उपयोगी जानकारी निम्नानुसार प्राप्त होगी ।

**अर्थ टेस्टर उपयोग (Uses Of Earth Tester ( Megger )) : -**

**अर्थ - टेस्टर का प्रयोग** -अर्थ टेस्टर का इस्तेमाल प्रतिरोध को मापने के लिए किया जाता है। यदि भूप्रतिरोध अधिक है तो उचित अभिक्रियाएं की जा सकती है।

**भू - परीक्षक का कार्यकरण :**एक हस्त प्रचालित डीसी (D C) जनित्र होता है। जब स्पाइक की धारा को पोषित करते समय एसी (A C) धारा में संपरिवर्तक द्वारा संपरिवर्तित किया जाता है और स्पाइक से प्राप्त एसी (A C) धारा पुनः जनित्र की ओर जाते समय परिशोधक की सहायता से डीसी (D C) धारा में संपरिवर्तित हो जाता है।

एसी (A C) धारा भूमि में चलित्र स्पाइक को पोषित करती है क्योकि उसमें कोई इलेक्ट्रोलाइटिक प्रभाव नहीं होता।

इस पध्दति में अर्थ टेस्टर अंतस्तथ सीआई (C I) और पीआई (P I) को प्रत्येक से अलग छांटा जाता है और परीक्षणाधीन भू - इलेक्ट्रॉड (पाइप) के साथ जोड़ा जाता है। अंतस्थ पी -2 (P2) और सी - 2 (C 2) भूमि में चालित दो अलग - अलग स्पाइकों के साथ जोड़ दिए जाते है। इन दोनों स्पाइकों को 25 मी, और 50 मी, की दुरी पर उसी लाइन में रखा जाता है जिसके कारण व्यकितगत स्पाइकों के क्षेत्र में पारस्परिक हस्तशेप न हो। यदि हम विनिर्दिष्ट गति के साथ जनित्र हैंडल को घुमाते है तो हमें सीधे स्केल पर भू - प्रतिरोध मिल जाता है।

**नोट:**-अर्थ में स्पाइक की लंबाई दो स्पाइकों के बीच की दुरी के 1 /20 वे भाग से अधिक नहीं होनी चाहिए।

**चारसूत्रीपद्यति :** -इस पध्दति में चार स्पाइकों को समान दुरी पर उसी लाइन में भूमि में गाड़ दिया जाता है। बाहरी स्पाइकों को प्रत्येक परीक्षक की C1 और C2 अंतस्थो के साथ जोड़ दिया जाता है। उसी प्रकार अंदर के दो स्पाइकों को P 1 और P2 अंतस्थो से जोड़ दिया जाता है। अब यदि हम विनिर्दिष्ट गति के साथ जनित्र हैंडल को घुमाते है तो हमें उस स्थान का भू प्रतिरोध मान मिलता है।

इस पद्धति में ध्रुवीकरण प्रभाव के कारण त्रुटि समाप्त हो जाती है और अर्थ टेस्टर को एसी (AC) पर सीधे प्रचलित किया जा सकता है।

# विद्युत लाइन उपकरण चित्र

विद्युत लाइन उपकरण चित्र

विद्युत पोल

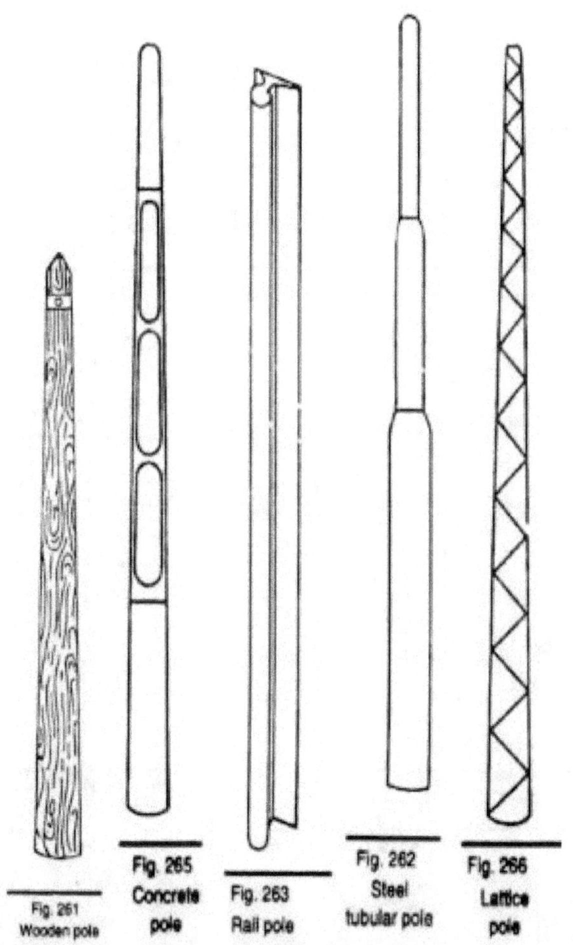


विद्युत पोल

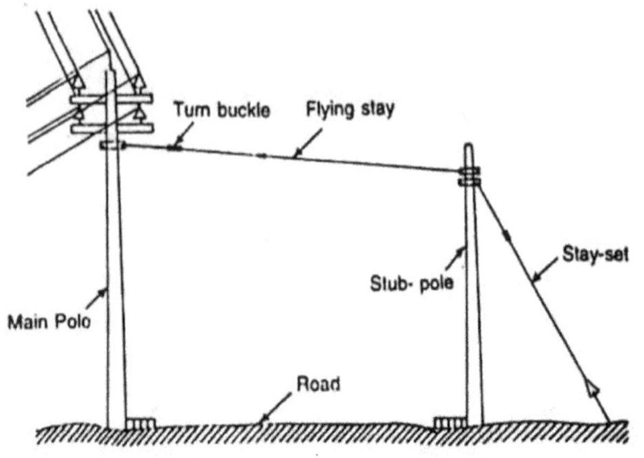


Fig. 276 : Arrangement for fixing a flying stay

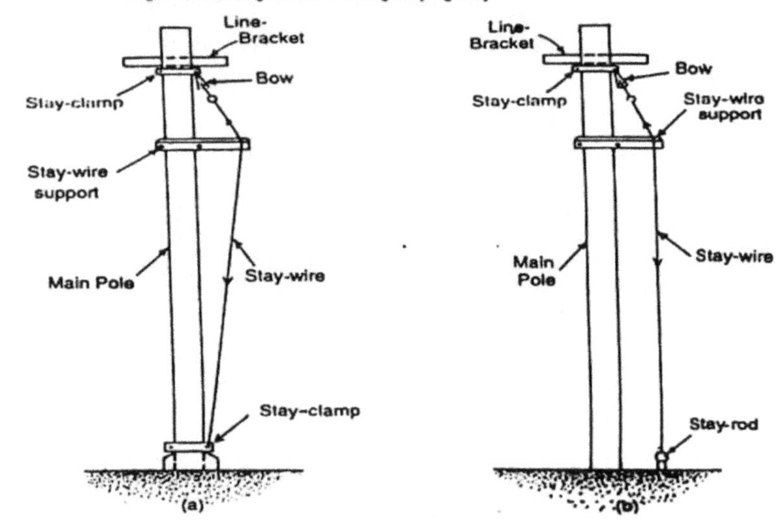


Fig. 277 : Arrangement for fixing a bow stay with a pole

पोल स्टे

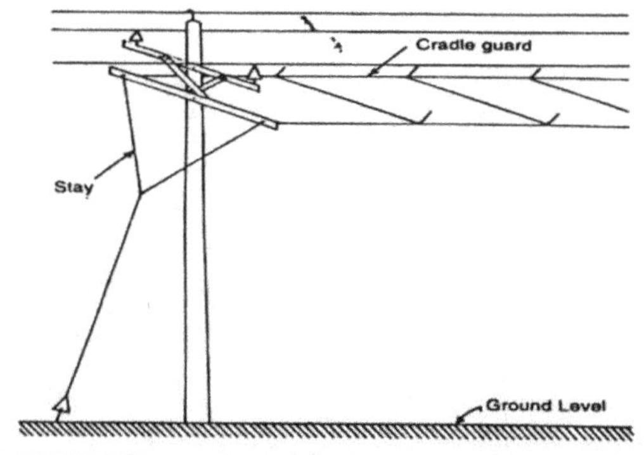

Fig. 283 : Use of cradle guard with distribution lines

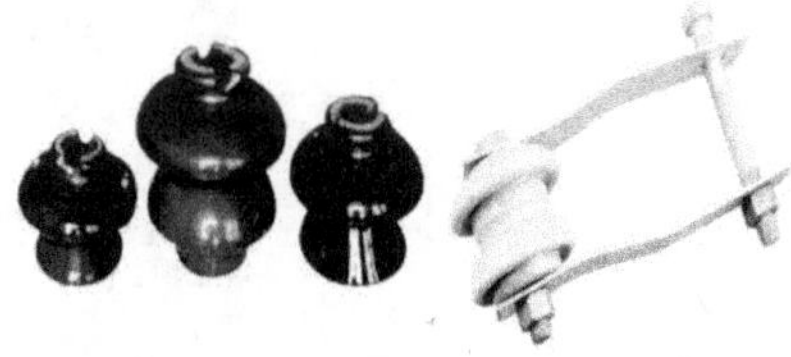

विद्युत पोल स्टे, गार्डिंग, डेंजर बोर्ड , इन्सुलेटर

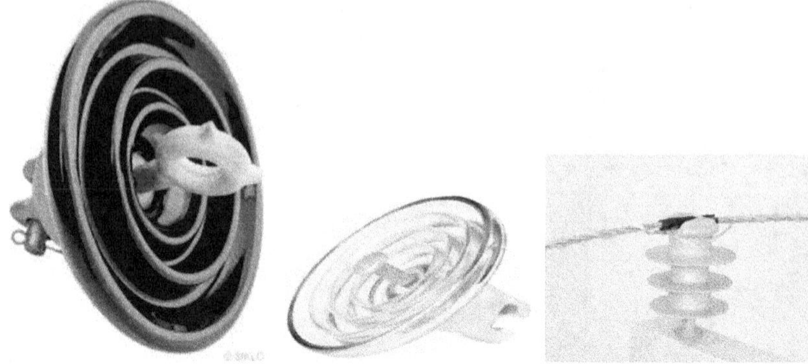

33 KV DISC  INSULATOR  (BALL & SOCKET  TYPE)
STRAIN HARDWARE  FITTINGS WITH TWO/THREE
BOLTED TENSION CLAMPS.

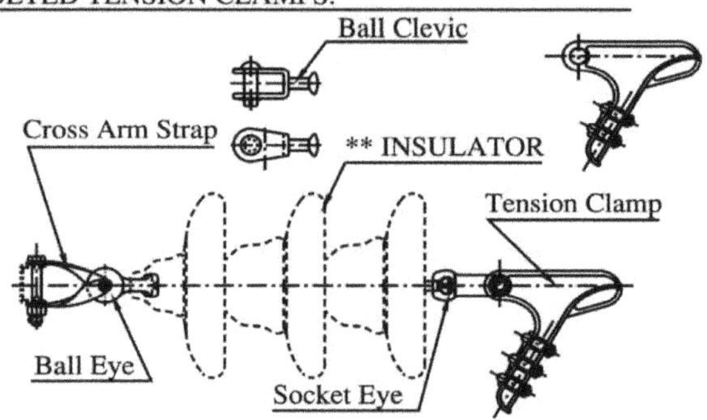


डिस्क इन्सुलेटर

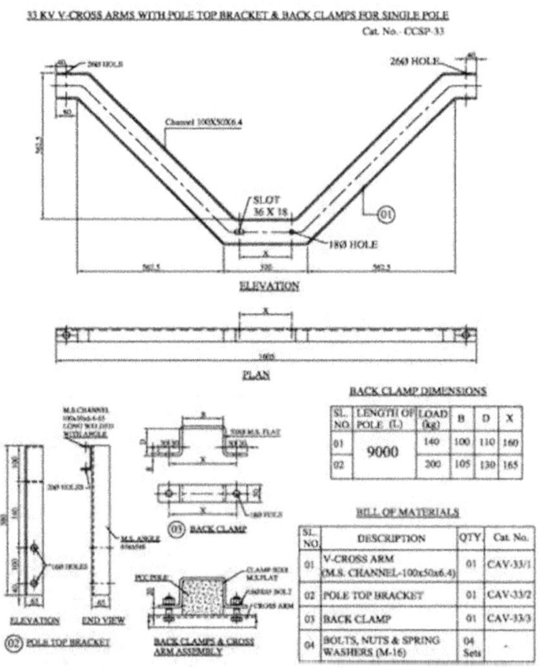


**BACK CLAMP DIMENSIONS**

| SL. NO | LENGTH OF POLE (L) | LOAD (kg) | B | D | X |
|---|---|---|---|---|---|
| 01 | 9000 | 140 | 100 | 110 | 160 |
| 02 | | 200 | 105 | 130 | 165 |

**BILL OF MATERIALS**

| SL. NO | DESCRIPTION | QTY. | Cat. No. |
|---|---|---|---|
| 01 | V-CROSS ARM (M.S. CHANNEL-100x50x6.4) | 01 | CAV-33/1 |
| 02 | POLE TOP BRACKET | 01 | CAV-33/2 |
| 03 | BACK CLAMP | 01 | CAV-33/3 |
| 04 | BOLTS, NUTS & SPRING WASHERS (M-16) | 04 Sets | - |

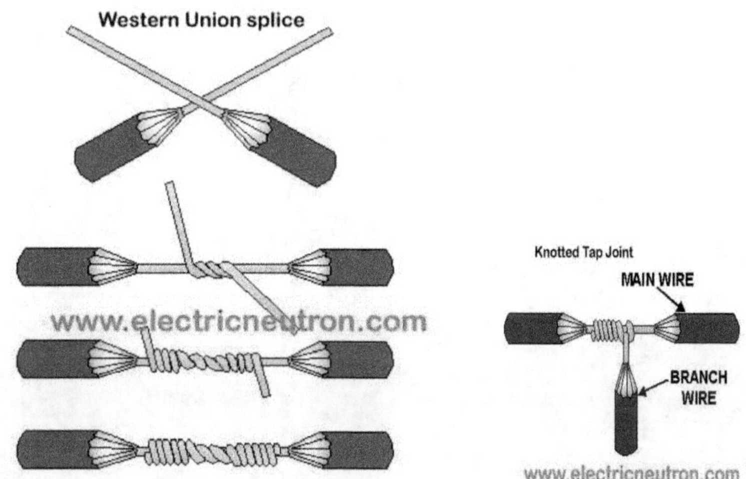


वी क्रोस आर्म, जॉइंट्स

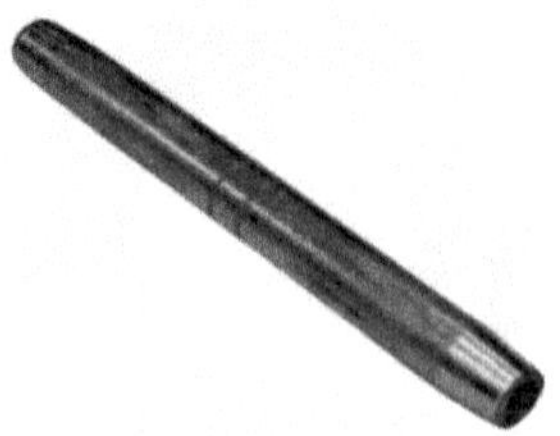

Compression Sleeves

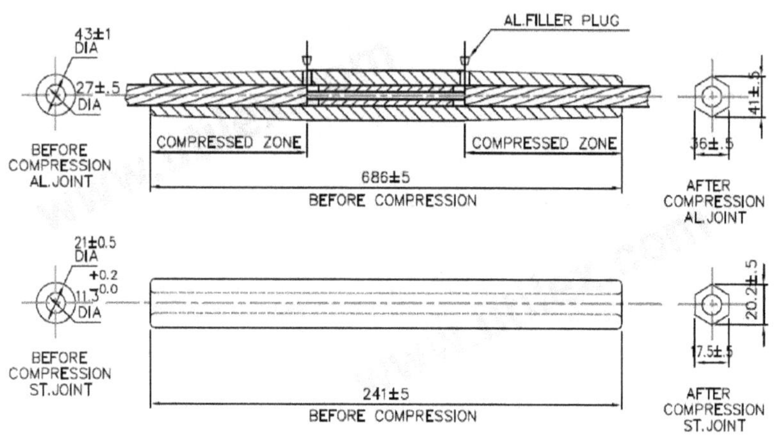


जोइंटिंग स्लीव

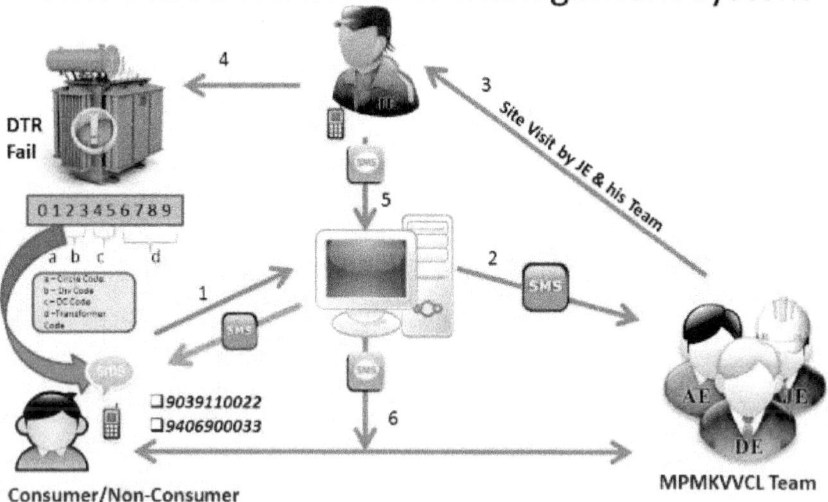


एसएमएस आधारित ट्रांसफार्मर प्रबन्धन व्यवस्था

# लेखक

## लेखक

रनवीर सिंह (तोमर) आत्मज स्व. श्री दिलीप सिंह

बी.ई. (इलेक्ट्रिकल), एफ.आई.ई., चार्टर्ड इंजिनियर .

जन्म – 02 जुलाई 1955

जन्म स्थान - गांव - नगला भूपसिंह, डाकघर - पिसावा, जिला अलीगढ़, उत्तर प्रदेश 202155.

शिक्षा – बी. एस री. इंजीनियरिंग (इलेक्ट्रिकल) अलीगढ़ मुस्लिम यूनिवर्सिटी अलीगढ़ उ.प्र. (1978).

सेवा – मध्य प्रदेश विद्युत मंडल (1979 से 2015), 36 वर्ष, सेवानिवृत्त - अति. मुख्य अभियन्ता.

वर्तमान – फेकल्टी मेंम्बर पावर डिस्ट्रीब्यूशन ट्रेनिंग सेंटर भोपाल.

वर्तमान निवास – मकान न. डुप्लेक्स - 11, कुटुम्ब अपार्टमेंट बलवन्त नगर, यूनिवर्सिटी रोड ठाठीपुर, ग्वालियर म.प्र. 474002.

अभिरुचि – पुस्तक अध्ययन, इलेक्ट्रिकल विषयों पर लेक्चर देना, सामाजिक गतिविधियाँ, वृक्षारोपण कार्य आदि.

अणु डाक – er.rsingh55@gmail.com , चलित दूरभाष +91 9425137463 .

प्रकाशित पुस्तकें – चौरासी का चक्कर, ऊर्जा संरक्षण एवं अक्षय उर्जा, विद्युत – सुरक्षा एवं उपचार, जाट संत, विद्युत वितरण संचालन और संधारण, जटवारा चम्बल सिंध, ज्योतिष और भारतीय पर्व, विद्युत ऊर्जा मीटर, अर्थिंग (भू संयोजन), विद्युत वितरण ट्रांसफार्मर, जाट कवि, विद्युत उपकेन्द्र, तोमर (तंवर – तनवर), जाट बलिदानी, जाट राज्यपाल, जाट मुख्यमंत्री, Tomar (Tanwar) Dynasty (प्रकाशक – नोशन प्रेस/ Notion Press, वितरक – नोशन प्रेस, अमेज़न, फिल्पकार्ट).